大连大学法学文库

水上交通过失犯罪研究

SHUISHANG JIAOTONG GUOSHI FANZUI YANJIU

庞婧 著

法律出版社
LAW PRESS·CHINA
北京

图书在版编目(CIP)数据

水上交通过失犯罪研究 / 庞婧著. -- 北京 :法律出版社, 2022

ISBN 978-7-5197-7088-4

Ⅰ. ①水… Ⅱ. ①庞… Ⅲ. ①水上交通－过失(法律)－犯罪－研究－中国 Ⅳ. ①D924.324

中国版本图书馆 CIP 数据核字(2022)第 169906 号

水上交通过失犯罪研究
SHUISHANG JIAOTONG GUOSHI FANZUI YANJIU

庞 婧 著

策划编辑 周丽君
责任编辑 周丽君
装帧设计 汪奇峰

出版发行 法律出版社
编辑统筹 法律应用出版分社
责任校对 王 丰 郭艳萍
责任印制 刘晓伟
经　　销 新华书店

开本 A5
印张 9.75　**字数** 234 千
版本 2022 年 10 月第 1 版
印次 2022 年 10 月第 1 次印刷
印刷 北京建宏印刷有限公司

地址:北京市丰台区莲花池西里 7 号(100073)
网址:www.lawpress.com.cn
投稿邮箱:info@lawpress.com.cn
举报盗版邮箱:jbwq@lawpress.com.cn
销售电话:010-83938349
客服电话:010-83938350
咨询电话:010-63939796

书号:ISBN 978-7-5197-7088-4　**定价**:45.00 元

凡购买本社图书,如有印装错误,我社负责退换。电话:010-83938349

目 录

导　言

水上交通安全是国家安全生产体系的重要组成部分。来自现代化船舶技术与水上交通环境的风险固然增加了水上交通事故发生的概率,过失罪过形式下的船舶组织体内部从业者和航运管理者的不注意行为才是制约水上交通安全的直接原因或者间接原因。自 2015 年“东方之星”旅游客船倾覆事件发生之后,是否应当认定以及如何认定直接责任人和所属航运公司的刑事责任问题引发了社会的广泛关注和思考,这便需要从刑法理论层面对水上交通过失犯罪的认定提供坚实的支撑。目前,刑法学界对水上交通领域的犯罪研究比较稀缺,仅有的研究也局限在从水上交通犯罪展开的包括故意犯罪在内的概括性研究,并未对水上交通领域的过失犯罪形成完整的理论体系。针对这一情况,对水上交通过失犯罪这一最具有水上交通环境典型特征的犯罪类别进行系统化研究就显得尤为必要。

一、选题背景与研究意义

水上交通运输是现代交通运输的重要方式之一。随着贸易全球化和现代技术的不断发展,以船舶为主要运输载体的水上交通运输方式所发挥的作用日益显著。“据统计,2020 年全年水路交通运输客运量 1.50 亿人,旅客周转量 32.99 亿人公里,完成货运量 76.16 亿吨,货物周转量 105,834.44 亿吨公里。”①水运行业作为我国综合交通运输体系的重要构成部分,不仅是支撑国民经济和社会发展的重要基础,而且是实现社会可持续发展的重要战略资源。不可否认的是,包括水上交通从业者和航运管理者在内的整个水运组织体在推进我国水运经济不断发展、城市飞速发展、经济贸易全球化以及中国综合国力的迅速崛起等方面作出了巨大的贡献。但也应当注意到,在水上交通运输等作业的过程中,由于一些港航企业安全管理责任制度落实不到位,公司的安全管理制度并未在船舶上有效运行,水上交通从业人员在不了解船舶避碰规则、缺乏实操适任能力的情况下不顾气象预警冒险航行作业的情形时有发生,导致水上交通公共安全受到严重侵害。根据笔者对近年来水上交通事故的统计,其中 2016 年共发生一般事故等级②以上的水上交通事故 225.5 起,致 315 人死亡(含失踪),造成直接经济损失 24,137.9 万元;2015 年共发生一般事故等级以上的水上交通事故 255.5 起,致

① 参见《2020 年交通运输行业发展统计公报》,载交通运输部网,http://www.gov.cn/xinwen/2021-05/19/content_5608523.htm。

② 一般交通事故等级的伤亡、直接经济损失的标准参见 2021 年 9 月 1 日实施的《水上交通事故统计办法》第 6 条。

358人死亡(含失踪),造成直接经济损失34,903.6万元。[①] 尽管其中包括因寒潮、台风等极端恶劣气象因素而引发的意外事件,但绝大多数是由于人的过失行为而引发的水上交通事故。笔者通过对碰撞事故发生的原因、时间、地点、船型和引发后果层面的梳理发现,自然环境等客观因素对船舶碰撞事故的原因力大大降低,而航速过快、冒险追越、船艺不佳、违规雾航、不遵守指令、疲劳驾驶、引航作业不规范、船员不适任、船舶和设备维护不到位等主要因素应当引起重视[②],这不仅对水上交通从业者和随船旅客的生命健康和财产法益造成严重侵害,而且对水域环境也造成不可挽回的损害。

应当明确的是,确保公共安全是水上交通运输等作业的基本要求,也是我国建设海洋强国的重要保证。其中,《刑法》作为最具有强制性的社会治理手段介入水上交通过失犯罪,不仅是维护水上交通公共安全的客观要求,而且是保障人权的内在需要。一方面,技术改进并不能从根本上替代刑事手段在规制水上交通过失行为中的重要作用。长期以来,国际海运界控制航行风险、维护水上交通安全的手段主要依托于水上交通事故调查总结,通过不断完善现代通信与信息技术、船舶智能避碰系统以及现代化导助设施,从而减少水上交通事故的发生。值得注意的是,这仅仅是从船舶构造和设备可靠性出发对船舶营运安全展开的技术改进性思考,并不足以从根本上防范侵害水上交通安全的行为。作为专门规范船舶安全营运的立法机构,世界海事组织(International Maritime Organization,

① 数据来源于交通运输部海事局《2016年水上交通事故月报》《2015年水上交通事故月报》。

② 参见上海海事法院《船舶碰撞案件审判与航行安全情况通报(2015.1～2019.3)》。

IMO)在经过长期的研究后得出结论,“海上事故的发生约有80%是由于人为因素引起的”。① 因此,水上交通从业者以及船舶管理者的过失行为和过失心理才应当是关注的重点。只有将违反注意义务并且严重侵害水上交通公共安全法益的过失行为予以刑事非难,才能从根本上确保水上交通公共安全法益的实现。另一方面,近年来发生多起外籍商船碰撞我国渔船后逃逸造成群死群伤的恶性案件。刑事司法作为能够代表国家意志进行公正裁决的强制力量,只有发挥其预防和威慑功能,才能从根本上保障我国水上交通从业者和随船旅客的人身和财产权益。因此,为完善刑事法治功能在水上交通运输领域的发挥,应当对水上交通领域的过失犯罪予以关注并坚实其刑法学理论基础。基于此,本书的选题背景主要在于以下三个方面:

第一,现有刑事法律规范对水上交通领域过失犯罪缺乏关注。长期以来,受我国刑事立法“重视陆地,忽略水域”的思维惯性影响,刑法理论的研究大多以道路环境下的过失犯罪为中心,将水陆交通领域的过失行为进行统一规制。现有刑事法律规范在水上交通领域的缺失,一方面,导致部分海事行政机关不仅对于应当追究刑事责任的水上交通从业者未移交司法机关,而且对于具有建立安全生产与防污染管理制度并可能构成水上交通过失犯罪的管理义务主体仅仅予以行政处罚,疏于追究刑事责任。另一方面,也直接导致刑事立法的实质公平性遭受质疑。相比道路交通领域,船舶航行受来自“人—船—环境—管理”多方面因素的制约,其高风险性

① 参见尹静波:《海事安全管理中的量化风险评估》,上海交通大学出版社2015年版,第38页。

显著区别于道路交通领域。将水陆交通领域的过失行为共同适用一个罪名并适用一套标准，尽管从形式上满足了对水陆交通责任人刑事追责的平等性，但却忽视了水陆环境的异质性而引发的实质平等要求，是泛化思维的必然产物。故而，如何设置水上交通过失犯罪行为的定罪量刑标准，是在水上交通过失犯罪刑事追责过程中首先应当明确的问题。据此，刑事立法对水上交通领域过失犯罪行为的关注缺失，为本书结合水上交通实践进而系统化研究水上交通领域的过失犯罪相关问题提供了更多的思考空间。

第二，国内对于水上交通领域的过失犯罪研究较为薄弱。目前，学界研究的切入点主要集中于水上交通领域应受刑法规制的重点危害行为这一层面，如水上交通肇事行为、水上交通肇事后逃逸行为等，而忽视对水上交通过失犯罪中的责任主体范围以及过失心理研究。这为水上交通过失犯罪中构成要件的整体把握预留了空间。危害行为作为重要的客观构成要件要素，从其入手虽然可以在短期内认识到行为的严重社会危害性并应予追究刑事责任的必要性，但是却无法为水上交通领域的过失犯罪认定提供一个能够逻辑自洽的理论体系。而以过失犯罪为犯罪类型代表，对水上交通领域的涉罪案件进行体系化的研究，需要避免仅仅局限于危害行为的认定，应更多地从水上交通过失犯罪中的因果关系判断以及客观归责理论的实际运用出发，解决能否将构成要件结果归责于行为主体的问题；应更多地从注意义务和注意能力两方面完善水上交通过失责任主体的主观过失认定。

第三，海事法院推行“三审合一”审判模式的契机。过去，海事刑事案件的审理尚未纳入我国海事法院的管辖范围，而是由地方法院进行审理。地方法院受业务范围的限制，许多法官对于水上交通领域的船舶驾驶和避碰规则等专业技术性规范不甚了解[①],而且疏于关注水域环境的特殊性,极易将水上交通领域的过失行为认定与陆地范围内的过失行为同质化,这严重影响刑事立法对水上交通领域过失行为的规制效果。21 世纪是水上交通运输高速发展的时代,中国必须加快建设“海洋强国”“交通强国”,才能实现中华民族的中国梦。在此背景下,强化国家在水上交通领域的管控能力首先便对海事刑事案件的审判工作提出了更高的要求。[②] 2014 年 9 月,最高人民法院院长周强在中国海事审判三十年座谈会讲话中指出,应当积极探索海事法院专门管辖的新模式,从而促进“立体化管辖”的实现。2017 年 6 月 5 日,宁波海事法院发布公告正式受理“卡塔利娜”轮交通肇事案,此案作为我国海事法院首例试点受理的海事刑事案件,开启了我国海事法院“三审合一”审判新模式的探索。2019 年,宁波海事法院陆续受理三起涉海洋生态环境保护刑事案件。2021 年,公开宣判首起涉船实际经营管理者管理责任的重大责任事故刑事案件。另外,2020 年海口海事法院也在逐步理顺海上行政执法与刑事侦查的关系,积极探索海事法院集中管辖试点工作。[③] 在全国 11 个海事法院正式获得海事刑事案件审判权之前,有必要展开对如何认定水上交通过失犯罪中的实行行为、水上交通领域特有的结果形态应当如何适用法律以及水上交通过失

---

① 参见赵微:《赋予海事法院刑事审判权之正当性分析》,载《法治研究》2015 年第 1 期。

② 参见赵微:《海难事故,如何追究刑责》,载《光明日报》2017 年 11 月 16 日,第 15 版。

③ 《海口海事法院充分发挥海事审判职能服务保障自贸区(港)建设》,载海南政法网,https://m. sohu. com/a/285103746_100122948https://m. sohu. com/a/285103746_100122948。

的主观归责应当考量哪些因素等问题的全面探讨。这些问题亟待结合水上交通领域的技术性规则以及实践情况进行明确。为此,研究水上交通过失犯罪中各个构成要件要素便具有极其重要的现实意义。通过对这些问题的梳理,不但可以实现海事法院处理海事刑事案件的统一规范化,而且也是凸显海事司法职能的重要途径。

基于此,研究水上交通过失犯罪具有三方面主要意义:

第一,为刑事立法设置罪刑标准提供合理化建议。罪刑标准的设置关乎惩治水上交通过失犯罪的力度和法律效果,是重大的理论和实践难题。因此,不仅应当在定罪标准上体现水上交通领域的特殊性,在量刑方面也应当考虑以船舶为载体的水上交通从业者工作环境因素引发的注意能力下降①。只有弥补当前水上交通过失犯罪定罪量刑标准的疏漏,才能满足惩治水上交通运输领域相关责任人的司法实践需要。对此,本书通过对水上交通过失犯罪的全面考察,以期提出符合水上交通领域实践的罪刑标准,实现罪责刑相适应,从而增强公众的刑法认同。

第二,为司法实践中水上交通过失犯罪的认定提供理论支撑。研究水上交通过失犯罪,并非空洞、僵化地将道路交通领域过失犯罪构成要件内容套用在水上交通领域,而是需要结合水上交通领域的实际情况认定水上交通事故致人落水失踪、水上交通事故致溢油污染等具体结果。另外,水域环境受多重风险因素制约,尤其是船舶肇事后的逃逸行为认定也应当考察水域环境对落水人员的人身安全构成的紧迫危险这一实际情况。通过构成要件要素展开对水

① 比如冬季航行海上气温低风浪大,船舶的操纵以及避碰都会受到不利影响,同时也会导致值班驾驶员对周围环境的判断能力和注意能力下降,极易造成船舶碰撞、搁浅等事故。

上交通过失犯罪的基本理论问题研究，明确水上交通过失犯罪中实行行为界定、危害结果的认定标准以及因果关系的判断等问题，可以为司法机关具体认定水上交通过失犯罪提供明确指导，从而强化刑事法治功能在水上交通运输领域的实现。

第三，减少因水上交通从业者和航运管理者的不注意行为而引发的水上交通事故，维护水上交通安全。正如上文所述，人为因素是导致水上交通事故发生的重要原因。其中，“在海难事故和污染损害事故中，约有80%是人为因素造成的，而触礁、失火、爆炸事故中人为因素的比例高达90%，碰撞事故中的人为因素比例更达到95%”。① 不难发现，一旦发生水上交通事故，容易造成较陆地环境更为严重的人员伤亡。特别是渔船与商船之间的碰撞事故，极易出现群死群伤的情况。另外，从事水上交通运输作业的专业技术人员，能够认为其本身具备高于一般行为人的注意能力。特别是服务于客船、危险品和高速船舶的水上交通从业者还需要经过特殊培训和适任标准考试。但是，以水上交通碰撞事故为例，在一些情形下只要稍微注意就可能避免构成要件结果的发生，如履行基本的连续正规瞭望义务就可能对来船以及周围障碍物进行关注，从而避免水上交通事故的发生。② 因此，有必要通过厘清水上交通责任主体的范围及其相应的注意义务内容，对危害水上交通公共安全的过失犯罪行为进行合理规制，提高水上交通从业者和航运管理者的安全责

---

① 严新平主编：《水上交通安全导论》，人民交通出版社2010年版，第3页。

② 对此有学者对英国海洋事故调查处和加拿大运输安全委员会的报告进行分析并指出，缺乏情景意识或者操作人员缺乏注意力而引起的决策错误是航运事故产生的重要原因。Christine Chauvin; Salim Lardjane; Gaël Morel; Jean-Pierre Clostermann; Benoît Langard, Human and organisational factors in maritime accidents: Analysis of collisions at sea using the HFACS, 59 Accident Analysis and Prevention 26(2013).

任意识,确保其谨慎驾驶和管理船舶,减少重大海难事故的发生。

二、本书的研究综述

从目前掌握的文献来看,我国学界对于水上交通过失犯罪中的个别问题研究已经取得一些成果。在2015年“东方之星”旅游客船倾覆事件发生之前,既有学者将水上交通故意犯罪与水上交通过失犯罪整合在一起,以“水上交通犯罪”为研究对象进行体系化研究,也有学者对水上交通领域的典型结果、危害行为进行初步研究并形成学界共识。自2015年“东方之星”旅游客船倾覆事件发生之后,我国学者专注于水上交通过失犯罪中某一具体构成要素展开研究。具体来看,在2015年“东方之星”旅游客船倾覆事件发生之前,研究内容可以从五个方面进行归纳。

(一)集中于对水上交通领域内的所涉犯罪类别进行系统化的研究

其中,赵微教授主编的《水上交通犯罪的理论与实务》一书以不同侵害客体为划分标准,将水上交通领域的犯罪分为危害水上交通安全类犯罪、妨害水上交通管理秩序类犯罪、水上交通渎职类犯罪进行典型案例与重点理论的研究。[①] 其中,水上交通过失犯罪的部分内容在危害水上交通安全类犯罪一章中有所涉及。另外,王慧博士从刑事责任认定的角度出发,将水上交通领域涉及的犯罪划分为典型行政犯和不典型行政犯分别进行相关罪名的梳理,并对涉水犯罪案件的刑事追诉问题提出完善建议。[②] 体系化的研究是认识水上交通领域犯罪的基础,初步揭开了水上交通领域犯罪的面纱,也

---

① 参见赵微主编:《水上交通犯罪的理论与实务》,黑龙江大学出版社2012年版,第5~8页。

② 参见王慧:《水上交通犯罪刑事责任研究》,大连海事大学2013年博士学位论文。

为进一步展开水上交通领域过失犯罪的研究提供了具体的研究方向。

(二)对于水上交通事故致人员落水失踪问题的初步探索

在探索初期,我国学者仅仅是对通过民事程序进行人员失踪问题处理的方式进行否定。究其原因,有学者认为这种处理方式达不到及时追究犯罪的目的,而且不符合海事案件的实践。① 还有学者认为,以推定事实作为定罪结果的做法,将违反罪刑法定和疑罪从无的原则。这种剥夺或限制肇事者生命和人身自由的严重结果一旦形成,则很难通过其他手段实现回转。② 随着研究的推进,我国学者提出人员失踪作为水上交通事故的常见的后果,应当将其作为水上交通肇事罪定罪处罚。具体来看,有学者认为,人员失踪这一严重后果直接体现犯罪的社会危害性,这种危害性的程度低于死亡而高于重伤。③ 还有学者进一步提出,应当通过出台刑事司法解释的途径将失踪人数的定罪量刑标准介于死亡人数与重伤人数之间,并对具体的失踪人数设置提供思路。④ 至此,对于水上交通事故致人员落水失踪的处理方式探索已经基本形成,但由于认识的局限性并未对处理路径之间的优劣进行分析。

(三)对于船舶碰撞致溢油污染的罪名适用认识

有学者认为,对于因碰撞而造成的溢油污染应当直接以交通肇

---

① 参见冷正珍:《海上交通肇事逃逸的刑事责任探析——以首例涉外海上交通肇事逃逸案为例》,载《世界海运》2013 年第 8 期。

② 参见邬振悦、汤春晓、庄优芳:《涉外海上交通肇事现状调查与对策思考》,载《公安学刊(浙江警察学院学报)》2013 年第 4 期。

③ 参见何涛:《水路交通肇事犯罪初探》,载《人民检察》2006 年第 3 期。

④ 参见赵微、王慧:《水上交通事故“人员失踪”的刑法定性研究》,载《苏州大学学报(哲学社会科学版)》2013 年第 1 期。

事罪进行论处,[①]具体应当以财产损失进行对接计算,并指明这里的公私财产损失应当限于因船舶碰撞而造成的直接经济损失,[②]或者将水域污染作为犯罪结果独立考量。[③] 也有学者认为,应当将船舶碰撞致溢油污染作为重大责任事故罪的构成要件结果进行刑事责任追究。[④] 然而,这两种对于船舶碰撞致溢油污染的处理路径,仅仅局限于如何在我国现行刑事立法体系下为此问题寻找出口,尚未从宏观角度考量水上交通领域过失行为所造成所有危害结果状态的协调适用问题。

(四)对于水上交通肇事逃逸行为的基础认识

2015 年"东方之星"旅游客船倾覆事件发生之前,对水上交通肇事逃逸行为的研究更多地关注于从水上交通肇事逃逸的成因与应对措施进行分析。例如,有学者基于海上交通事故发生的隐蔽性以及主体范围具有团伙性等特征指出,除船员的个人素质问题以及惩治力度小的影响因素外,水上交通肇事逃逸的原因主要在于此类案件的侦破难度相比道路交通事故案件大,而且肇事后逃逸行为的认定具有难度。[⑤] 还有学者从主观客观两方面因素分别对水上交

---

① 参见富国宇:《海上船舶污染刑事责任研究》,大连海事大学 2012 年硕士学位论文。

② 参见甘梅杰:《水上交通肇事行为的刑法规制》,华东政法大学 2015 年硕士学位论文。

③ 参见王赞:《水上交通肇事刑事责任研究》,载《中国海商法研究》2017 年第 4 期。

④ 参见冷正珍:《海上交通肇事逃逸的刑事责任探析——以首例涉外海上交通肇事逃逸案为例》,载《世界海运》2013 年第 8 期。

⑤ 参见施海平:《海上交通肇事逃逸原因及法律问题探讨》,载《中国海事》2010 年第 12 期。

通肇事逃逸行为的产生原因进行剖析。① 而在应对措施层面,既有学者从立法层面提出修正相关行政法律规范,也有学者建议应当从性质、动机、情节、后果上把握水上交通肇事逃逸的认定并健全移送机制等。② 可以说,在这一阶段,水上交通肇事逃逸行为的特征、原因以及认定中存在的问题已经基本浮现出来,但是对于应当如何解决制约水上交通肇事逃逸认定的主观明知要件等问题尚缺乏具体解决方案。特别值得注意的是,在这一阶段有学者提出将水上交通肇事逃逸从水上交通肇事罪中分离出来,单独设立水上交通肇事逃逸罪,并且对水上交通肇事逃逸犯罪的立案标准进行具体设计。③ 可以说,这一思路为下一步进行水上交通领域专门罪名的设置提供了一种方案,但是其可行性还值得思考。

（五）逐步开始审视水上交通肇事行为入罪标准的合理性问题

2015 年"东方之星"旅游客船倾覆事件发生之前,有学者指出适用现行司法解释进行水上交通领域肇事行为认定并不具有合理性,进而提出相关司法解释在适用水上交通领域的肇事案件的处理过程中极易出现理解上的差异和标准上的不统一。④ 还有学者认为,基于法益保护以及水域环境下肇事行为的特点,对于水上交通肇事行为标准优化不仅应当体现在入罪标准层面,在量刑标准上也

① 参见叶国鑫:《法网难逃——一起重大水上交通肇事涉嫌逃逸犯罪心理分析与对策》,载《中国海事》2012 年第 8 期。

② 参见王丹丹:《浅析水上交通肇事逃逸犯罪》,载《中国海事》2006 年第 10 期。

③ 参见曹雪雅、刘爱民:《水上交通肇事逃逸犯罪的法律探析》,载《上海公安高等专科学校学报》2006 年第 1 期。

④ 参见施海平:《海上交通肇事逃逸原因及法律问题探讨》,载《中国海事》2010 年第 12 期。

应当有所体现。[1] 应当说,在这一阶段,对于将道路交通环境中交通肇事行为的入罪标准直接适用于水上交通领域的做法,学者们普遍存在直觉上的“不适”,但是对于入罪标准中所涉及的具体内容,如人员伤亡、财产损害以及水上交通特有危害结果形态方面,忽略了对水上交通环境中以船舶为重要载体内容的实证考察,仅仅从宏观上对法律适用产生怀疑,缺乏必要而完整的说理论证。

而在2015年“东方之星”旅游客船倾覆事件发生之后,学界对于水上交通过失犯罪的研究重点也相应发生一些变化。除了对先前一些问题产生发展性的认识,研究更加侧重于水上交通过失犯罪中责任主体内容以及具体罪名适用。具体来看,这一阶段我国学者的研究内容可以体现为以下四个方面:

首先,对水上交通事故致人落水失踪的法律适用展开进一步研究。先前的研究立足于将人员落水失踪作为一种危害结果的法律地位从而具体展开设计。然而,自2015年“东方之星”旅游客船倾覆事件发生之后,原有的研究成果遭受挑战,有学者以立法和司法两重建构为出发点,在明确法律真实与客观真实两者之间关系的基础之上主张以宣告死亡论来认定水上人员落水失踪的法律后果进而进行刑事追责。[2] 还有学者认为人员失踪既不能推定死亡也不能作为法定构成要件结果,而只能作为量刑考量因素。[3] 这不仅为水上交通事故致人落水失踪的刑法定性问题提供了更多的解决思

---

① 参见焦艳鹏:《论水上交通肇事及其危险行为的入罪标准》,载《法学》2012年第9期。

② 参见赵天水:《水路人员失踪引发的罪刑思考》,载《宁夏社会科学》2015年第6期。

③ 参见王赞:《水上交通肇事刑事责任研究》,载《中国海商法究》2017年第4期。

路,而且引发对水上交通事故致人落水失踪这一特殊结果形态本身的法益侵害性的深入思考。

其次,对水上交通领域不同犯罪主体展开研究。有学者以船员为主体范围,对包括过失犯罪在内的船员职务犯罪构成要件进行分析;①还有学者将船长从一般船员中分离出来,直接以船长为特定主体,认为尽管以交通肇事罪追究船长作为船舶最高指挥者所为弃船行为的刑事责任具有合理性,但是应当适当提高入罪标准。特别是在以不作为故意杀人罪定性船长的弃船行为时还应当量刑从轻。② 分别考察不同层面水上交通责任主体的行为内容,对于明确水上交通领域一般业务主体和监督主体的义务内容具有重要意义。然而,也应当意识到,水上交通责任主体的范围应当进一步扩展,航运管理者尽管处于船舶组织体系外部,却是具有对船舶组织体建立安全管理体系义务的主体类型。因此,对于航运管理者的管理过失行为亟待通过深入研究明确。

再次,对水上交通肇事行为罪名适用逐渐明确思路。有学者认为对我国原有的交通肇事罪应当进行立法上的修正并适当提高水上的入罪标准,③还有学者提出应构建水上交通领域肇事行为的专门罪名,并对其具体构成要件展开详细说明,④建议入罪门槛适当

① 参见陈刚:《船员职务犯罪初探》,载《大连海事大学学报(社会科学版)》2015年第5期。

② 参见耿博:《重大海难事故下船长弃船先逃刑事责任研究》,大连海事大学2016年硕士学位论文。

③ 参见甘梅杰:《水上交通肇事行为的刑法规制》,华东政法大学2015年硕士学位论文;黄炎:《论交通肇事罪在水上航运中的适用》,大连海事大学2016年硕士学位论文。

④ 参见李思墨:《我国刑法增设"水上交通肇事罪"的立法建议》,吉林大学2018年硕士学位论文。

提高，兼顾船舶肇事主客观方面的特殊性，体现船舶驾驶技术特色。[①] 不难发现，在这一阶段对于水上交通肇事行为的罪名适用可供选择的路径已经基本明确。但是，一个罪名下既规制水上交通领域的肇事行为又规制道路交通领域肇事行为，不仅极易导致平等原则的滥用，且很难实现定罪量刑的合理化。因此，对现有立法进行修正的做法无法真正满足规制水上交通肇事行为的实践需要。

最后，水上交通肇事逃逸行为认定方面也有所突破。对此，有学者指出，当前水上交通肇事逃逸行为认定的困境不仅体现在主观明知的层面，而且还体现在现有水上交通肇事逃逸行为所应具有的规范保护目的并不明确，进而提出应当通过司法解释明确以"救助义务的履行"为规范保护目的的船舶肇事逃逸的行为构成和法律适用，并通过设定主观"明知"要件推定规则缓解证明障碍。[②] 在这一阶段，还有学者在指出刑法对水上交通肇事逃逸行为规制不足的基础上，对水上交通肇事逃逸行为进行刑法条文和司法解释的设计。[③] 对此，水上交通肇事逃逸行为的认定障碍已经基本明确，亟待通过司法解释予以规制。

三、本书的研究方法

（1）实证研究方法。水上交通过失犯罪的实践性很强，只有深入涉水行政部门以及司法机关才能了解水上交通领域过失犯罪的具体问题。本书立足于典型案例，在对大连海事局、上海海

---

① 参见赵微：《海上交通事故刑法规制研究》，法律出版社2020年版，第83页。

② 参见赵微、庞婧：《船舶肇事逃逸刑事追责的困惑与出路》，载《人民检察》2018年第19期。

③ 参见姚瑶：《水上交通肇事逃逸的刑法规制》，载《华东政法大学学报》2019年第1期。

事局、葫芦岛海事局、浙江渔业海洋局以及大连海事法院等机关进行实地调研的基础之上，了解目前我国涉水行政管理部门在移送水上交通过失涉罪案件中的困惑，并总结这些部门对处理我国水上交通过失犯罪中疑难问题的建议，从而反映我国水上交通领域过失犯罪中的实际问题。

(2)个案分析法。为了使过失刑法理论能够更好地指导水上交通领域过失犯罪的认定，本书尝试对水上交通领域的一些典型案例进行分析。在研究的过程中，结合水上交通领域特有的由各海事局出具的事故调查报告，对船舶信息、航运公司等相关信息进行详细了解，试图还原完整的事实经过，而不拘泥于法院对直接责任人的刑事判决书中认定的内容。同时，在疑难案例的研究过程中，整理刑事司法动态，以此反思现有刑法理论以及各种学说的利弊。

(3)理论分析法。本书的研究以收集的大量著作和电子文献资料为基础，尤其是国内外学者在认定过失犯罪时所提出的理论观点和相应论据。在对相关内容进行充分的理解和分析基础之上，为我国水上交通过失犯罪中实行行为界定以及因果关系判断等提供坚实的理论基础。

(4)比较研究法。本书在分析论证的过程中，运用大量比较研究的方法。以水上交通过失犯罪的类型和存在范围为分类基础，探讨水上交通业务过失、监督过失以及管理过失中的因果关系判断和主体范围认定。同时，通过对比信赖原则在道路交通领域的适用，结合水上交通领域的特殊环境，对信赖原则在不同水上交通过失犯罪类型中的适用条件与限制进行明确说明。

四、本书的研究价值

基于现有研究所表现出的问题定位和体系结构的局限性，本书所具有的价值主要表现在学术价值和应用价值两个方面。

（一）学术价值

首先，从刑法理论和刑事立法两个方向促使水上交通过失犯罪的研究体系化和规范化，并以此为具体制度设计提供指导。现有学术研究更多地关注刑事立法在水上交通领域的欠缺，而忽略刑法理论对水上交通领域中具体制度设计的基础和引领作用。而本书将水上交通过失犯罪的主客观构成要件予以整合，使之形成一个完整的犯罪体系，防止对水上交通领域过失行为研究的分散化，以最终为我国水上交通过失犯罪的刑事立法奠定坚实的理论基础。在这一过程中，吸取德日刑法理论中不同学说的优势内容进行合理化借鉴，如客观归责理论、超越承担过失理论等，从整体上为我国水上交通过失犯罪的认定汲取符合我国水上交通实践的理论论证，使之能够适宜我国立法土壤和司法认定。

其次，基于过失理论的研究从注意义务和注意能力两方面考察水上交通过失主体的罪过形式。犯罪过失的心理内容，是贯穿整个水上交通过失犯罪体系的重要问题。通过对旧过失论、新过失论以及新新过失论的深入分析，结合水上交通领域的多重风险因素，明确我国水上交通领域犯罪过失需要考察的内容。在此基础之上，重新审视允许危险理论、信赖原则理论以及危险分配理论等重要过失刑法理论的具体适用，以此确保水上交通过失的判断符合水上交通实践情况。

最后，从犯罪的基本构成要件出发明确水上交通过失犯罪中各要素的界定。水上交通过失犯罪中的主客观构成要素的界定是研究水上交通过失犯罪的首要问题。构成要件是判断行为之所以构成犯罪所必要的“主客观要件的总和”①,从构成要件认定的角度出发,可以明确水上交通过失犯罪的具体事实特征,透视具体犯罪个性,以便厘清水上交通过失责任主体以及其犯罪行为等相关问题。

(二)应用价值

一方面,解决我国目前水上交通领域过失犯罪中罪名认定混乱、罪刑适用标准模糊的现状。对此现状,本书力求全面研究水上交通领域的过失犯罪构罪要件内容,以体系化构建水上交通领域过失犯罪的刑事立法,并试图形成符合水上交通领域实际情况的立法理论并以此为水上交通领域具体情形的认定提供理论指导。在明确规制水上交通领域过失行为所应构建的专门罪名的基础之上,明确具体的罪刑适用标准,以求最终形成一个完整的规制体系,从而为我国立法机关提出明确的立法设计建议。

另一方面,本书的研究能够为健全海事违法涉罪案件的移送机制奠定实体法基础。由于水域环境的特殊性和水上肇事案件的复杂性,水上交通领域的涉罪案件需要经过海事管理机构调查认定并认为可能构成犯罪的,才会移送公安机关立案侦查。而在长期的海事执法实践中,囿于刑事法律规范对水上交通肇事等行为内容的界定不明,相关罪名在适用水上交通领域过失行为时出现罪刑配置失衡的现象,导致海事机关“有案难移”“有案不移”的情况时有发生。由于目前学界对此研究较为分散,多数成果无法为水上交通实务部

① 参见高铭暄:《刑法学原理》第1卷,中国人民大学出版社2005年版,第444页。

门提供系统化指引。本书通过对水上交通过失犯罪构成要件的体系化整合,明确水上交通领域过失犯罪中实行行为、特殊危害结果以及因果关系的认定和判断,以期能够为海事机关移送涉罪案件提供明确指引。

第一章　水上交通过失犯罪基本理论

第一节　水上交通过失犯罪的概念及归类依据

最早的“交通”一词来源于《管子·度地》中的“万物交通”，取交相通达之意。随着人类生产生活的需要，往来通达的方式日益多元化，“交通”一词便开始具有各种运输方式和邮电通信的总称之意。上古时代的先民们为了获取生活资料，傍河面海而居，形成以舟阀为运载工具的运输方式和以漂航为特征的水上活动。随着水上运载工具建造的升级，独木舟的问世是人类文明中舟船的雏形。从夏代开始，航海事业所需要的船舶、航线和港口已经同步发展起来。“舟人之子，熊照是裘”是周代中叶至战国时期出现航运经营者的典型写照。在此基础之上，

“於是有裨海环之,人民禽兽莫能相通”预示着九大州观念形成和港、航、船三要素作为物质基础产生之间的连接。直至秦始皇统一中国,内陆巷道与江、河、湖、海的航路互通成为全国一体化的水陆交通网,推动航海事业的发展。西汉年间,在造船技术和航海技能逐渐提高之后,南亚海上丝绸之路形成,逐步开辟了朝鲜、日本等国际远洋航线。唐宋时代绘制出实用的航海图,并开始用罗盘定向导航,宋代赵汝适的《诸番志》中记载,“舟舶来往,惟以指南针为则,昼夜守视惟谨,毫厘之差,生死系焉”,促进了新航路的开辟。明朝永乐三年至宣德八年,郑和先后七次下西洋实现了亚非各地的航路全面串连,亚非海上交通网至此形成。2013 年 10 月 31 日,国家主席习近平在印度尼西亚国会发表重要演讲,提出共建“21 世纪海上丝绸之路”倡议,① 这将为我国航运业和水上交通运输提供广阔的发展空间。

一、交通过失犯罪的定义

建构交通过失犯罪的概念离不开对交通犯罪范围的明确。只有以交通犯罪为基础才能进一步筛选总结出交通过失犯罪的概念范围。实际上,交通犯罪本来就是一个集合概念。对此,日本刑法学理论认为,以交通承载体为对象或者手段的犯罪,是最狭义的交通犯罪内容。② 在此基础之上,通过违反刑罚规范的性质递进实现对交通犯罪范围的扩展。其中,狭义的交通犯罪是违反刑法典规定的以交通承载体为对象或者工具的犯罪,广义上的交通犯罪是违反

① 《百年瞬间:习近平首提“一带一路”重大倡议》,载 https://baijiahao. baidu. com/s? id = 1690448616372721924&wfr = spider&for = pc,最后访问日期 2022 年 10 月 18 日。

② 参见[日]曾根威彦:《交通事犯与不作为犯》,黄河译,载《当代法学》2007 年第 6 期。

交通管理刑法规范的以交通承载体为对象或者工具的犯罪行为，最广义的交通犯罪是指违反涉及交通的刑罚规定的行为。① 我国学者对交通犯罪的划分，是以具体行为内容和同类法益侵害为分类标准展开的。其中，“行为内容标准论”认为，交通犯罪可以根据行为内容的具体差异划分为危及飞行安全类、交通事故类、破坏交通工具和交通设施类、劫持交通工具类。② 而“同类法益侵害标准论”认为，应当将水上交通犯罪限制为纯正的交通犯罪，即危害水上交通安全类犯罪、妨害水上交通管理秩序类犯罪以及水上交通渎职类犯罪。③

依据日本刑法理论对交通犯罪的范围界分，我国《刑法》中规定的交通过失犯罪种类都属于广义上的交通过失犯罪。其中，我国《刑法》分则第二章中关于过失破坏交通工具、交通设施的犯罪是最狭义交通过失犯罪的概念涵摄。然而，长期以来我国学者更加聚焦于对交通过失犯罪成立条件的说明，如我国学者认为，从事交通运输的人员，在具有预见能力的前提下，违反应当避免犯罪事实发生的注意义务，进而导致危害结果发生的情形，便有可能构成交通过失犯罪④，而鲜有人对交通过失犯罪进行概念上的明确界定。对此，笔者在借鉴日本刑法理论和我国刑法学者对交通犯罪内容和范围界定的基础之上，将交通过失犯罪从广义和狭义上分别进行界

① 参见周舟：《中日道路交通犯罪比较研究》，华东政法大学2015年博士学位论文。

② 参见康均心、赵波：《海峡两岸交通犯罪比较研究》，载《昆明理工大学学报（社会科学版）》2011年第3期。

③ 参见赵微主编：《水上交通犯罪的理论与实务》，黑龙江大学出版社2012年版，第3页。

④ 参见刘艳红：《交通过失犯认定应以结果回避义务为基准》，载《法学》2010年第6期。

定。其中,广义的交通过失犯罪,是指案发于交通运输过程中的所有过失犯罪,包括过失危害交通安全类、过失侵害人身权利、交通渎职类三类犯罪。而狭义的交通过失犯罪,仅仅指严重侵害交通领域公共安全法益而应当承担刑事责任的行为。

二、水上交通过失犯罪的定义

根据交通过失犯罪发生的空间场域不同,可以将交通过失犯罪分为道路交通过失犯罪、航空交通过失犯罪和水上交通过失犯罪。其中,“水上”泛指所有形态的可通航水域,包括江河、湖泊以及内海、沿海和公海在内的一切水域。根据航行区域上的不同,水路交通运输可以划分为沿海、远洋、内河运输三种形式。所谓“水上交通”,又称船舶交通,是一个涉及多领域内涵的概念。从水上交通工程领域的概念界定来看,水上交通即“指定水域内船舶运动组合和船舶行为的总体”,而从水上交通安全管理领域的视角来看,这一概念更加关注单个船只在水域范围内的船舶安全检查等行为。① 就本书的研究内容来看,以船舶、设施为载体而发生在可通航水域的业务往来活动将构成水上交通过失犯罪中“水上交通”的界定范围。在这些业务往来活动的过程中,从事水上交通运输等生产安全作业的从业者以及承担安全管理职责的航运公司、港口经营者、渡口运营人等航运管理者违反必要的注意义务引发船舶及设施碰撞、翻沉、火灾等安全责任事故,由此造成严重危害结果的,将有可能构成水上交通过失犯罪。

事实上,不同规范目的、不同规制对象的行政管理规范对于水上交通领域的事故具有不同的定义。例如,《水上交通事故统计办

① 参见郝勇主编:《水上交通工程》,武汉理工大学出版社 2015 年版,第 1 页。

法》将船舶碰撞、风灾、操作性污染等船舶在航行、停泊、作业过程中发生的造成人员伤亡、财产损失、水域环境污染损害的意外事件都涵盖在水上交通事故的概念范围之内。再如,《渔业船舶水上安全事故报告和调查处理规定》则将水上安全事故划分为水上生产安全事故和自然灾害事故两种类型。其中,因碰撞、风损、触损、火灾、自沉、机械损伤、触电、急性工业中毒、溺水或其他情况造成渔业船舶损坏、沉没或人员伤亡、失踪的事故是水上生产安全事故,而由于台风或大风、龙卷风、风暴潮、雷暴、海啸、海冰或其他灾害造成渔业船舶损坏、沉没或人员伤亡、失踪等则属于自然灾害事故。但是如果在能够预见自然灾害发生或能够避免自然灾害不良后果的情况下未采取应对措施或应对措施不当而造成人员伤亡或直接经济损失的也被认定为渔业船舶水上生产安全事故。2021 年 9 月 1 日实施的《海上交通安全法》则统一称为海上交通事故,即指船舶、海上设施在航行、停泊、作业过程中发生的,由于碰撞、搁浅、触礁、触碰、火灾、风灾、浪损、沉没等原因造成人员伤亡或者财产损失的事故。本书水上交通过失犯罪的研究中所论及的水上交通事故侧重于基于人为因素而引起的水上交通安全责任事故,由无法预见的自然灾害等而引起的水上交通事故并不是本书的研究范围。

一般来说,水上交通过失犯罪的概念是与道路交通过失犯罪的概念相对应的,但是,无论从责任主体的范围、过失心理认定还是从实行行为、危害结果和因果关系判断上,水上交通过失犯罪的理论内涵与司法认定都较道路交通领域的过失犯罪复杂得多。因此,准确并合理界定水上交通过失犯罪的概念范围是进一步对其构成要件内容进行研究的基础。所谓水上交通过失犯罪,广义上是指发生在水上交通运输过程中应当追究刑事责任的过失犯罪,具体包括危害水上交通公共安全类过失犯罪、水上交通领域侵害人身权利类过失犯罪以及侵害涉水管理机关正常活动的水上交通渎职类过失犯罪;而狭义的水上交通过失犯罪仅限于广义概念中的第一种过失犯罪类别在水上航行、停泊以及作业过程中违反水上交通安全管理法规及其他相关安全管理规定,引起碰撞、火灾、自沉等严重危害水上交通安全的事故,造成严重人员伤亡、财产损失以及水域环境污染的行为。尽管水上交通领域的渎职类过失犯罪也属于广义上的水上交通过失犯罪,但是这类犯罪是以国家机关工作人员为行为主体,损害国民对国家机关公务公正信赖的犯罪类别,其构成要件等内容的判断与认定和道路环境的渎职类过失犯罪认并无明显区别,难以体现水上交通运输业务的特殊性。因此,不在本书的重点讨论范围之内。应当说,本书对水上交通过失犯罪的研究,正是基于狭义的水上交通过失犯罪概念展开,以期结合水上交通运输业务受不特定风险因素制约的特征考察水上交通过失犯罪中各构成要素内容的界定。

三、水上交通过失犯罪在刑法典中的归类依据

水上交通过失犯罪不是一个单独罪名,而是一个类概念。当前,以水上交通公共安全保障为主要内容的公权力管控水域的能力尚未得到充分发挥,我国刑事立法对以船舶为载体的水上交通领域的犯罪并无专门罪名规制,水上交通领域的犯罪与道路交通领域的过失犯罪共同适用罪名。如前所述,狭义上的水上交通过失犯罪将水上交通渎职类过失犯罪、水上交通人身侵权类过失犯罪排除在外,仅指危害水上交通公共安全类过失犯罪。水上交通过失犯罪中涉及的罪名主要规定在我国《刑法》分则第二章“危害公共安全罪”中,包括 9 个条文。根据张明楷教授对同类法益的

划分，水上交通过失犯罪可以细化为以危险方法危害公共安全的犯罪，破坏水上交通公用用具、设施危害公共安全的犯罪以及违反水上安全管理规定危害公共安全的犯罪三个类别。[①] 其中，第一类仅包括一个条文，即第 115 条第 2 款规定的失火罪、过失爆炸罪、过失投放危险物质罪、过失以危险方法危害公共安全罪。第二类包括 1 个条文，即第 119 条规定的过失损坏交通设施罪、过失损坏交通工具罪。第三类包括 8 个条文，即第 133 条交通肇事罪，第 134 条第 1 款重大责任事故罪，第 134 条第 2 款强令、组织他人违章冒险作业罪，第 134 条之一危险作业罪，第 135 条重大劳动安全事故罪，第 136 条危险物品肇事罪，第 137 条工程重大安全事故罪，第 139 条消防责任事故罪。

研究水上交通过失犯罪首先应当明确水上交通过失犯罪的法律体系问题。《刑法》分则中的法律条文及其罪刑结构组成水上交通过失犯罪的法律体系。我国现行刑事立法中 8 个条文涉及水上交通过失犯罪，根据这些法条在规制水上交通过失行为上所具有的逻辑关系，对水上交通过失犯罪的规制形成了特别法条和一般法条并存的局面。因此，明确水上交通过失犯罪的法律体系，有利于对水上交通过失犯罪的正确认识和法律适用。

从特别法条和一般法条共存关系形成原因上来看，在水上交通过失犯罪中，法条竞合表现为以下两个层面：(1) 因危害结果而发生法条竞合的情形。例如，违反水上交通安全管理规定，驾驶船舶碰撞桥梁的行为，既可能符合过失破坏交通设施罪的犯罪构成，又符合交通肇事罪的犯罪构成。(2) 因客观行为范围而发生的法条

① 参见张明楷：《刑法学》，法律出版社 2016 年版，第 690 页。

竞合。例如,违反安全管理规定,驾驶船舶超载高浓度硫酸的行为,既符合重大责任事故罪的构成要件,又符合危险物品肇事罪的犯罪构成。另外,水上交通领域内的非业务人员的违反交通运输管理法规的行为一般不会发生与重大责任事故罪的竞合,而水上交通从业者的违反水上交通安全管理规定的行为可能发生交通肇事罪与重大责任事故罪的竞合。对此,应当依照特别法优于一般法的原则论处。

综上所述,基于对水上交通过失犯罪法律体系的考察,可以将水上交通过失犯罪定义为:水上交通运输从业者和具有安全管理职责的航运管理者违反水上交通安全生产和管理法规,造成水上交通安全事故,致人伤亡、公私财产遭受重大损失或者水域环境污染,依法应当被追究刑事责任的犯罪行为。从上文对水上交通过失犯罪概念的界定可知,水上交通过失犯罪发生在船舶、设施航行或者其他作业场合,对水上交通公共安全法益的危害体现为危害生命安全、健康安全、财产安全以及环境安全等多方面,而且从事船舶驾驶和机械设备操作保养等水上交通从业者的过失行为通常与航运管理者的不当管理行为交织在一起,共同侵害刑法所保护的法律关系。①

① 根据对水上交通过失犯罪概念的界定,可以说水上交通过失犯罪是以典型业务过失犯罪为基础而展开的。然而,业务过失的法律概念起源于日本,《日本刑法典》中涉及业务过失的罪名如第 211 条业务上过失致死伤罪、第 177 条之二业务失火罪。另外,根据日本刑法学通说,监督、管理过失也涵盖在业务过失的概念之内。考虑到我国刑事立法上并没有业务过失的概念和用语使用习惯,以及水上交通过失犯罪的概念范围已经明确体现业务过失犯罪的特征,因此,本书并未使用水上交通业务过失犯罪的概念作为论文研究题目,而是将业务过失和监督、管理过失囊括在水上交通过失的范畴之内进行规范系统化研究。

第二节 水上交通过失犯罪的特征

与其他领域的过失犯罪不同,水上交通过失犯罪在危害结果的样态、介入因素种类以及过失竞合等方面具有典型特征,具体概括为以下四个方面:

一、危害结果严重于道路交通领域

据统计,2019 年全年我国共发生一般等级及以上中国籍运输船舶水上交通事故 137 件,死亡、失踪 155 人。① 水上交通领域的过失犯罪行为严重危害公民的生命健康、财产安全、水域环境,极大地制约了我国水上交通领域公共安全的实现。不难发现,船舶运输作为一项高风险的业务活动,一旦引发事故,无论从危害结果的多样态化还是危害程度方面,其危害结果远远严重于道路交通领域。其一,水上交通事故中的人员伤亡情况远远高于道路交通领域。即使不考虑船上的载客数额,仅基础配员这一方面便远远超过以机动车辆为载体的道路交通环境。另外,渔船与大型商船的碰撞事故中也极易发生群死群伤的情形。其二,财产损失情况远远高于道路交通领域。船舶作为水上交通运输的重要载体,在日益大型化趋势下,这一基本组成要素造价不断提高,其自身价值远远超过机动车,往往稍微碰撞就产生上百万元、上千万元的损失,而且其承载的货物损失也远非道路交通所能比拟。其三,船舶肇事后危险状态仍在延

① 参见《2019 年水上交通安全形势报告》,载中国水运网,http://www.zgsyb.com/news.html? aid=544839。

续。水上交通环境复杂多变,人员落水后危险状态呈现扩大化趋势,水上环境(周边水域环境以及风浪情况)、落水时间、自救能力等均是影响存活的因素。就目前来看,我国的海上救助体系尚不能做到"全方位覆盖、全天候运行",①若落水人员没有及时被救援队或者过路船只救助很可能因为水温寒冷、体力不支等而死亡。其四,水上交通事故引发的人员落水失踪和水域生态环境污染也是危害程度远重于道路交通事故的重要方面。人员落水失踪这一结果形态在水上交通领域较为常见,尽管也存在宣告死亡后生还的个别案例,但那仅是极端个案。航运实践中对水上交通事故中死亡人数的计算方法,就是以事故发生后 7 日为时间节点,将失踪人数包括在死亡人数以内进行概括计算。② 也就是说,以 7 日为限,落水失踪人员的生还可能性随之降低。另外,船舶碰撞事故后极易造成溢油污染水域,对环境法益造成潜在的威胁和损害,不但清理难度大,而且严重威胁水域生态的良性循环。"据统计,从 1973 年至 2006 年,我国沿海共发生大小船舶溢油事故 2635 起,其中溢油 50 吨以上的重大船舶溢油事故共 69 起,总溢油量 3.7 万吨。除发生 69 起溢油 50 吨以上的事故外,我国沿海还发生了 7 起潜在的重特大溢油事故。"③

二、介入因素具有多重复杂性

正如上文所述,水上交通运输是高风险业务,船舶航行等作业

---

① 参见《全国两会代表委员们的航运声音》,载搜狐网,http://www.sohu.com/a/225010632_99998865。

② 参见交通运输部 2021 年 9 月 1 日发布的《水上交通事故统计办法》第 8 条。

③ 《交通部:我国海上船舶溢油应急反应工作综述》,载中国政府网,http://www.gov.cn/gzdt/2007-06/04/content_635398.htm。

内容受到诸多风险因素的制约。在这众多风险因素之中,只有发生在实行行为发生之后,构成要件结果出现之前并能够直接作用于结果的独立评价因素才能够认定为刑法意义上的介入因素。对此,日本学者将介入因素类型归结为被害人的特殊事情和行为介入以及第三人行为介入、行为人行为介入四个方面。[①] 航运实践中,纯粹因水上交通从业者的业务过失行为而引起构成要件结果的情形并不多见,通常情况下是行为人行为与介入因素共同导致危害结果的发生。水上交通过失先行为发生之后,构成要件结果发生之前,较为常见的介入因素包括自然因素、被害人的不当自救行为以及包括水上救助不当在内的第三方的过失行为。不能否认的是,当具有多重复杂性特征的介入因素出现时,行为人注意难度无疑有所增加。另外,随着介入因素的介入,也预示着行为人预见危害结果的可能性和避免可能性随之降低。总之,介入因素对于认定水上交通过失犯罪的因果关系判断问题具有重要意义。判断水上交通过失犯罪需要结合水上交通过失行为的危险性、介入事实对危害结果的影响以及水上交通过失行为引起介入因素的可能性三方面进行具体分析,才能得出因果关系是否中断的结论。

三、过失竞合的情形较为常见

一起水上交通事故的发生通常是由数个过失竞合而引起的。广义的过失竞合包括横向过失竞合和纵向过失竞合。其中,根据过失发生的指向不同,横向的过失竞合分为并列型过失竞合和对向型过失竞合。在并列型过失竞合中,(1)如果是单个人的数个过失行

---

① 参见[日]山口厚:《刑法总论》,付立庆译,中国人民大学出版社2011年版,第60~66页。

为共同导致危害结果的出现,如船舶碰撞事故中,值班驾驶员通常具有疏于瞭望、未保持安全航速以及未履行让路船义务的一连串过失行为,则被称为阶段过失;(2)如果是在船多人的过失共同造成危害结果的发生,如具有共同值班职责的驾驶员之间违反注意义务而得以刑法否定性评价,被称为共同型过失竞合。对向型过失竞合仅仅存在于船舶碰撞事故中,如让路船与被让路船由于互有过失而导致危害结果发生的情形。而纵向过失竞合是基于船舶内外部组织分工体系而进行的分类,可以根据责任主体发挥监督管理职能的范围,分为船长等的监督过失和航运管理者的管理过失。航运实践中,具有建立安全管理体系或者制度义务的航运管理者疏于管理,如船员配备不齐全、船舶带病出航、对挂靠船舶不尽管理义务等,与水上交通行为人的直接过失发生竞合导致危害结果的发生,即属于纵向过失竞合。

四、由不负责任的心态引发的犯罪

水上交通运输从业者和航运管理者之所以会不履行或者怠于履行自己的职责,主要原因归结为两种。一种是侥幸心理。例如,在船舶密度大或者船舶会遇态势复杂的局面,值班驾驶员未保持安全航速航行,甚至冒险追越他船因而导致水上交通事故的发生。引航员自恃引航技艺高超加快入泊速度,未将拖船带缆就已经入泊导致水上交通事故的发生。另一种是疏忽心理。目前,由疏忽心理而引发的水上交通过失犯罪在水上交通过失犯罪中最为普遍。① 具

① 对此,水上交通运输从业者的主观疏忽通常表现为应当戒备的情形而没有戒备或者戒备不充足、应当预见而未预见或者预见不充足、应当判断而未判断或者判断有误、应当行动而未行动或者行动不当。

体来看，一方面表现为水上交通运输从业者和航运管理者工作责任心不强，对于水上交通安全管理规定及相关规章制度、操作规程等不认真严格执行；另一方面表现为水上交通运输从业者对水上交通相关规定存在片面、错误理解，因缺乏航海经验而危害水上交通公共安全。总之，安全和规则意识淡薄是其产生过失行为的心理要素，而不负责任的心态则是引发水上交通过失犯罪的主要心理动因。

第三节　水上交通过失犯罪的类型与存在范围

明确水上交通过失犯罪的类型和存在范围有助于更好地对不同类型的水上交通过失犯罪的内涵进行理解，也能使水上交通过失犯罪体系下的罪名认定更加科学合理。鉴于本书整体框架是围绕从客观到主观的构成要件内容展开的，对水上交通过失犯罪的分类也依据客观行为表现形式、主体范围、主观过失原因以及过失内容上的差异分别进行考量和分类。

一、基于客观行为表现形式不同的分类

根据我国现行《刑法》所规定的水上交通过失犯罪危害行为的不同表现形式，可以将水上交通过失犯罪分为水上交通过失刑事犯和水上交通过失行政犯。其中，行政犯是水上交通过失犯罪中最为典型和普遍的形式，也是刑事立法规制水上交通过失犯罪需要重点预防的类别。水上交通过失犯罪中的行政犯是指违反水上交通领域运输管理规定以及其他安全生产规定，严重侵害水上交通领域公

共安全，依法应当追究刑事责任的行为。[①] 而水上交通过失犯罪中的刑事犯不仅相对较少，包括过失破坏交通设施罪等少量罪名，而且因与道路交通领域的刑事犯客观行为表现方式区别不大，因此并未成为本书研究的重点。相比刑事犯，水上交通过失犯罪中行政犯的判断复杂性主要体现为其前置性行政法渊源是具有专业技术性的操作规范，不仅包括内河避碰规则、国际海上避碰规则的水域航行规则，还包括船舶驾驶与机舱维护等具体值班规则。

二、基于主体范围不同的分类

根据水上交通过失犯罪的主体情况，以船舶组织体为界限可以把水上交通过失犯罪划分为水上交通从业者的水上交通过失犯罪和航运管理者的水上交通过失犯罪两个种类。[②] 在船舶组织体内部，根据直接引发船舶航行及作业过程中水上交通事故的职能部门不同，可以将由水上交通从业者引起的水上交通过失犯罪具体划分为值班驾驶员水上交通过失犯罪和值班轮机员水上交通过失犯罪。其中，承担船舶驾驶职责的是船舶的值班驾驶员。船舶值班驾驶员违反海上交通避碰规则，疏于瞭望，未保持安全航速航行，未正确判断碰撞危险，未采取任何避让行动从而引发船舶碰撞事故并发生严

---

① 目前，有关水上交通安全管理法律规范中的刑事条款仅仅是对刑法中水上交通过失犯罪的概括性重申和宣告。如《海上交通安全法》第116条以及《内河交通安全管理条例》第79～89条共11个条款涉及刑事责任的追究，其中4个条款涉及本书研究的水上交通过失犯罪。应当说，这些条款并没有对刑法作出具有实质性突破的规定，也并未涉及罪刑规范。因此，从严格意义上来讲并不属于附属刑法。

② 引发事故的人为因素中，最重要的组成部分即船上职能人员和岸上实体的过失行为。Ernestos Tzannatos, Human Element and Accidents in Greek Shipping, 63 The Journal of Navigation 119 (2010).

重的危害结果将可能构成水上交通过失犯罪。值班的轮机员负责船舶机械设备操作,其违反值班规则未保持正规巡查并对航行中运行的机械设备及系统进行检测,如未能及时发现设备故障如重油沉淀柜液位低于报警位置、机舱掉落螺丝球等引发机舱火灾事故构成犯罪的,也可能追究其水上交通过失犯罪的刑事责任。在船舶组织体外部,可能构成水上交通过失犯罪的主体是航运管理者。从严格意义上来讲,本书所指的航运管理者是指航运公司,即对船舶所有人、船舶经营者、船舶管理人以及光船承租人的统称。然而,水上交通运输业务的具体内容还包括在港口区域内为船舶、旅客和货物提供港口设施和服务的活动以及在内河渡口之间按照核定的航线渡运乘客、车辆和货物的活动,这些业务内容也是保障水上交通运输顺利进行的重要业务内容。港口经营者和渡口运营人也负有建立健全的经营管理制度和安全管理制度的义务。因此,应当从广义上理解航运管理者的范围,将其作为航运公司、港口经营者和渡口运营者的总称。

三、基于主观过失原因不同的分类

根据行为人在实施违反注意义务的行为时,对于构成要件结果的发生是否已经预见,可以将水上交通过失犯罪分为疏忽型水上交通过失犯罪和轻率型水上交通过失犯罪。所谓疏忽型水上交通过失犯罪,是水上交通从业者和航运管理者应当预见自己违反水上交通安全管理法规及其他相关安全管理规定的行为可能发生危害水上交通公共安全的严重结果,却因疏忽而没有预见,应当追究刑事责任的行为。水上交通从业者和航运管理者具有注意义务,这种注意义务不仅源于法律法规以及水上交通业务方面的规章制度,而且包括特殊情况下的业务惯例,如作为海员通常所要求的良好船艺①、航海知识以及船舶管理技能。在航运实践中，极易出现将疏忽型水上交通过失犯罪与意外事件相混淆的情形，认为一旦存在包括自然因素在内的外界因素直接引起水上交通事故的发生，尽管造成构成要件结果，也不应当追究刑事责任。事实上，疏忽型水上交通过失犯罪不同于无过失、故意的意外事件，能否预见构成要件结果才是将其进行区分的主要标准。如果开航前已经发布气象预报或者海事预警信息，而航运管理者为盲目追求经济利益不顾水上交通安全而指令冒险抗风等级航行，构成犯罪的也应当追究其疏忽型水上交通过失犯罪的刑事责任。所谓轻率型水上交通过失犯罪，水上交通从业者和航运管理者已经预见自己违反水上交通安全管理法规及其他相关安全管理规定的行为可能发生危害水上交通公共安全的严重结果，但是轻率地认为能够凭借己力防止结果发生，应当追究刑事责任的行为。在这种情形下，水上交通从业者和航运管理者对危害结果的认识并未达到"真正认识"的程度。原因在于，经过对主客观条件的判断，其认为危害结果"将会发生"的概率将远远小于其"不会发生"的概率，而事实证明，危害结果并没有因此而避免。航运实践中，值班驾驶员错误估计周边环境和船舶动态，认为凭借自己的航行技能和避碰经验能够避免结果的发生将可能构成轻率型水上交通过失犯罪。② 2020 年 7 月 25 日，日本商船三井运营的货船"若潮号"（Wakashio）在毛里求斯海域触礁搁浅，

① 所谓良好船艺，是指海员根据当时的环境和情况的需要，适当并且充分地运用船舶操纵手段来有效控制船舶的运动状态，从而避免海上交通危险和事故的技艺。因此，从广义上来看，良好船艺不仅包括遵守避碰规则这种对良好船艺归纳和总结的产物，同时也包括未被规则涵盖的与船舶、船桥避碰有关的良好船艺。

② 参见广州市海珠区人民法院(2010)海刑初字第 661 号判决书。

后燃油舱出现裂缝造成至少1000吨燃油泄漏,引发印度洋海洋生态浩劫。事故中船员的不安全行为不仅包括数次更改航线计划以获取手机信号、未配备和使用正确的航海地图、没有在值班时尽到瞭望和使用雷达的义务,而且在事后还查明该货轮此前在其他海域也多次异常接近海岸以致船员对于这种危险操作可能已习以为常。① 正是这种过分自信的不良情绪使船员作出诸多不安全行为。

四、基于过失内容不同的分类

根据过失内容的不同可以将水上交通过失犯罪分为水上交通业务过失犯罪、水上交通监督过失犯罪和水上交通管理过失犯罪三类。

水上交通业务过失犯罪是指直接从事水上交通运输业务的人员违反水上交通安全和生产作业的安全管理规范而可能引发的犯罪。

水上交通监督过失②犯罪,是指基于船舶组织体系内部的分工协作的业务关系,处于指挥、领导地位的船长、值班驾驶员和值班轮

① 参见《"若潮号'调查报告!——船公司控诉船员4宗罪!谴责船员'过分自信、过分自满"!》,载海事服务网,https://www.cnss.com.cn/html/sdbd/20201221/339084.html。

② 在监督过失与管理过失的关系问题上存在两种不同观点:一种观点认为,广义的监督过失包括狭义的监督过失与管理过失。参见[日]野村稔:《刑法总论》,全理其、何力译,法律出版社2001年版,第184页;[日]西田典之:《日本刑法总论》,王昭武、刘明祥译,法律出版社2013年版,第247页;张明楷:《刑法学》,北京大学出版社2006年版,第86页。另一种观点认为,监督过失与管理过失并不具有包容种属关系。参见谢雄伟:《论监督过失的体系定位、本质与类型》,载《广东社会科学》2015年第1期;[日]大塚裕史:《企业灾害和过失论》,黎宏译,载高铭暄、赵秉志主编:《过失犯罪的基础理论》,法律出版社2002年版,第86页;王良顺:《管理、监督过失及其判断》,载《政法论坛》2010年第6期。对此,本书认为应当在船舶组织体系中将狭义的监督过失与管理过失进行区分,从而明确船舶组织体内部和外部不同类型、不同层级的刑事责任主体责任范围,因此本书所提及的监督过失均指狭义的监督过失。

机员因怠于履行或者未恰当履行其对被监督直接从业者的监督义务，导致被监督的直接从业者的过失行为造成法益侵害，应当追究刑事责任的行为。根据船长和值班人员的职责内容和权限，其监督义务的内容包括在航行等作业前的安全指导和指示、航行等作业中的指挥和监督以及航行等作业后的安全检查。在水上交通监督过失犯罪中，船长、值班驾驶员和值班轮机员违反监督义务的行为并非直接引起构成要件结果，而是通过介入直接从业人员的过失行为等而间接引起。

水上交通管理过失犯罪，主要是指在船舶组织体系外部具有建立安全管理体系或者制度义务的航运管理者，由于其对人事、设备以及管理结构设置等制度方面的设置不完善而直接导致水上交通事故的发生引起构成要件结果的行为。在此，追究航运管理者的水上交通管理过失的刑事责任是基于其处于航运保障人的地位，却疏于建立和运行包括船舶的安全配员和技术条件在内的安全生产管理体系或制度。需要注意的是，与水上交通监督过失犯罪不同，航运监管者疏于建立安全管理体系或者制度的行为是引起构成要件结果的直接原因。

第四节　刑法介入水上交通过失犯罪需要兼顾的因素

一、水上交通运输环境的高风险特性

根据安全科学基本要素结构对水上交通运输等作业中风险因素的归纳，其中“人—船—环境—管理”四方面成为影响水上运输安全的重要因素。客观层面水上交通运输业务的风险性，主要体现

为来自船舶和环境的风险因素。一方面，以船舶作为载体本身就是一种风险来源。其一，包括变速、旋回、航向稳定性和保向性在内的船舶的操纵性能可能制约船舶的正常航行。例如，大型集装箱船舶由于本身船体大、惯性大的特性导致其舵效和航向的稳定差，反应相对迟钝，重载时难以把定航向，空载时极易发生横移。另外，大型集装箱船舶的驾驶盲区也较大，航行时不易发现周边船舶的相对态势。其二，船体结构的特殊性决定其结构复杂的密闭空间较多，通道和进出口位置狭窄，不易进行人员及时疏散。其三，船舶航行操纵系统、助航设备性能等重要设备制约安全航行能否顺利进行。目前，这些设备的使用极大地降低了水上交通从业者的工作负担并在保障船舶航行安全方面发挥强大功能。然而，一旦出现设备故障、错误设置和使用的情况将导致其功能无法充分发挥，需要水上交通从业者熟练运用航海技能充分判断局面。故而，船载设备的特性效率和使用方法的局限可能成为潜在的航行安全风险。其四，船舶所载的货物属性也具有导致水上交通事故发生的潜在可能。除了危险货物的可燃性、易爆性的理化性质直接引发火灾、爆炸事故外，船舶超过核定载重线运输货物，船舶吃水增大，也将直接影响船舶航行和操作性能进而造成水上交通事故。另一方面，船舶长时间在水域环境下航行、作业也不可避免地受到外界因素的影响。其中，气象、水文条件等自然环境和以航道条件、港口设施状况等为内容的通航环境构成外界因素的主要内容。航道条件作为制约通航环境的根本因素，直接影响航行安全。特别是在航道和渔区重叠水域、狭水道、通航密集区等复杂水域，航行风险无形中增加。一些水道尽管水深能够满足大型船舶的通行，但是通航水域环境狭窄复杂，也会对大型船舶的操纵性能产生限制。另外，除了由于完全不可预见的自然条件（短时、瞬时极端天气等突发危险气象以及事发水域能见度骤降）引发的意外事件外，多数情况下外界因素也是诱导水上交通从业者出现过失行为的风险性因素。特别是船舶自沉事故中，行为人仅凭借经验未对可能发生的状况正确估计判断，再加之错误操作行为极易引发水上交通事故，一旦造成极其严重的危害结果则可能构成水上交通过失犯罪。

长期以来，正是由于水上交通运输的高风险特性和船员职业条件的特殊性，海事部门向司法机关进行水上交通过失涉罪案件移送时极为慎重，很多符合水上交通过失犯罪移送条件的案件在法律责任追究层面仅仅局限在民事赔偿和行政处罚阶段，甚至有部分航运管理层主张免除海员的刑事责任，并提出对当前定罪趋势的质疑。还有德国海事专家明确指出："海上事故并非蓄意而为，而是非所愿的伤害事件，因此谈不上犯罪行为。"①归根结底，是囿于长期以来国际海上货物运输中的承运人航海过失免责条款的影响。这一原则源于1924年8月在比利时通过的《统一提单的若干法律规则的国际公约》（以下简称《海牙规则》），该公约以发达国家为主要倡导者，目的是为保护承运人的利益，已成为现今海上货物运输方面最重要的公约。该公约第4条第2款对承运人的免责事项进行规定，由于船长、船员或者引航员等承运人的雇佣者在航行或者管理船舶中的过失行为、疏忽或者过失所引起的货物灭失或者损坏承运人可以免除赔偿责任。尽管我国没有加入该国际公约，但是该公约是我国制定海商法的重要参考依据，尤其是在制定与承运人利益密切相

① [德]约阿希姆·哈内主编：《船舶航行安全》，上海科学技术出版社2017年版，第26页。

关的条款时都是与《海牙规则》保持一致的，这其中当然也包括承运人的免责条款。① 正是在这一国际海运规则的影响下，航运界极易将航运免责的惯性思维适用在水上交通从业者的刑事责任追究问题上，固化地依赖民事赔偿或者诉诸保险等解决路径。事实上，一方面，海事行业理解的过失与刑法理论中的“过失”并不是一回事。航行过失这一概念通常是用来表述过失心理状态下的行为，而刑法理论中的过失心理是对构成要件结果的一种疏忽大意或者过于自信的心理态度。另一方面，航行中的驾驶过失、管理过失存在的场合不能一概等同于刑法意义上的“不可抗力”与“意外事故”。导致船舶碰撞事故发生的原因很多，不仅仅包括一方船舶的故意行为，单方船舶过失行为或者双方船舶过失行为、不可抗力因素以及不具有预见可能性的意外事故都可能导致船舶之间碰撞事故的发生。部分行业管理层反对追究船员驾驶或者操纵船舶的业务过失刑事责任，实质上是反对以不可抗力或者意外事故为由对船员刑事定罪②，这一点与我国刑法的惩治原则并不矛盾。但是，从对“意外事故”这一概念本身的理解来看，部分航运管理层出现了对刑事法理论中过失罪责构成要件要素的理解偏差，即将航行中的过失行为本身认定为一种“意外”，从而认为我国的刑事司法有客观归罪的嫌疑。事实上，只有排除故意或者过失心理而不能抗拒或者不能预见的客观情况才能被认定为不可抗力与意外事件，而予以刑事免

---

① 参见《海商法》第51条。

② 国际海事组织秘书长米乔普勒斯(EMitropoulos)先生在2004年10月《航运业的犯罪行为——政治与法则的替罪羔羊》一文中提到，以刑事法律起诉海上意外事故之中的海员明显有违国际法。参见徐凤：《海上事故中船员公平待遇问题之研究》，载《海大法律评论》2010年第11期。

责。因此,基于水上交通运输的高风险性就概括性地认为船舶碰撞事故本身纯粹属于意外事故,而不区分对构成要件结果的心理态度,在事故中倾向于认定无过错碰撞的做法本身是与我国的刑事法理论相违背的。

这也提醒我们,航运风险的存在并不能成为违反水上交通安全管理规定并严重危害水上交通安全法益的犯罪行为的正当化事由。刑法介入水上交通过失犯罪,在认识船舶驾驶中的高风险因素之余,需要结合事例分析具体风险因素在整个因果流程所发挥的作用。然而,航运风险固然存在并极大可能以介入因素的形式出现影响因果关系判断,但并不足以完全阻却所有水上交通过失犯罪刑事责任的承担。

二、水运经济与航行危险之间的平衡

中国经济是高度依赖水上交通运输的开放型经济。水上交通从业者是服务于水运经济的重要国家战略资源,在建设海洋强国和"一带一路"倡议中发挥巨大作用。然而,近年来全球航运业呈现持续低迷的态势,水运行业正面临转型升级和结构整合的重要阶段。在水上交通从业者队伍规模不断壮大、法律体系和保障机制逐步形成的同时,水运行业也面临诸多挑战。其中,难以实现水上交通从业者供求关系的持续性动态平衡成为制约水运经济繁荣发展的重要方面。因此,如何平衡航运经济带来的效率与航运业与之俱来的高风险性成为刑法介入水上交通过失犯罪首先需要考量的因素。应当明确的是,只要水上交通从业者遵守水上交通安全管理和生产的法律法规以及操作规程,履行与其业务类型相关的特殊注意义务,那么其行为就应当是合法的。"在一些社会本质上需要的情况下,某些具有法益侵害可能性的行为为法律所允许。”[①]也就是说，在允许的危险的范围内，尽管水上交通从业者的业务行为可能具有危险性，甚至可能已经引起危害结果的发生，但是考虑到其业务行为为经济社会发展所需，而且水上交通运输安全对我国经济社会健康稳定发展具有重要意义，应当认定其行为具有正当性。可以说，允许的危险理论为刑法介入水上交通过失犯罪提供解决思路，有助于实现水运经济与航行危险之间的平衡。

三、工作环境对水上交通从业者生理和心理的影响

1997年6月，国际海事组织（IMO）下属的海上安全委员会（MSC）和海洋环境委员会（MEPC）经过与各国专家长期研究，在其发布的《人为因素统一术语》中指出“人的行为能力的降低”是海上事故中人为因素的主要表现。水上交通运输等作业活动的高风险性不仅来源于水上交通外部环境的多变性、载体性能和设备设施的局限性，以船舶为载体的工作环境本身对水上交通从业者的生理和心理也会产生影响。例如，从事远洋运输的水上交通从业者，长期局限在工作场所和休息区域重合的封闭、孤立空间内，机舱噪声、高温和振动等载体特征极易造成水上交通从业者生理的疲劳，从而导致器官的敏感性和注意能力下降。另外，船舶行驶在茫茫的大海上，缺少参照物的刺激也会导致水上交通从业者不自觉地陷入疲劳状态。特别是遇到频繁靠港或者应急作业，难以实现休息和工作之间的良性循环。在睡眠严重不足的情况下极易情绪低落甚至丧失情绪的稳定性，进而影响操作行为的协调和准确，出现操作程序错乱、决策判断能力减弱甚至是工作态度的转变。对此，航运业流传一种观点认为，正是这种高强度的工作负荷和限制性的工作环境综

① 李海东：《刑法原理入门（犯罪论基础）》，法律出版社1998年版，第98页。

合作用导致船员的条件反射、身体机能、工作能力下降，相应地认识和行为的责任能力也有所下降，因此应当否定对船员刑事责任的追究。如果试图回应这个观点，便涉及两个层面的问题，一方面是船员在此高负荷工作环境下是否能够选择自己行为，这里涉及的是船员的意志问题；另一方面普遍行业风险与个案中的责任能力降低之间的关系，这里涉及的便是实证研究的问题。

责任非难的对象，是符合构成要件的不法行为，包括行为中所体现出来的违法心理。其中，责任非难首先针对的是意志。只有能对意志的形成过程进行控制，而后才能实现对行为的非难。也就是说，能够选择和控制自己实施的行为是责任非难的前提。刑法理论上围绕意志自由问题存在承认人的行为决定论还是非决定论的思想对立。其中，刑事古典学派提出的道义责任论主张，责任的基础在于人的意志自由，如果丧失选择的可能性，那么也将缺乏责任非难的基础。而近代学派所持的社会责任论则认为应当以决定论为前提否定所谓的自由意志的存在，认为人的所有意志行为都是遵从因果法则而得到的结果，应采取实证主义思考方式而非先验的理性归纳和分析，探索行为人的自身品质、环境因素等内外条件对行为和意志的影响。那么于船员而言，长期从事枯燥、单调、不规律的船舶作业，导致这一群体体力和思维能力下降，对航运风险的估计、判断、防控不足，执行操作行为需要的反应时间增加，发挥意志主动性的功能受到制约，能否以此为由认为其缺乏决定意志的自由而否定对其进行责任非难？事实上，人的意志受到外界环境、自身生理等多方面的制约和影响，不可能是处于完全意志自由的状态。正如沃尔德在论述贝卡里亚的理论思想时所指出的，“犯罪统计的规律性说明了贝卡里亚的观点是正确的，贝卡里亚认为犯罪并不完全是自由意志的结果，犯罪必然受到大社会环境下诸多因素的影响"[①]。考量刑事责任的追究，需要以意志自由论为基础，但是需要强调的是这里所要求的意志自由是一种相对的意志自由。外界环境和生理情况的制约决定一个人试图完全自由地决定其意志是难以实现的。如果能够认为行为人具备相对的意志自由便具有对其进行责任非难的基础和依据。因此，在"决定还是自由"这个二元对立的问题上，如果试图调和道义责任论和社会责任论之间的矛盾，那么便需要分别从刑法学和犯罪学层面寻求意义和程度上的答案。

在海难事故中，人的因素成为众多影响航运安全要素中的核心要素。为了更好地指导船舶在运营和管理过程中的人的因素问题，国际海事组织早在 20 世纪 90 年代便通过《人的因素的远景、原则和目标的决议》，并在 2021 年 12 月更新的《2018～2023 年战略计划的决议》中，再次突出人的因素在船舶安全操作和海洋环境安全保护中不可替代的作用。因此，决定船舶能否实现安全航行，最关键的问题是人的因素。对此，有航运学者将水上交通事故的发生原因区分为直接原因和深层原因，将其中船舶结构设计、人员问题以及两者之间的交叉重叠、操作问题概括为导致水上交通事故发生的直接原因，将与货物有关的问题、环境问题、组织与管理问题总结为事故发生的深层原因。[②] 事实上，上述这些原因，实际上都离不开人的因素。船舶的结构设计是在人的主导下完成的，且船舶在人的监督、检验后才能下水安全航行。人员问题以及人的操作问题是最

---

① [美]乔治·B.沃尔德等：《理论犯罪学》，方鹏译，中国政法大学出版社 2005 年版，第 26 页。

② 参见尹静波：《海事安全管理中的量化风险评估》，上海交通大学出版社 2015 年版，第 33 页。

为关键和核心的因素，以船舶为载体的水上交通事故发生的直接原因是船员在驾驶台、机电设备等方面的错误操作行为。要保证船舶的安全驾驶，仅仅靠船舶的规范驾驶与操纵是不够的，还要求航运公司在最低安全配员、制度有效实施等安全管理层面的规范行为，而这也同样是人的因素在进行控制和监督。归根结底，人的因素是贯穿船舶安全航行的核心因素。

船员这一职业群体处于多变的自然环境和人造的船舶载体所叠加的双重空间之中，多长时间的远洋作业会导致其自身的决定能力下降？面对认识和控制能力的减弱，船员自身是否具有规避手段？是否所有原因类型下的认识和控制能力减弱都能够成为在责任能力层面对船员从轻或者减轻处罚的根据？这些问题都是与船员的责任能力相关的问题。首先需要明确的是，只有具备刑法上所要求的最低程度的决定和控制能力，才能对船员的反规范行为以及反规范行为所体现的反规范意识欠缺进行责任非难。但是，一方面，结论的得出是需要结合多数船员生理情况测评、外界环境模拟和对比等大量实证资料的搜集、整理、归纳和分析，方能上升为刑事立法。另一方面，在具体个案中还需要经过法定程序对肇事船员的责任能力进行医学和法学的判断。

如果因船员身心能力下降而试图在责任能力层面寻求减轻或者从轻处罚的根据，那么前提是这种身心能力下降是排除行为人过失的。如果船舶驾驶员在具有明显过度疲劳征兆的状态下仍然继续驾驶船舶航行，以致其在不清醒状态下与他船发生碰撞导致严重危害结果发生，那么由于行为人可以自己决定是否陷入这种身心能力降低状态，那么根据原因自由行为理论，应当考虑追究其刑事责任。

2006年,"XLY"轮在从厦门驶往釜山的过程中以22节以上的不安全航速追尾5000吨级的杂货船,导致杂货船左舷尾部机舱进水沉没,造成10人死亡。经查明,"XLY"轮大副由于在靠泊期间处理装卸业务、睡眠休息时间不足陷入疲劳状态,因而在夜间独立完成驾驶台航行值班任务时发生间歇性瞌睡。在此类案件中,必须对导致船员陷入辨认能力和控制能力降低的深层次原因进行分析,是什么导致船员疲劳驾驶船舶?其是否遵守了规定的休息时间?根据国际海事组织海上安全委员会第100届会议上国际海事组织通过的《疲劳指南》,可以将船员陷入身体功能和工作能力降低状态的原因进行区分。考虑到船员自身在压力承受程度、睡眠质量、休息质量等方面存在个体差异,船舶地理位置发生时差变化后会引起人体生物钟变化导致生理疲劳及肌体劳累,如果船员忽视运用个人策略进行自身状态的调整和管理,未能采取有效地缓解和规避错误操作的行为,或者因船员自身过度娱乐、酗酒、港口下地等不良习惯缺乏识别疲劳状态的风险意识而陷入责任能力降低的状态,那么难以从责任能力降低的角度出发为其寻求减轻或者从轻处罚的根据。

航运实践中,连续驾驶时长是衡量船员身体和心理能力的重要指标。对此,《1978年海员培训、发证和值班标准国际公约》(STCW公约)、《2006年海事劳工公约》以及我国《海船船员值班规则》中都对船员的值班标准、最长工作时间和最短休息时间进行了明确的量化。为此,笔者认为,如果由于船舶内部监督者船长制定超出驾驶台团队成员技能和熟练水平的不合理航次计划和值班制度以及航运公司违反最低安全配员标准或者未能根据船舶需要频繁靠离泊作业、装卸货作业而增派船员等船岸管理不善因素导致执行具体业务的船员陷入身心疲弱的状态发生严重事故,此时航运监督管理者已实施构成要件结果的间接行为，对其追究水上交通监督、管理过失的刑事责任尤为必要。

另外，需要明确的是，仅仅从水上交通运输这一行业的高风险概括性特征来论证缺乏责任非难的依据甚至是直接否定刑事责任的承担，是缺乏合理的数据支撑和有利的论证过程的。这也正是结合规范责任论的观点对船员的心理状态进行规范性评价的必然结果。因此，呈现极端化特征的工作环境[①]对水上交通从业者生理和心理的影响不能不成为主观归责层面予以特别关注的因素。

四、船员的特殊保护与刑事追责之间的嫌隙

当前世界范围内的船员主要基于海洋环境污染、碰撞、重大海上死亡事故受到刑事指控。航运界对于海员定罪的趋势产生担忧。为此，国际运输工人联合会(ITF)认为对“若潮号”事件的具体处理便符合在发生海上事故时“将海员定罪”的令人不安的模式。[②] 波罗的海国际航运公会(BIMCO)也持续呼吁反对现在国际社会对海员日益苛刻的刑事问责态势。其援引的最重要的法律依据之一是由国际海事组织和国际劳工组织联合专家组制定并由2006年召开的国际海事组织第91次法律委员会会议通过的《海难事故后公平对待海员指南》。该指南出台的背景是海难事故后，对船员适用刑事程序的情况逐渐增多，政府当局滞留船员，因此受到航运界的质疑与国际劳工组织、国际海事组织的特别关注，由此公平对待海员成为海事组织大家庭的愿望。为促使政府当局在调查以及滞留过

① 参见王有权主编：《航海心理学》，大连海事大学出版社2007年版，第49页。

② 参见《“若潮”号船员还不能回家！ITF：将海员定罪成为一种趋势？》，载航运在线网，http://news.sol.com.cn/html/2021-07-29/AFD766D1C45D0137B.shtml。

程中公平对待海员,指南进一步强调:海员作为工人群体中的一个特殊部分,由于整个船舶运输业的全球化特征,涉及不同法律环境的规制,因此需要特别予以保护。另外一个法律依据是1982年《联合国海洋法公约》(UNCLOS)第230条所规定的保护措施:除非在领海范围内海员故意实施或者确实造成了严重的海域污染,否则不可以对外籍船舶在领海范围内的违法行为实行监禁。正是以此为背景,航运界对于船员能否被适当地定罪追究刑事责任这一问题展开热议,甚至出现以公平对待原则为由全盘否定对船员的业务过失行为追究刑事责任的思维误区。

那么,刑法介入水上交通过失犯罪应当如何妥当处理船员的刑事追责与特殊保护之间的纠葛,成为一个亟待解决的问题。这不仅关系到刑法如何处理与国际海事原则之间的疑似"冲突",同时也涉及刑法介入水上交通运输业务领域的正当性。首先需要明确的是,公平对待海员原则的内涵并不是对船员免于刑事追责,而是排斥对船员不合理的刑事指控而避免使船员成为应当追究刑事责任的船长、船东的"替罪羊"。具体来看包括以下几个层面:第一,反对有罪推定;第二,反对违反程序的调查取证;第三,反对船员因意外事件受到刑事指控;第四,反对刑事追责主体范围的欠妥当性。由此可见,航运业并非"一刀切"地否定刑事指控,而是否定刑事指控过程中的程序违法与实体构成要件不当认定,本质是在追问入罪的刑事合理性与实质合理性问题。因此,公平对待海员原则、船员的权益保护与水上交通业务过失刑事追责并不冲突,并不能以此为由否定海洋刑事法治在惩治水上交通过失犯罪中的预防作用,甚至是践踏我国刑事法治的尊严。事实上,"75%到96%的船运事故和人为错误有关，人为错误依旧是事故的主要成因”①。通过协同船舶体系的内部监督和外部管理完全可以控制一部分水上交通事故的发生，但是目前一些中小型船公司对航运安全生产重视不够，安全管理两张皮，未能有效履行管理义务，内河船舶普遍存在配员不足、船员不适任的情况。② 个别船员缺乏责任心，没有建立起对法律规范和行业操作规则的敬畏心，用不良的行业习惯抵抗法治精神。应当明确的是，保护船员权利，赋予船员公平对待的权利并不能以牺牲刑事法治功能作为代价，甚至是助长肇事就逃逸、习惯性违章等行业不良风气。正如《海恩法则》所揭示的“再好的技术，再完美的规章，在实际操作层面，也无法取代人的自身素质和责任心”。因此，在船员层面实施安全操作行为，在航运公司层面健全安全管理体系并落实安全管理要求方能实现航运安全和船员人身权益保护的长远目标。

总体来说，水上交通运输业务高风险性、流动性以及面临法律环境的不确定性成为船员职业应予特殊保护的主要原因。船员权益的司法保障不仅是国际海事组织的工作重点，同时也是我国涉船法律法规的规范目的。为应对新冠肺炎疫情大流行期间船员所面临的挑战，国际海事组织海上安全委员会在第 104 届会议批准了《指定船员作为关键工作者》的决议草案，从而保障船员安全流动与换班。关注船员疲劳问题、保障海员获得包括安全在内的公平待遇权利并不仅仅是我国船员权益保障的特殊之举，而是 IMO 的工作重点和所有工作的中心。刑法介入水上交通过失犯罪，不能脱离

① 参见《2018 年安全与航运报告》。
② 参见《上海海事法院船舶碰撞案件审判与航行安全情况通报白皮书》。

当前水上交通安全利益保护的需要,也不能抛开水上交通环境场域特征与道路交通领域的肇事情形简单相提并论。如果刑事立法设置合理的罪刑标准,司法活动中以是否符合刑法规定判断行为是否具有刑事违法性并依照罪刑法定的原则入罪,给予应当追究刑事责任的监管过失责任主体与业务过失责任主体刑事制裁,那么航运界也会认可判决的公正性和合理性。

第二章　水上交通过失犯罪中的实行行为界定

无行为则无犯罪，是刑法学理论上最基本的原理。其中，行为也就是客观构成要件中的实行行为，其重要性无可厚非。然而，长期以来，过失实行行为在我国的研究并未取得突破性的进展。这一是因为，我国的构成要件体系受到苏俄式四要件构成体系的影响，过失被单纯地认定为主观心理要素，主观方面的不同是过失犯罪与故意犯罪的唯一差异点；二是因为，过失实行行为本身缺乏定型性，开放的构成要件类型决定其只能借助危害结果、过失心态来完成过失的认定。近年来，受德日刑法理论体系的影响，逐步开启过失犯实行行为定型性的探索。那么，如何界定过失实行行为成为一个首先要面临的重要课题。

一直以来，过失犯罪中的实行行为并未引起我国刑法理论界的广泛关注，而且就目前现有观点来看，对过失犯罪中是否存在实行行为的认识也存在分歧,“过失实行行为不存在说”是其中一种观点。持此观点的学者从目的行为论的角度出发,认为行为人过失犯罪中的伴随结果的意志只是一种不完整的意志状态,甚至根本没有意识和意志,由此得出过失犯并没有自己独立的行为的结论。[①] 按照这一结论进一步推进,也就是说,只需要行为人造成构成要件要素意义上的结果,并且主观上具有过失,便可以追究行为人的过失责任。这种明显否认过失犯罪存在行为的观点,是结果主义视角下的产物,根本无法起到合理界定过失犯罪范围的作用。另一种观点“过失犯罪实行行为存在说”认为,实行行为对于过失犯的成立显而易见是不可或缺的,但是在其观点内部对于过失犯罪中的实行行为是否与故意实行行为相一致出现不同的看法。一种看法认为,过失犯罪与故意犯罪的实行行为具有同一性。这一观点是中国刑法理论的通说。大多数学者在对危害行为这一重要客观构成要件进行阐述时,均未将其区分为故意或者过失犯罪,而统一定义为“具有社会危害性的身体动静”[②]“引起构成要件结果发生的危险性行为”[③]。可以明确的是,尽管对危害行为描述的侧重点有所不同,但是主流理论并未将过失犯罪的实行行为与故意犯罪的实行行为进行明确区别。另一种看法认为,过失犯罪具有独立的实行行为。按照这一观点,过失犯罪中的实行行为定型性虽然较故意犯罪宽缓,但是其实行行为的独立性并不因此抹杀,也是可以通过对其进行界定从而实现判断过失犯罪能否成立这一功能的。对此,我们认为,过失犯

① 参见黄丽勤、周铭川:《目的行为论之修正与提倡》,载赵秉志主编:《刑法评论》第 11 卷,法律出版社 2006 年版,第 274 页。

② 黎宏:《刑法学》,法律出版社 2012 年版,第 79 页。

③ 周光权:《刑法总论》,中国人民大学出版社 2016 年版,第 105 页。

罪独立实行行为论具有合理性。一方面,过失犯在本质上就是不意误犯,即由于疏忽或者轻率而实施了足以造成构成要件结果的行为。水上交通运输业务是一项风险业务,船舶日益大型化和数字化带来高效便捷和巨大经济利益的同时,也使得制约船舶安全航行及作业的风险因素以突出态势呈现,水上交通运输从业者不得不时刻保持警惕。为了防止这些风险因素转化为现实的危害结果,只能通过现象总结规律,以规则的形式确保水上交通公共安全的实现。这些被制定出来的规则就是水上交通运输业务中的注意义务的总和。另一方面,过失犯与故意犯有明显的区别,因过失引起的危害结果的行为定型化的程度较低,难以通过具体描述的方式定义行为的内容。因此,应当在明确过失犯实行行为具有独立性的基础之上,合理界定水上交通过失犯罪中的实行行为,从而使其能够发挥限定处罚的作用。

第一节　水上交通过失犯罪中的实行行为判断

那么,应当如何界定过失犯罪中的实行行为?对此,有学者认为,实行行为是具备对法益造成侵害的现实性危险的行为,是在形式和实质内容上都符合构成要件的行为。①“既然刑法的目的是以保护法益为目的的一般预防,那就不能否定刑法有作为行为规范的性质,而向国民表明什么样的行为事前被禁止也是犯罪论的重要作

① 参见[日]大谷实:《刑法讲义总论》,黎宏译,中国人民大学出版社2008年版,第125页。

用。在行为时点进行事前判断,如果某行为对结果发生造成了某种程度的高度危险,就是实行行为,如此判断并无不当。”①还有的学者从防范结果责任的角度出发,认为应当借助法不容许的危险这一概念来限定过失犯中的实行行为。② 总之,学者对于过失犯实行行为的认识也大多是以实质的危险评价为基础展开的。经过对上述学者的见解进行归纳,可以从形式要件和实质要件两个方面分别对水上交通过失犯罪中的实行行为进行界定。

一、形式要件——违反特殊注意义务

从广义上来看,水上交通过失犯罪中的注意义务包括作为基础的结果预见义务和作为核心的结果回避义务。所谓结果预见义务,是指水上交通从业者在其从事业务活动的过程中应当保持必要的意识紧张、注意集中,以便能够预见其行为可能发生刑法构成要件结果的义务。如果水上交通从业者基于注意义务的产生根据,在能够履行结果预见义务的情况下应当履行结果预见义务而没有履行,自然无法从措施上避免危害结果的发生,则属于违反结果预见义务。如船长在船舶航行前要对船舶适航性、船员的适任性以及货物的适运性进行安全检查,以确保其符合安全运输的要求;值班驾驶员应当在船舶在航时,保持正规瞭望、安全航速以便能够及时发现来船以防止碰撞事故的发生;轮机部值班驾驶员应当在值班前检查舵系、机电设备和机舱管系以保证安全的机舱运行环境。所谓结果避免义务,是指水上交通从业者在业已预见到危害结果可能发生的

① [日]佐伯仁志:《刑法总论的思之道·乐之道》,于佳佳译,中国政法大学出版社2017年版,第53页。

② 参见王志远:《过失基准行为论:过失犯刑事责任范围的限定》,载《中国刑事法杂志》2010年第7期。

情形下，能够保持注意力集中和意识上的紧张，从而采取有效的结果避免措施防止危害结果发生的义务。如果水上交通从业者在已然预见到危害结果可能发生的情况下，却仍然以不充分的注意履行义务，最终未能避免结果发生的，就属于违反客观注意义务的行为。如船长一旦发现船舶、船员、货物任何一方面的不适性，就应当采取积极的防御措施，通过一定的行为方式排除潜在危险的发生。值班驾驶员一旦发现可能存在碰撞危险，应当采取必要的措施防止紧迫局面①的进一步形成从而避免碰撞事故。机舱值班人员一旦发现机舱设备出现故障，应当积极采取应变措施排除故障并报告轮机长。对此，刑法理论的通说认为，违反结果预见义务也就是"应当预见而没有预见"的疏忽大意的过失，而结果避免义务也对应"已经预见却轻信可以避免"的过于自信的过失。因此，根据上述刑法理论对过失实行行为的探讨，以违反法律规范和相关规章制度等要求的注意义务来实现水上交通过失犯罪中实行行为的形式要件界定更加具有合理性。

二、实质要件——具有法益侵害的紧迫危险或者危险升高

正如上文所述，水上交通过失犯罪的外在实行行为特征是违反特殊注意义务。这仅是从形式上对水上交通过失犯罪的实行行为进行界定。如果仅基于诸多注意义务根据而理解违反注意义务的行为，那么并没有充分认识到水上交通过失犯罪实行行为的本质，也不符合航运实践中的特殊情形。例如，在航运实践中，由于船舶

---

① 其中，紧迫局面是指两船已接近到单凭一船采取行动已不能在安全距离上驶过的情况。参见吴金龙、李建伟、程文阁、李超主编：《船舶值班与碰撞》，大连海事大学出版社2017年版，第118页。

类型、吨位以及作业特点存在差异，船舶所处的航行水域环境条件也大有不同，两方或者三方船舶所处的会遇形势也较为多变，海上避碰问题具有复杂性。相应地，防止碰撞的方法和行为规则并不是一成不变或者唯一的。此时，存在反而需要背离海上避碰规则的特殊情形，即极端情况和来自自然条件限制的船舶会遇和避碰。[①] 也就是说，此时如果遵守海上交通避碰规则反而会制造航行紧迫危险或者碰撞紧迫危险甚至是直接导致水上交通碰撞事故的发生。遵守海上交通避碰规则即履行注意义务并不能够切实适合所有局面的防止碰撞事故发生，在形式上违反特殊注意义务的行为可能因为不具有法益侵害紧迫危险性而丧失认定实行行为的意义。对避碰规则的违反也并非能够得出一个值班驾驶员实施了侵害水上交通公共安全法益的实行行为的必然结论。应当明确的是，犯罪的本质是对法律所保护法益侵害为核心的结果无价值。因此，具有法益侵害紧迫危险应当是水上交通过失犯罪实行行为界定中的实质要件。另外，当水上交通公共安全法益本身存在危险时，不具有防止结果发生义务的人，只要没有升高危险就不存在将其行为认定为实行行为的必要性。也就是说，如果行为的实施实际上起到减少或者避免水上交通安全法益侵害的效果，那么应当排除在实行行为的范围之外，直接否定其构成要件的该当性。故而，当行为的客观态势已经表明遵守避碰规则已经不能避免两船在会遇局面或者航行中形成

---

① 对此，美国对背离规则条款的性质和适用范围进行明确解释。其中，接近浅滩或暗礁、第三艘船驶近或类似的情况等紧迫危险应当适用背离条款的特殊情况，包括出现极端情况、更多的船舶出现导致避碰规则中的一般化条文必须有所改变等正当情形。参见吴兆麟主编：《船舶避碰与值班》，大连海事大学出版社 2014 年版，第 218 页。

紧迫危险,只有背离避碰规则才能防止船舶在碰撞格局中形成这种危险,此时避碰规则本身所要求的实施“背离规则”的行为也就成为一种需要履行的避让义务。

需要注意的是,一方面,背离条款的适用是具有严格限制和前置条款的,只有当危险是紧迫、客观存在并且该行为需要被理解为必要且合理时,方可不实施避碰规则所要求的行为内容。换句话说,并非所有存在航行危险的情况下均可以违反规则。另一方面,避碰规则中的背离条款的规范目的在于避免碰撞危险。因此,对于避碰规则中基本的航行规则如保持正规瞭望、以安全航速航行以及正确判断碰撞危险等基本规范条款并不是背离的“规则范围”,仅仅是有关船舶航行规则和采取避碰行动规则的具体规则才可能成为理论和实践中遭遇违反却因并未造成法益侵害紧迫危险或者升高而不应当认定为实行行为的行为类型。因此,对于航运实践中船舶实施背离避碰规则造成严重法益侵害的行为是否应当认定为水上交通过失犯罪的实行行为时,首先,需要结合双方态势和避让义务判断是否具有适用背离条款的正当性。其次,方能对其背离行为本身引发危险紧迫性和风险升高可能性展开分析。最后,得出其行为是否具有实行性的结论。

总体来说,判断水上交通过失犯罪中的行为是否造成侵害水上交通公共安全法益的紧迫危险或者起到升高危险作用时,应当以具体行为时所有客观事实作为判断基础进行客观因果法则的判断。当职责要求与海员通常做法相冲突的时候,不仅应综合考虑各种注意义务的产生根据,适时履行最能够实现结果避免义务的行为,而且更为关键的是,在衡量水上交通过失犯罪中的实行行为时应当更加关注行为时其行为本身的法益侵害紧迫危险性的有无。因此,应当以实质主义的评价方式来明确水上交通实行行为的特征,将水上交通过失犯罪的危害行为界定为具有引起构成要件结果的紧迫危险行为或者危险升高的行为,这也是其具有刑事违法性的本质原因所在。正如有学者所言,在具有预见可能性的前提下产生的精神性紧张有所懈怠是过失犯受谴责的重要原因,但以此为基础应采取的相应行为即防止结果发生的行为,则从反面昭示出该行为的实质性危险。这种行为才可以描述并界定为过失犯中的实行行为。①

在船舶碰撞事故中,根据船舶之间是否发生直接的接触而划分为直接碰撞和间接碰撞。其中,直接碰撞是指船舶之间发生现实的碰撞而导致的事故类型,而间接碰撞则是实际上没有同他船发生接触但是却使其他船舶遭受财产损害的行为。间接碰撞中,多数情况是以浪损事故、搁浅事故的形式出现。尽管这种间接碰撞事故没有发生真实的接触行为,但是如果船舶驾驶员不适当操作行为或者违反航行规范的行为造成他船发生财产法益侵害的紧迫危险,那么此时违反法规范所要求的注意义务的行为也应当认定为水上交通过失犯罪的实行行为。2018 年 8 月,A 轮第 1814 航次空载从码头启航。由于本船前后均有其他锚泊船,A 轮船长遂决定上行驶过红浮后向右掉头进入下行通航分道。A 轮操右满舵,准备横越下行通航分道掉头。然而在掉头过程中,由于没能有效控制船位,与沿上行通航分道上行的 B 轮形成掉头船舶与沿航道行驶船舶之间的避让

---

① 参见[日]西田典之:《日本刑法总论》,刘明祥、王昭武译,中国人民大学出版社 2007 年版,第 211 页。

关系,并且因双方的避让措施存在失误,最终形成两轮发生直接碰撞的危险局面。根据碰撞危险局面形成后的两轮航行态势,为避免直接碰撞事故的发生,A 轮采取倒车终止掉头行为,B 轮采取右满舵避让行为,两轮在避让措施的准确把握上均存在不足,并因此导致 A 轮在倒车避让过程中与 C 轮发生碰撞,B 轮在右舵避让过程中先后与 D 轮及 E 轮发生碰撞、与 610 码头及 609 码头发生触碰的事故。在类似的案件中,虽然两轮之间并未发生直接的接触性碰撞,但是由于两船所采取的避免结果发生义务行为直接引发他轮遭受损害,如果造成刑法意义的严重危害结果,那么应当认定其违反避碰规则的行为具有法益侵害的紧迫危险。

第二节　水上交通过失犯罪中实行行为表现形式

随着水上交通航运业务的日益现代化,水上交通过失犯罪中危害行为的表现方式越发多种多样。总体来说,实行行为的最基础分类就是作为与不作为两种形式。以身体的动静为表现形式来看,作为是通过积极主动的身体动作而进行刑法所否定之行为,不作为是指行为人以消极被动的身体动作而放任外界的变动。从违反刑法规范来看,作为违反了禁止性的刑法规范,而不作为违反了特定的命令规范。水上交通过失犯罪中实行行为形式也不例外,无论是单纯业务范围内的实行行为,还是发生在船舶组织体系内部的监督过失行为、船舶组织体系外部的管理过失行为都以作为要素和不作为要素为重要内容。①

一、水上交通过失犯罪中作为形式认定

水上交通过失犯罪中的作为，主要是指直接执行者、船舶组织体内部的监督者、船舶组织体外部的管理者以积极的身体动作错误履行业务职责和监督、管理职责而直接违反禁止性规范的行为。其中，直接执行者的错误履行业务职责的行为将在本书第二章第三节“水上交通阶段过失中的实行行为界定”中进行详细论述，在此仅对船舶组织体内部的监督者、船舶组织体外部的航运管理者的过失作为形式展开探讨。一般来说，船舶组织体内部的监督者表现为错误指挥、命令的行为；船舶组织体外部的管理者主要表现为两种情况，即强令冒险行为和私自改装行为。

（一）错误指挥的监督过失行为

在船舶值班过程中，船长、从事船舶驾驶操纵和机舱维护的值班驾驶员、值班轮机员基于其监督地位和职务、业务上要求的义务，应当积极行使指挥、命令等权力，但是由于其对所处局面的认识错误或者经验局限而导致指挥、命令不适当，通过介入直接行为人的行为引起构成要件结果的发生。例如，由船长和驾驶员轮流驾驶的船舶与客渡船相遇，在误以为客渡船会按船鸣笛要求

---

① 日本刑法理论上对于监督过失中的行为表现形式存在争议，一种观点是以未履行结果避免义务为代表的不作为说，认为监督管理者具有建立安全管理体制的作为义务，这种作为义务在本质上是防止危害结果发生结果避免义务。监督管理者不履行这种结果避免义务就是“不作为”。另一种观点是以制造危险为代表的作为说，认为监督管理者未建立安全管理体制的行为是实施危险源扩大的设定行为，因此应当称为“作为”。还有一种观点认为，应当坚持作为与不作为并存，应当区别具体事例中的作为要素和不作为要素。参见刘丁炳：《监督管理过失犯罪研究》，中国人民公安大学出版社2009年版，第117～118页。对此，本书认为，第三种观点对全面认识水上交通监督管理过失中行为表现形式具有重要的指导意义，并未拘泥于安全管理体制设立这一事由。

进行避让的情况下,船长指令驾驶员按既定航线行驶,结果导致两船碰撞致使该船20人遇难。船长和驾驶员均被判处有期徒刑六年。[①] 在这种情况下,船长要求按照原航线行驶的错误指挥行为是以作为的方式呈现出来,其与构成要件之间的因果关系判断也较为简单清晰。

(二)强令违章冒险的管理过失行为

从本质上来看,强令违章冒险是一种不当行使职责权限的行为。[②] 航运管理者具有的指挥、命令权是基于其对船舶这一危险源负有的管理、控制义务而取得的,这些权力的行使并非没有边界,也不是随心所欲的,而是与水上交通公共安全联系在一起,具有严格限制,一旦突破职责要求的合理界限将有可能造成水上交通事故,引起危害结果的发生。例如,渔船船主明知刘某乙无船员证且在渔船不能载客的情况下仍然指使其驾船载客。后因刘某乙操作不当致船舱进水、船体下沉,致使5人溺水身亡。法院以交通肇事罪判处船主有期徒刑。[③] 在本案中,刘某甲身为船主明知船员不适任、船舶不适航的情况仍然指使船舶载客航行,正是作为形式中的强令违章冒险行为。再如,在"大舜号"沉船事故中,烟大轮渡股份有限公司不顾海上有大风浪警告盲目指挥出港

① 参见《广西桂平"3·11"沉船事故案宣判　4事故责任人获刑》,载正义网,http://news.ifeng.com/a/20140705/41033973_0.shtml。

② 对此,我国《刑法》第134条第2款对于强令违章冒险作业的行为予以明确规定,另外,最高人民法院《关于审理交通肇事刑事案件具体应用法律若干司法解释》第7条也对强令违章冒险的行为予以规定。可以说,这种行为正是法律明确禁止的以作为方式实施的不当管理行为。

③ 参见贵州省黔东南苗族侗族自治州中级人民法院(2014)黔东刑终字第24号判决书。

也是典型的强令违章冒险行为。① 其他强令违章的行为还包括明令禁止运输作业而非要运输作业的情形②、未经渔业船舶检验强行出海作业的情形③。

(三)私自改建船舶的管理过失行为

航运实践中,部分航运管理者为了牟取经济利益,私自改建船舶以实现船舶超载。尽管航运管理者对船舶具有管理、控制义务,但未取得船检部门检验的船舶本身适航性受到制约,一旦遭遇大风浪极易发生船舶漏水自沉事故,造成严重危害结果。例如,在浙苍机"6××"轮自沉事故案中孔某私自加装漏水盖板、人为封堵主甲板挡浪舷墙泄水通道与下水道等改建船舶的行为就是增加水上交通公共安全的风险行为。经海事机关认定,私自违章改装船舶且未通过部门检验是导致船舶自沉的重要原因。法院以重大劳动安全事故罪对孔某判处有期徒刑。④

二、水上交通过失犯罪中不作为认定

一般来说,水上交通过失犯罪的实行行为是形式上违反特殊注意义务,而实质上具有紧迫危险或者致危险升高的行为。这一界定标准在处理作为形式的水上交通过失犯罪实行行为时较容易确定,而对于水上交通过失犯罪中以消极的动作、违反命令性规范而实现犯罪的情形,其实行行为的实质内容还需要加以特别考察。正如有学者指出,在不作为形态中,不仅直接的因果联系在监督者与危害

---

① 中华人民共和国长江海事局编:《海上交通事故案例》,武汉理工大学出版社2011年版,第57~62页。

② 参见四川省宜宾市翠屏区人民法院(2013)翠屏初字第418号判决书。

③ 参见辽宁省高级人民法院(2014)辽刑三终字第00008号判决书。

④ 参见浙江省苍南县人民法院(2015)温苍刑初字第1294号判决书。

后果之间缺失,而且从行为性质来看,监督者亦没有积极的行为,由此其实行行为更加难以认定。[①] 在水上交通过失犯罪中,直接执行者的不作为行为较容易认定。因此,应当将焦点放在发生在船舶组织体系内部具有监督职责和船舶组织体系外部具有管理职责的行为人的不作为行为方式上。首先需要明确的是,其不作为的两方面表现形式:

(一)不履行监督、管理职责

具体来看,不履行监督、管理职责是指船长、值班驾驶员、值班轮机员等全然不顾其监督职责以及航运管理者完全不履行其管理职责。其中,船长不履行监督职责的行为主要体现为两个类型。一种是擅离值守型,即在执行职责的航次中,擅自离职、中止职务。另一种是放任不管型,即船长尽管在岗,但是在航行前放弃对船员适任性、船舶最低安全配员和船舶适航性等进行检查;航行中放弃对值班驾驶员、引航员的错误操纵指令行为进行纠正制止;事故发生时放弃对船舶和船上人员履行救助义务。

在船舶组织体系外部,航运管理者履行刑法上的作为义务内容应当是建立健全安全管理体系、制度,并确保其在船顺利运行。这一要求源于由国际海事组织第十八届大会通过的《国际船舶安全营运和防止污染管理规则》,规则的核心便是要求航运公司建立和实施经过主管机关认可的安全管理体系。根据公约的原理和航运实践,我国于 2001 年 7 月发布《船舶安全营运和防止污染管理规则(试行)》。自 2001 年 9 月发布第一批国内航行船舶强制实施该规

① 参见李蕤宏:《监督过失理论研究》,载《刑事法评论》第 23 卷,北京大学出版社 2008 年版,第 413 页。

则的公告,截至2018年11月,我国已宣布对第四批船舶生效的公告。公告通过对船舶吨位、船舶用途、载客定额等标准限制,实现分批次督促航运公司抓紧建立安全管理体系的要求。在航运实践中,航运管理者不履行管理职责的行为主要体现为放弃对安全管理体系、制度的建立。特别是一些中、小型航运公司或者个人船东为了减少安全管理的运行成本,将船舶交给具有资格的船舶管理公司进行管理。然而,部分船舶管理公司未能按照所签订的代管协议切实履行对船舶的安全管理,甚至根本不参与对于船舶日常运营中的安全管理活动。这种“代而不管”①的情形正是放弃安全管理体系、制度的建立的重要体现。例如,郑某甲将其负责经营管理的货船挂靠在某船务有限公司进行经营管理。郑某乙作为该公司的法人代表和执行董事,在货船挂靠期间,并未对船舶进行实质管理,明知该船配员与适任存在问题却未督促整改,甚至还提供有适任证书的船员来冒充该货船的船员完成检查,致使该货船在船员均不具备相应适任证书的情形下从事营运业务。卞某无证驾驶该货船锚泊时,由于疏忽大意盲目选择抛锚地点,并在剧烈震动的情况下采取应急措施不当,导致该货船倾覆,造成3人溺水死亡。经人民法院终审认定,郑某乙构成重大责任事故罪。② 郑某乙身为船舶管理公司的法人代表和执行董事,明知该船船员配员与适任存在问题却不参与对船舶的管理和检查,其行为正是航运管理者不履行管理职责的具体行为体现。

---

① 所谓“代而不管”,是指船舶管理公司在形式上接受委托,所管理事项仅包括提供体系所要求文件、对船员进行培训和接待审核取证。在日常安全管理方面,管理公司与船舶缺乏实质性联系的情形。

② 参见福建省宁德市中级人民法院(2015)宁刑终字第102号判决书。

(二)履行监督、管理职责不到位

相应地,履行监督、管理职责不到位,是指船长、值班驾驶员、值班轮机员等和航运管理者应当履行其监督和管理的职责防止水上交通事故的发生,但由于疏忽大意或者过于自信而未实施有效的监督和管理。在航运实践中,船长履行监管职责不到位的行为包括船长明知值班驾驶员是初次执行驾驶业务,由于疏忽并未考虑其专业适任能力及经验便安排值班。再如,船长已经知悉船舶的安全隐患却因为疏忽大意而未安排有效整改。在船舶组织体系外部,航运管理者履行管理职责不到位主要表现为尽管已经建立安全管理体制或者制度,但是疏于对体制的落实运行实施有效管理。① 事实上,航运管理者对于在其支配范围内存在的危险发生或者可能发生存在防范义务,这种防范义务不仅要求建立安全管理体系或者制度,而且需要所建立的安全管理体系具备可操作性、连续性、有效性并能够产生良好的运行效果。具体来看,对此种义务的违反包括以下三个方面。其一,在岸基活动方面。如并未指定专门人员对安全管理体系的运行情况进行有效监控或者并未保障必需的岸基资源,在需要作出反应的紧急情况时并未启用应急程序。其二,在直接从业者的管理方面,对其培训、适任、考核等环节未严格把关,对不满足最低安全配员、无证上岗的行为未制止并督促整改。其三,在船舶管理方面,对于影响船舶适航性的船体、结构和设备等缺陷未及时检查,对船舶未持有有效的适航证书的行为未予以管理,缺乏对船舶的跟踪和安全监控。

---

① 目前,航运国企和一些较大的航运私企的管理水平毋庸置疑,但是部分小型私有航运企业本身的管理较为混乱。尽管被要求建立公司的安全管理体系,但是其各方面的投入支持都不足,导致整个安全管理体系运行流于形式,出现“两张皮”现象。

正如上文所述,水上交通过失犯罪中的实行行为在形式上有作为和不作为之分。这两种形式不仅可能发生在同一个直接执行者身上,而且可能由同一监督者或者管理者体现。值得注意的是,水上交通过失犯罪是较为复杂的犯罪类别,可能存在多个层次的不同的监督管理者。不同层次的监督者、管理者之间的行为形式可能是相同的,即多个监督者、管理者都是作为或者不作为,也可能形式是不同的,即部分监督者是作为而部分管理者是不作为。此时就需要对水上交通监督者、管理者的行为分别进行甄别,明确其行为形式,从而准确定罪。例如,航运公司故意掩盖船舶不具有适航条件的事实,导致船舶航行过程中发生自沉事故造成严重危害结果。此时存在发生在同一个监督主体身上的作为和不作为形式。再如,航运公司对于船长屡次违章指挥船舶的行为不予管理,导致船舶频繁发生事故险情引发构成要件结果。从行为主体的地位和行为结构来看,这种情形便是水上交通过失犯罪中较为典型的多重监督管理行为。其中,屡次违章指挥是直接指挥、领导船舶驾驶、操纵以及其他生产作业的处于监督者地位的船长的行为,即以作为的形式构成水上交通监督过失,而对屡次违章指挥不予管理的航运公司对船舶具有管理、控制义务,其本应要求整改却未积极督促的行为,是以不作为的形式构成的水上交通管理过失犯罪。需要注意的是,对于水上交通过失犯罪中的不作为犯并不是只要其不履行特殊注意义务或者监督管理义务的行为与构成要件结果之间具有因果关系就能够肯定其构成水上交通过失犯罪。水上交通过失犯罪中的不作为犯的成立需要附加更多的考量因素,不仅要求处于指挥、管理地位的船长和对船舶危险源具有管理控制义务的航运管理者处于具有作为义务的保证人地位,而且需要其具备作为可能性和结果回避可能性。

尽管处于指挥、管理地位的船长和对船舶危险源具有管理控制义务的航运管理者基于保证人地位具有作为义务，但如果其对于直接从业者的过失行为或者构成要件结果的发生并无预见可能性，那么也就谈不上其具有履行监督管理义务的可能性。另外，结果回避可能性也是对水上交通过失犯罪中的不作为犯成立的另一限制条件。即使处于指挥、领导地位的船长和对船舶危险源具有管理控制义务的航运管理者基于保证人地位，具有作为义务，也能够履行作为义务，但客观上不可能避免危害结果发生时，也不应当认定不作为行为具有实行性。

第三节　水上交通阶段过失中的实行行为界定

一般情况下，在水上交通过失犯罪中的实行行为认定中，以违反注意义务作为判断的形式要件，以具有法益侵害紧迫性或者使危险升高作为实质要件，便能够得出是否构成水上交通过失犯罪实行行为的结果。然而，水上交通过失犯罪中过失竞合的情形较为常见。其中，一方的数个过失并存的场合也是过失竞合的一种类型。例如，在船舶碰撞事故中，构成要件结果的出现之前往往经历了一系列过失行为的集合，如未履行正规瞭望、未保持安全航速、未采取有效措施避免碰撞。在这种情形下，可以说这一系列的过失行为均是违反注意规范的行为，那么究竟哪个或者哪些行为具有实质危险性？在这种注意义务分阶段存在的场合应当如何认定实行行为成为亟待解决的问题。首先需要明晰的是水上交通阶段过失中的行为表现。

一、水上交通阶段过失中的行为表现

(一)瞭望疏忽

瞭望是驾驶和航行的首要规则。对此,《1972 年国际海上避碰规则》规定每一船在任何时候都应使用视觉、听觉以及适合当时环境和情况的一切可用手段保持正规的瞭望。保持正规瞭望的条款,不仅适用于值班驾驶员,作为负有瞭望职责的人员也同样适用。履行瞭望义务是值班驾驶员履行刑法上的结果预见义务的前提。原因在于,保持正规瞭望以便及时发现来船及其动态和本船状态、特性和条件限制,这是对周边环境和碰撞危险进行充分估计和作出避碰决策的先决条件。换句话说,只有保持正规可持续的瞭望,才能对局面和危险正确判断,进而作出正确的避让行为。①

谨慎地正规瞭望不仅是值班驾驶员而且是负有瞭望职责的人员的重要注意义务。航运经验表明,正规瞭望的实现应当满足以下条件:一方面,配备足够称职的瞭望人员。对此,2020 年实施的《海船船员值班规则》第 20 条规定中也赋予了船长为保持连续正规的瞭望而应当合理安全航行值班船员的义务。另一方面,使用适合当时环境和情况的一切可用手段保持正规和不间断的瞭望。视觉瞭望是保持正规瞭望的最主要手段,能够在较短的时间内判明周边他船的情况和状态。在能见度不良、视觉瞭望受到局限时,听觉瞭望可以通过收听他船的雾号来判别他船动态。因此,除此之外还应当利用雷达和自动雷达标绘仪(ARPA)进行观测、通过船舶自动识别系统(AIS)获得他船信息、保持船舶与船舶交通服务中心(VTS)

---

① 除此主要目的之外,根据《STCW 公约》马尼拉修正案,保持正规瞭望还具有判断搁浅、触礁等其他危及安全航行的局面、危险和探明遇难人员以及沉船的目的。

的通信联系等一切适合手段保持瞭望体系的完整性。如果没有用尽一切可能的有效手段进行全方位瞭望,那么将可能存在瞭望疏忽。

"实际上,在各国法院审理的船舶碰撞案件中,绝大多数当事船舶几乎都被法院指责为犯有不同程度的瞭望过失。"①各国专家学者对船舶碰撞事故的分析研究表明,无人瞭望或未保持正规瞭望是导致船舶碰撞事故发生的重要原因。航运实践中,疏于瞭望的原因包括船舶最低安全配员不足,尤其是夜间航行时驾驶台并未增加人手协助瞭望;依赖雷达、电子海图、AIS 等电子设备;一心二用进行海图修改或者不务正业,从而没有关注与前方船舶的碰撞危险或者计划转向点。例如,2018 年 12 月 13 日,被告人鲍某君驾驶"浙普渔运 98785"船从普陀区沈家门渔港驶向象山县石浦海域,因对航线周围的船舶动态疏于瞭望,未及早地采取避让行为,该船于当日 18 时 22 分与"浙椒机 915"船发生碰撞,造成"浙椒机 915"船沉没、随船货物灭失、船员周某死亡的海上重大交通事故。事故发生后,鲍某君不仅没有及时采取救助措施反而关闭船舶 AIS 设备,驾船逃离现场。2021 年 3 月 23 日,普陀区人民法院认定鲍某君构成交通肇事罪,判处其有期徒刑三年四个月。分析事故的原因,鲍某君通过肉眼目视发现来船时两船相距约 2 海里,但未对来船保持连续系统观测,未对两船的会遇局面作出判断,直至碰撞前 1 分钟才意识到危险。正是由于其瞭望疏忽,因此未能及早判断局面和掌握他船动态进而采取避让措施,直至两船相距约 0.2 海里时,才采取向右向

① 司玉琢、吴兆麟编著:《船舶碰撞法》,大连海运学院出版社 1991 年版,第 378 页。

左转向等紧急避让措施,直接导致了碰撞事故的发生。基于此可以认定本次事故的主要责任方是"浙普渔运98785"船一方,而"浙椒机915"船一方承担本次事故的次要责任。根据《1972国际海上避碰规则公约》第9条"沿狭水道或航道行驶的船舶,只要安全可行,应尽量靠近其右舷的该水道或航道的外缘行驶",但是"浙普渔运98785"船却始终靠近本船左舷的双屿门水道外缘行驶。"浙普渔运98785"船的驾驶员鲍某君非但没有遵循狭水道航行避碰规则,反而在驾驶室与水手周某才闲聊。① 事实上,本船的配员也存在严重不足。根据管理办法,该船需配备二级船长、二级船副和三级轮机长各1名。但是该船本航次共配备2名船员,配员不满足最低安全配员要求。由此可以判断出,"浙普渔运98785"船存在瞭望疏忽,未保持可持续的全方位正规瞭望,没有履行结果预见义务,从而也就丧失了判断局面以及他船动态的有利时机,导致一系列避让行为缺乏有效性,难以防止碰撞结果的发生。

(二)未保持安全航速

依据避碰规则,每一船在任何时候都应以安全航速行驶,以便能采取适当而有效的避碰行动,并能在适合当时环境和情况的距离内把船停住。安全航速条款作为避碰规则的独立条款,是对任意船舶在任意时间的普遍规定,也是为了在时间上为避让行动的实施留足余地,从而使船舶能够在安全距离上驶过或者在适合当时环境和情况的距离内把船停住,从而避免事故的发生。原因在于,航速过高,发现他船后有可能时间上来不及充分地估计和判断局面,避碰

① 参见《舟山"12·13""浙普渔运98785"船与"浙椒机915"船碰撞事故调查报告》。

行动的有效性会打折;航速过低,有可能失去对船舶的有效控制。因此,这两种都不是安全航速。在决定安全航速时,不仅应考量能见度的情况、通航密度、船舶的操纵性能特别是冲程和回旋性能,而且应当考量风、浪和流的状况以及航线附近的浅滩、暗礁等航海危险物以及吃水与可用水深的关系。备有可使用的雷达的船舶,还需要考量雷达设备的相关特性和使用的局限性。因此,安全航速并不是一个绝对的量化概念,而是对于特定环境下航行速度的安全性确认。例如,通常在特定航线上运营的高速船本身船体轻、航速高,具有良好的操控性能,其本身的转向避让性能优于低速船的转向避让性能。① 那么,对于高速船的安全航速确认需要结合具体的能见度情况以及航行区域,比如是否处于狭窄的航道中航行等要素来进行船舶避让有效性的判断,而不能单纯以量化的速度标准界定违规。在具体的海上交通碰撞事故中,对于当时船舶所采取的航速是否属于安全航速,还是需要由海事调查官以及海事法官来进行认定。对此,主要的考量因素在于事故船舶所采用的航速是否为紧迫局面形成的直接因素以及事故船舶所采用的航速对于构成要件结果产生的结果避免可能性,即整个避让行动的有效性。也就是说,一方面,并不能仅仅基于船没有停住而直接认定其违反安全航速的条款。另一方面,速度快慢并不是衡量安全航速的唯一依据。

另外,在判断安全航速时,并不能将其等同于限制速度。限制速度是海事主管机关根据当地水域的具体特点对船舶速度作出的规定,目的是保证船舶的安全航行。例如,交通运输部发布的《长江

① 参见魏云雨等:《高速船定义及其避让性能的研究》,载《大连海事大学学报》2000年第2期。

江苏段船舶定线制规定(2021年)》规定,在不危及他船或设施安全的情况下,船舶正常航行时最高航速不得超过15节(约28千米/小时);在通航分道内,逆流最低航速不得低于4节(约7.5千米/小时),顺流最低航速不得低于6节(约11千米/小时)。这种限制速度并不是安全航速在某一特定区域的量化标准,而仅仅是一种限制性规定。也就是说,在一定的条件下,这种限制条件可能是避碰规则中的安全航速,但是一旦条件发生改变,可能采用即使最低的限制性速度也违反了安全航速的规定。因此,限制速度与安全航速是对船舶进行的两个角度的速度要求,是特定区域内航行的船舶都应当遵守的航行规则。2018年10月,利比里亚籍散货船"MOUNT FABER"轮满载自澳大利亚黑德兰港驶向中国黄骅港,在行驶至老铁山水道时与正在拖网捕鱼的"辽大旅渔55045"轮渔网发生碰撞,船体挂到渔网钢绳,拖拽渔船致其倾覆,造成"辽大旅渔55045"轮沉没,3名渔船船员失踪,直接经济损失100余万元人民币。按照2014年实施的《老铁山水道船舶定线制实施细则》,船舶在分道通航水域航行时航速不应超过16节,在能见度小于1海里和1000米时,航速分别不应超过12节和10节,船舶在警戒区航行时,航速不应超过10节,也就是说按照此规则,本案船舶需要遵循警戒区内限制速度和安全航速两种规范要求。但是该规则在2019年修订,取消了船舶在能见度不良和警戒区航行时的航速限制要求,仅要求船舶应结合能见度情况、通航密度、船舶操纵性能、天气海况等因素以安全航速航行,同时要求在警戒区和警戒区附近航行时,应谨慎驾驶。因此,依据2019年修订实施的《老铁山水道船舶定线制实施细则》,本案仅需要遵循安全航速的航行规范要求。具体来看,"MOUNT FABER"轮在老铁山水道船舶定线制警戒区内航行时,仍然以约12.1节的航速航行，应当认定为未能根据当时通航环境和通航密度采用安全航速，而这一违规行为直接导致其与位于其左舷的"辽大旅渔55045"轮形成碰撞危险。只有履行正规而连续的瞭望义务、保持安全航速才能为正确判断危险局面提供预见可能性，进而遵守航路规则、管理规范履行结果避免义务，而以疏于瞭望为由认为无法预见危险局面甚至构成要件结果的发生，并不能免责。

（三）碰撞危险的判断错误

判断碰撞危险是对周围船舶动态的评估过程。正如上文所述，无论保持正规瞭望或者保持安全航速，都是为正确判断局面和动态预留充分的时间，防止对碰撞危险的发生过程缺乏预见可能性。通过正规瞭望收集的态势信息是正确进行碰撞危险大小评估的前提。事实上，碰撞危险的判断与诸多因素有关，如水域环境、能见度以及船舶操纵性能等。航运实践中，衡量两船之间是否存在碰撞危险主要根据两船最近会遇距离（DCPA）和到达最近会遇距离处的时间（TCPA）两个方面要素。也就是说，一方面，根据航行具体情况设定一个两船最近会遇的安全值，当DCPA无限接近这个安全会遇值时，则可能存在碰撞危险；另一方面，如果TCPA越短，也就是船舶到达最近会遇距离的时间越少，那么两船之间发生碰撞危险的紧迫程度也就越高。因此，结合距离和时间这两个层面进行碰撞危险的判断更加具有合理性。航运实践中，碰撞危险判断不及时或者碰撞危险判断错误都将可能导致两船之间碰撞事故的发生。2004年3月，中海发展股份有限公司所属"大庆93"轮在泉州湾口以东海域与"闽狮渔2380"船发生碰撞，造成"闽狮渔2380"船沉没、1人死亡、6人失踪的重大事故。碰撞发生之前，"大庆93"轮船长在初见"闽狮渔2380"船时，来船与本船相距仅1.4海里，方位在本船左舷

70°。但是船长未认真观察来船的方位变化情况或应用 APPA 雷达、雷达标绘等手段准确判断是否存在碰撞危险,只是凭望远镜简单目测,即错误地断定来船可以安全地经过本船船首。正是基于这种错误的碰撞危险判断,船长在近距离初见"闽狮渔 2380"船时,未采取任何避让行动,直至碰撞发生前 5 分钟、两船距离 0.55 海里时,船长才意识到与来船存在碰撞危险,虽急令停车、全速倒车,但为时已晚,已无法避免碰撞的发生。① 这也说明,在判断船舶碰撞危险时,船舶应当采用适合当时船舶所处的水域、气象、通航密度的一切有效手段进行碰撞危险判断,如正确适用雷达和雷达标绘、罗经方位、弦角等,通过对来船进行连续观测以获得充分信息进行判断。另外,在本案中,除了危险判断方法不当导致所获得的信息不充分之外,"大庆 93"轮船长和二副自身还存在瞭望疏忽,未对周围的船舶动态进行连续、系统地瞭望观测,直到把定航向在 175°后 2~3分钟,才在近距离(1.4 海里)发现"闽狮渔 2380"船,这也是导致碰撞危险判断错误的一个重要原因,即因疏于瞭望导致碰撞危险评估所需要的信息提供不充分。

(四)避免碰撞的行为不当

船舶之间的避碰是一个协调的过程,从广义上来看,避免碰撞的行动涉及避让的整个环节,包括避免形成碰撞危险的行动、避免形成紧迫局面的行动、避免形成紧迫危险的行动,以及形成紧迫局面之后两船之间的协调避让行动。根据避碰规则,为了避免碰撞事故的发生船舶应当及早地采取行动。通常来讲,对局面和碰撞危险作出正确判断是及早行动的前提。如果行为人对碰撞危险没有正

① 参见《"大庆 93"轮与"闽狮渔 2380"船碰撞事故调查报告》。

确的判断和评估,那么很难期待其实施正确的避让行为。

形成紧迫局面的原因除了前述的未保持正规的瞭望和未能及早地对碰撞危险作出判断之外,还有可能是因为在碰撞危险形成之后未能积极、及早地采取大幅度的避碰行动。根据避碰规则,互见中船舶的会遇场景包括交叉相遇、对遇以及追越局面。对此,本书将以不同局面为依据明确船舶在不同阶段的避让责任与义务。

1. 交叉相遇局面

在三大船舶会遇的局面中,交叉相遇局面不仅是最为常见的态势,而且也是发生船舶碰撞事故概率最高的一种局面。所谓交叉相遇局面是指两艘机动船船首交叉大于6°弦角但是小于112.5°弦角致有碰撞危险的局面。在自由行动阶段,避碰规则并不适用。在交叉相遇局面中,有他船位于本船右舷的船舶是让路船,而有他船位于本船左舷的船舶是直航船。让路船应该给直航船让路。① 在交叉相遇局面中当两船出现碰撞危险时,让路船应当及早地采取足以被他船用视觉或者雷达观察到的大幅度行动,从而使两船能够在安全距离上驶过,而直航船则应该保持初始的罗经航向和主机航速,以便使让路船掌握其运动状态从而对两船之间的会遇局面进行正确的判断和分析。而后,如果直航船发现让路船显然没有遵循避碰规则采取相应行动、行动效果无法导致两船在安全距离上驶过或者两者之间正在形成紧迫局面时,那么直航船则可以结束其保持航向和

① 传统理论认为,直航船作为被让路船、权利船掌握"航路权",但是从防止碰撞结果发生的义务履行层面来看,无论让路船和直航船都负有阶段性义务。根据避碰规则,让路船自始至终具有让路义务,直到驶过让清为止,而直航船针对让路船的让路义务对应履行初始的保向保速义务。当让路船未按照规则履行让路义务时,直航船可以独自采取避碰行动。其中,直航船的第一项义务是规则项下的强制义务。

航速的义务，进入独自采取行动的阶段，从而在最有助于避碰行动的时机独立采取有助于避让的行动，但是要避免对其左舷的船舶采取向左转向的行为。在双方船舶可能进入紧迫局面时，直航船与让路船则应当协调避让。

2017 年 4 月，基里巴斯籍杂货船“XIANG ZHOU”轮与巴拿马籍集装箱船“VAN MANILA”轮发生碰撞，造成“XIANG ZHOU”轮在东海海域沉没、12 人死亡的重大等级水上交通事故。根据《1972 年国际海上避碰规则》，事故发生前“VAN MANILA”轮和“XIANG ZHOU”轮构成交叉会遇局面。其中，“VAN MANILA”轮为此局面中的让路船，“XIANG ZHOU”轮为直航船。事故发生前，“VAN MANILA”轮已远距离发现在其船艏右舷正向东北方向航行的“XIANG ZHOU”轮，但未能使用适合当时环境和情况的一切有效手段保持正规的瞭望，在两船持续存在碰撞危险的情况下，未能对局面和碰撞危险作出正确判断。“VAN MANILA”轮作为交叉相遇局面中的让路船，未能履行让路船义务及早采取大幅度的避让行动，直到碰撞前约 4 分钟、两船相距约 1.44 海里时，采取了小角度向右转向的行动；在碰撞前约 2 分钟、两船相距约 0.7 海里时，连续采取了“右舵 10”“右舵 20”的避让措施。“VAN MANILA”轮未履行让路船义务、避让措施不当，导致其与“XIANG ZHOU”轮形成紧迫局面。当两船相距约 0.72 海里，形成紧迫危险后，“XIANG ZHOU”轮采取了向左转向的避让行动。从“VAN MANILA”一方来看，其作为让路船，尽管“XIANG ZHOU”也并未采取最有助于避免碰撞的行动，但是应当注意的是，直航船独自采取操纵行动的要求并不是强制的，而是建议性规范。而且即使直航船独立采取行动以避免碰撞也并未免除让路船的责任。因此，让路船一方的未能履行让路船义务及早采取大幅度避让行动的违反航行规则行为导致紧迫局面的形成，这种行为直接导致了海上交通事故特别是构成要件结果发生的风险。而直航船尽管采取了错误的独立操纵行动，但是一方面从义务上来讲，采取独立的操纵性行动并不是强制性义务，另一方面错误的独立操纵行动是具有过失的行为，但是对于结果的实现并未有促进作用。

2. 对遇局面

根据避碰规则，两船之间的对遇局面是指两艘机动船在两船船首向相差180°或者船首向的夹角为6°左右或者半个罗经点的航向上相遇，致有构成碰撞危险的局面。在对遇局面中，两船的航向相反或者接近相反。两船相对速度大，提供给船舶分析判断态势并采取行动的时间相对短。由于"无法从几何原则或船首向参考坐标来区别两船各自所处的地位"，因此在对遇局面中并不存在让路关系，即无交叉相遇局面中的让路船与直航船的区分。根据避碰规则，处于对遇局面的两船具有各自向右转向和鸣放操纵、警告的信号，从而能够从他船的左舷驶过的相同避碰义务。在对遇局面中，避碰规则完全指定了两船所应当采取的具体避让行动，尽管可能一船对于终究是否存在对遇局面有怀疑，但是都应当假定确实存在这种局面并采取规定的转向行动，否则可能因为一船的左转向行动与另一船的右转向行动冲突而发生碰撞。航运实践中，"当两船处于右舷对右舷通过且DCPA不安全的对驶态势下，两船最容易采取不协调的行动而发生碰撞"①，这被称作危险对遇。危险对遇可能导致的最

① 参见刘庆顺、李富春主编：《船舶避碰》，山东教育出版社2015年版，第137页。

终碰撞事故发生的原因,通常是避让行动的不协调。例如,一船根据避碰规则保持右转向行动,而另一船对会遇局面认识不足采取左转向行动,或者一船根据避碰规则保持右转向行动,但是另一船由于瞭望疏忽等因素未能及时采取避让行动。此时,应当由未根据避碰规则履行向右转向结果避免义务的一方承担刑事责任。

3. 追越局面

与交叉相遇、对遇局面不同,在追越局面中并不以"致有构成碰撞危险"为必要条件,而是通过两船方位、速度和距离进行界定的。也就是说在互见中,如果两船的方位是后船位于前船正横后大于22.5°的任一方向上即处于前船的尾灯光照弧度范围之内,后船的速度快于前船,后船位于前船尾灯的光照距离之内,那么两船即处于追越局面。另外,追越条款的适用也并不像交叉相遇、对遇局面那样要求对象是机动船,任何船舶在任何水域(无论宽敞、狭水道或者定线制水域)在符合追越成立条件的前提下都可以适用追越条款。

在追越局面中的避让责任方面,追越船一方是让路船,被追越的一方是直航船。当追越船作为让路船履行避让义务时,应当做到"早、大、宽、清",一直持续到最后驶过让清为止,只有在确保确实驶过让清他船后才能恢复原航向。在此过程中两船之间的任何方位变化都不能免除其让路的义务。在追越的过程中,由于两船之间水流速度较快,左右弦极易形成压力差,发生船吸效应增加船舶碰撞的风险。基于良好船艺的要求,在实际避碰中不仅要遵循避碰规则的航路规范,还应当充分了解和掌握水域环境、气象情况对本船操纵可能产生的影响,如船间效应、壁岸效应以及浅水效应等。因此,在追越的过程中,追越船与被追越船之间应当保持甚高频

(VHF)通信联系,追越船在鸣放追越声号并征得被追越船同意后方可追越。同时,追越船在追越时仍要保持足够的安全横向间距,紧密关注被追越船舶的动态和周围态势变化,高度戒备被追越船可能采取的不利行动以及近距离第三船逼近而引发新的紧迫局面可能性,而追越一旦可能造成紧迫局面的形成则应当果断停止追越。如果追越发生在狭水道、航道内还应当严格遵守狭水道条款的规定,避免在禁止追越的水域进行追越,防止航向交叉和小横距追越。

而作为直航船的被追越船一旦发现有他船追越,不仅需要检查本船的灯号设备是否正常,同时还要密切关注追越船的行动,针对随时可能出现的特殊情况运用好船艺做好操纵的准备工作。例如,被追越船如条件许可,必要时可减速,从而缩短两船实际并行的时间,如果两船之间的横间距并不充裕,则适当转向增大两船横距。如果对两船是否处于追越局面持有怀疑,那么则应假定处于追越的局面并自觉履行让路船的义务,及早采取大幅度的行动,宽裕地让清他船。

二、阶段过失中实行行为界定的学说争论

由于过失犯的构成要件是具有开放性特征的构成要件类型,我国刑法中仅对主观过失要素和危害结果要素进行明确规定,而对于行为要素的内容并未进行具体规定。那么,当存在多个违反注意义务规范的行为时,应当如何认定其实行行为成为我国刑法学界争论的难题。在这一问题上,日本刑法理论界存在不同的学说。其中,“过失并存说”认为,凡是与危害结果具有因果关系的违反注意义务的行为都可以认定为过失犯的实行行为。这种学说主张,为充分且准确地对过失作出评价,在先行的注意义务违反行为减弱了后行的注意义务履行能力的场合,应当将先行行为的注意义务的违反也

一并作为问题来考虑。[①] 而“最近过失说”认为,在众多与危害结果具有因果关系的违反注意义务的行为之中,只有最接近危害结果发生的行为才是引起事故发生的直接原因,也只有其才能被称为过失的实行行为。应当作为结果回避义务之违反而评价的内容应当是,尽管具有引发构成要件结果的现实危险,却未采取回避结果的不作为措施,因此从原则上来看,只有距离上接近的过失才是刑法上的过失。[②] 而“过失阶段说”则认为,一般情形下,只有直接引起构成要件结果的行为才是过失犯的实行行为,但是如果这些行为之间具有引起与被引起的关联性,那么应该一并认定为过失犯的实行行为。对此,我国学者也并未达成共识。有学者支持“过失并存说”,认为从行为评价的整体性角度来看,无论是一个身体动静还是多个身体动静最终都只认定一个构成要件行为,[③]也有学者支持“最近过失说”,认为处于离结果最近的位置是具有法益侵害直接或者现实危险的体现。[④] 对此,本书认为,无论是“过失并存说”还是“最近过失说”都具有重要的理论意义,但是在具体适用程中应当运用哪种学说处理实行行为的认定问题尚且需要以水上交通领域通常发生的具体情形为依据。因此,下文将对水上交通过失犯罪中实行行为的阶段性类型进行总结,在此基础之上方能得出水上交通阶段性

---

① 参见[日]山口厚:《刑法总论》,付立庆译,中国人民大学出版社2011年版,第234页。

② 参见[日]大谷实:《刑法讲义总论》,黎宏译,中国人民大学出版社2008年版,第188页。

③ 参见陈建旭:《论过失犯的实行行为与危险》,载刘明祥主编:《过失犯研究:以交通过失和医疗过失为中心》,北京大学出版社2010年版,第101页;易益典:《风险社会中监督过失犯罪的刑法治理》,中国社会科学出版社2014年版,第113页。

④ 参见杨延军:《论阶段过失的实行行为》,载《政治与法律》2010年第11期。

过失中实行行为界定应当适用的理论类型。

三、水上交通过失犯罪中实行行为的阶段性类型

在水上交通过失犯罪中，数个违反注意义务的行为之间的关系具有以下三种类型：(1)数个违反注意规范的行为之间具备关联性的情形。例如，甲酒后或者滥用药物之后未保持安全航速驾驶船舶，也未履行正规瞭望义务，与来船发生碰撞导致危害结果的发生。在这起碰撞事故中，存在甲酒后驾船或者滥用药物（A 行为）、违反安全航速（B 行为）以及疏于瞭望（C 行为）三个违反注意义务的行为。尽管酒后驾驶行为或者滥用药物行为在之后介入了违反安全航速驾驶的行为，但是因果关系并未因此而中断，A 行为也并未丧失引起构成要件结果的实行行为性。而距离构成要件结果最近的 C 行为发生的直接原因是先前 A 行为对注意义务规范的违反导致注意义务履行能力下降或者丧失。也就是说，数个违反注意规范的行为是链条式的引起关系。(2)其中之一违反注意义务规范的行为直接导致危害结果的发生。在这种情形下，数个违反注意义务规范的行为之间并不具有连续性，甚至可能间断，而危害结果的发生是由于其中之一的行为直接引发的。例如，违反安全航速直接导致船舶发生碰撞的情形。尽管在这一行为发生之前，值班驾驶员可能存在无证驾驶，之后避碰措施不当等多个违反注意规范的行为，但是违反安全航速行为具有直接引起危害结果的紧迫性。本行为之后的其他行为仅仅是这一行为的必然结果。(3)最接近危害结果的行为直接导致危害结果的发生。与道路交通领域的机动车辆碰撞不同，在船舶碰撞事故中，船舶之间的避碰是一个主动避让与协从避让的过程。在这一过程中，只有形成紧迫危险[①]的行为才是水上交通过失犯罪阶段过失中的实行行为。原因在于，一方面，形成紧迫危险的实行行为是形式上违反特殊注意义务、实质上有直接引起法益侵害紧迫性的行为。另一方面，在紧迫局面形成之后，紧迫危险形成之前，采用最小航速或者必要时把船停住是有可能避免碰撞事故发生的。而一旦紧迫危险形成之后，由于两船距离过于接近，通过单船的避让行动已经难以避免事故的发生。

四、水上交通阶段过失中实行行为认定的路径选择

从本质上来看，“过失并存说”与“最近过失说”之间争论的焦点在于以何种理论为基点来进行行为与危害结果之间的因果关系判断。具体来看，过失并存说以相当因果关系论为基础，认为在数个不注意行为与构成要件结果之间，应当挑选根据“社会生活的一般经验”认定足以发生结果的一个条件或者多个条件作为过失犯的实行行为；而最近过失说以因果关系理论中的原因说为基础，在具体认定标准上挑选在时间上最终导致结果发生的条件即原因的最终条件[②]为过失犯的实行行为。然而，水上交通过失犯罪中的实行行为具有数个违反注意规范的行为之间具备关联性、其中之一违反法规范所要求的注意义务的行为直接导致危害结果的发生以及最接近危害结果的行为直接导致危害结果的发生的不同情形。这些水上交通过失犯罪实行行为的阶段性特征要求全面认识水上交通

① 其中，紧迫危险是指两船距离已接近到单凭一船采取行动难以避免发生碰撞的危险。参见吴金龙、孝建伟、程文阁、李超主编：《船舶值班与碰撞》，大连海事大学出版社2017年版，第118页。

② 参见[日]大谷实：《刑法讲义总论》，黎宏译，中国人民大学出版社2008年版，第195页。

犯罪中复杂的行为内容。应当明确的是,对水上交通过失犯罪中的实行行为判断不仅是一个事实判断的过程,还是一个规范判断的过程。正如有学者所言,无论基于何种因果关系理论,过失实行行为界定都需要统合事实判断和规范判断的内容。仅仅局限于从事实判断的层面对过失实行行为进行界定,将无法全面认识过失实行行为所体现的本质及其认定问题。[①] 应当说,过失阶段说为处理水上交通阶段过失中的实行行为认定提供了路径。在一个行为人存在多个过失行为的情形中,既有应以距离结果最近的那个过失行为作为过失行为的情形,也有基于过失行为之间因相互并存而具有的有机关联性,而应当认为是一个过失的情形。[②] 具体来看,在上述第二、三种情形阶段性类型中,应当认定只有直接引起构成要件结果的行为是过失犯的实行行为,其中包括某一过失行为或者最接近结果的过失行为直接导致危害结果发生的情形。但是在第一种情形下,也就是数个违反注意规范的行为之间具备引起与被引起关联性的情形,此时应当将数个行为一并认定为过失犯的实行行为,方能从整体上把握水上交通过失犯罪的实行行为的内容。

---

① 参见韩玉胜、刘崇亮:《论过失犯实行行为的界定》,载《河北学刊》2010 年第 1 期。

② [日]西田典之:《日本刑法总论》,王昭武、刘明祥译,法律出版社 2013 年版,第 233 页。

第三章　水上交通过失犯罪危害结果的标准与认定

根据过失犯罪的立法与理论的通常论点，只有造成严重危害结果时，才能以过失犯罪论处。对此，传统刑法理论认为，危害结果是实害结果和危险结果的统称。通过进一步考察水上交通过失犯罪体系中所涉及的罪名，笔者发现其构成要件结果都是以实害结果为形式，并且对危害行为引发的危害结果均提出明确的要求。有别于对刑法所保护的客体可能造成的危险，实害结果是对于刑法所保护的客体已经客观可见的损害。实害结果以物质性变化为存在形态，水上交通过失犯罪中的危害结果也不例外，且具有能以直观的数量进行统计的可测量性。另外，水上交通过失犯罪中的危害行为通常侵害两种或者两种以上的直接客体从而引发多种物质性形态的变化，实害结果更多以复合结果的形态出现。那么，能否与道路交通领域的过失犯罪适用同一标准来体现人身法益和财产法益的受侵害程度以及如何认定水上交通领域特有的水上交通事故致人落水失踪和水上交通事故致溢油污染的结果形态，这应当是在认定水上交通过失犯罪时需要重点考察的问题。因此，笔者将结合在各地方海事局、海警局调研时收集和整理的涉嫌水上交通过失犯罪的案件，进一步对适用标准的合理性、特殊结果形态的处理方式以及司法实践倾向进行探讨。首先，笔者对衡量水上交通过失犯罪中人身法益、财产法益侵害的适用标准展开具体分析。

第一节　水上交通过失犯罪危害结果的标准探索

我国《刑法》第133条是水上交通过失犯罪体系中最为典型的罪名，也是在惩治水上交通过失犯罪的过程中受到质疑最多的罪名。长期以来，受重陆地、轻水域的思维惯性影响，我国《刑法》并未针对水上交通领域的过失犯罪设置专门的罪名。既然我国《刑法》第131、132条分别对航空交通领域和铁路交通领域的过失犯罪进行明确规制，那么第133条也成为规制水上交通领域过失行为的当然罪名。至此，水上交通领域的过失行为与道路交通环境下的过失行为共用一个罪名的局面初步形成。

根据形式逻辑的推理，既然违反水上交通管理法规的行为可以适用《刑法》第133条的规定，那么作为专门明确第133条交通肇事罪法律适用的司法解释也同样可以适用于以船舶为载体的水上交通肇事行为的定罪处罚。然而，最高人民法院《关于审理交通肇事刑事案件具体应用法律若干问题的解释》（以下简称33号解释）作为审理交通肇事刑事案件的重要法律依据,是以“机动车辆”为载体,以“道路交通环境”为场域而设定规则的法律适用规范。特别是33号解释中第2条第2款所规定的情形,大都是以道路交通领域为对象来进行设定的,失之于狭,①不仅未涉及以水域环境为背景的特殊情节考量,而且对于水上交通领域的特有的结果类型也缺乏关注,其不确定性遭到罪刑法定原则的质疑。然而,33号解释中第2条“处三年以下有期徒刑或者拘役”以及第4条“处三年以上七年以下有期徒刑或者拘役”的规定目前却不得不成为指导水上交通领域过失犯罪定罪量刑的主要根据。因此,水上交通领域究竟能否直接适用道路环境危害结果的衡量标准是一个值得探讨的问题。

一、人员伤亡作为水上交通过失犯罪危害结果适用标准之反思

(一)适用道路交通领域过失犯罪人员伤亡标准认定的困惑与质疑

水上交通事故较道路交通事故具有遇险人数多、损失标的大、实施救助困难且复杂的特点,而且承载工具本身具有风险性因而需要特殊技术规则的运用。简单适用以道路交通环境为设置背景的司法解释来认定以船舶为主要载体的水上交通过失行为,其人员伤亡标准设置的合理性会遭到质疑。其一,水陆基础配员存在差距。一般机动车基础配员1~2名,而根据《关于调整海船最低安全配员有关事项的通知》中关于配员的规定,海船分为甲板部,轮机部,客运部。② 根据笔者的计算,依照船舶种类、吨位以及总功率的差异,

① 最高人民法院中国应用法学研究所编:《人民法院案例选》,人民法院出版社2012年版,第35页。

② 参见交通运输部海事局2021年8月31日发布的《中华人民共和国海事局关于调整海船最低安全配员有关事项的通知》中海船甲板部、轮机部、客运部最低安全配员表。

甲板部最低配员在2～7人;轮机部的最低配员在1～7人;客运部根据载客定额,配员成比例提升,其配员范围在0～40人,①故海船最低配员人数在3～54人。其二,水上交通事故等级标准与道路交通领域等级认定标准并不一致。在人员伤亡的数额方面,我国道路交通领域的“重大事故等级”标准仅仅能与水上交通领域的“一般事故等级”标准基本相当。其三,道路交通领域、航空交通领域都是以各领域中的事故等级标准设置定罪标准。尽管目前公安部《关于修订道路交通事故等级划分标准的通知》这一部门规范性文件已经失效,但是不可否认的是,我国交通肇事罪的司法解释正是依照其中的道路交通领域重大事故等级进行入罪标准的设定。② 其他空间领域的交通犯罪,如我国《刑法》第131条重大飞行事故罪,在司法实践中对人员伤亡标准的把握也是按照航空领域范围内的民用航空器飞行事故等级中“特别重大飞行事故等级”的标准进行把握的。③ 以中国第一起重大飞行事故案为例,该案造成机上44人死亡、52人受伤、直接经济损失数亿元的严重后果,法院以重大飞行事故罪判处齐某有期徒刑三年。④ 不难发现,将不具有可比性的水上交通领域与道路交通领域同质化,违反公平正义观念。水上交通

① 客船部最大配员上限的计算以我国目前正在运行的“海娜号”为样本,目前最大载客量达1965人。

② 其中,公安部《关于修订道路交通事故等级划分标准的通知》中曾将交通事故分为4类:轻微事故、一般事故、重大事故、特大事故。我国现行交通肇事罪的定罪量刑标准正是以“重大事故等级”的标准进行设置的。

③ 尽管目前指导民用航空器飞行事故等级认定的规范性法律文件《国家标准民用航空器飞行事故等级》现已失效,但司法实践中对重大飞行事故罪的定罪标准正是参考航空领域的飞行事故等级进行权衡的。具体来看,飞行事故等级可以分为特别重大飞行事故、重大飞行事故和一般飞行事故。

④ 参见黑龙江省伊春市中级人民法院(2015)伊中刑一终字第2号判决书。

领域与道路交通领域适用相同的人员伤亡的罪刑标准,尽管从形式上看是统一了人身法益侵害的程度标尺,贯彻了平等适用刑法的原则。其实不然。正如有学者所言,“平等并不意味着无差别”①。换句话说,形式平等可能恰恰是对实质平等的践踏。水上交通环境与道路交通环境的异质性决定对水上交通过失行为的规制应当具有其特殊性,简单以道路交通过失行为的人员伤亡标准为入刑依据,不仅置普遍的正义标准于不顾,而且极其不利于航运业的繁荣发展。

(二)涉水行政、司法部门对“致一人死亡”涉罪结果的处理方式

正如上文所述,水上交通过失犯罪是以行政犯为主要形式的犯罪类别。因此,水上交通涉罪案件最先是由涉水行政管理机构介入,在经过事故调查并进行原因分析和责任认定后,行政管理机构认为可能涉嫌刑事犯罪的,才会在水上交通事故调查报告中的“安全管理建议”部分提出移送司法机关的建议。笔者对近年来各海事部门向公安机关移送的涉嫌水上交通过失犯罪案件进行了总结,发现各机关在处理水上交通过失行为“致一人死亡”的涉罪危害结果时方式并不相同:有海事管理机构直接以罚代刑而未将涉罪案件移送;②有公安机关对“致一人死亡”涉罪案件以“综合民事赔偿等多

① 张明楷:《刑法学》,法律出版社2007年版,第54页。

② 2009年11月19日12时03分,船长王某驾驶M8轮与N4轮发生碰撞。根据调查情况,M8轮由于在警戒区内追越他船、未能做到特别谨慎驾驶,未保持一切有效手段瞭望,违反安全航速的规定,并未能正确判断碰撞危险,致使N4轮侧翻,1人死亡、2人失踪,直接经济损失120万元,构成水上交通重大事故。海事机构依据《海上海事行政处罚规定》第35条第1款第3项和第3款第3项及第36条第1款第2项的规定,给予当事人王某罚款人民币2500元,同时吊销船员适任证书的行政处罚。

方面因素考虑”为由不予立案，最终不予追究刑事责任；①也有海警部门明确以“造成一人死亡，不属于水上交通重大事故，因此不构成交通肇事罪”为由不予刑事立案。② 不难发现，涉水行政机关和司法机关在处理致一人死亡的可能涉罪案件时，无论从思维方式还是判断直觉上都是认为无论如何“致一人死亡”的情形在水上交通领域都是不能构成犯罪的。可以说，适用标准的模糊性和不合理性成为司法实践中产生认知差异的重要原因，并进一步阻碍水上交通过失犯罪的合理认定。

二、财产损失作为水上交通过失犯罪危害结果适用标准之反思

财产法益是水上交通过失犯罪行为可能侵害的重要法益内容之一，具体以财产损失为物质性变化的表现形态。特别是在最为常见的船舶碰撞事故中，以船舶为载体的水上交通运输能否与机动车为主要载体的道路交通领域相提并论？目前，33 号解释通过“无能力赔偿 + 数额范围”这种具体经济衡量方式对交通肇事的定罪情节进行表述。对此，笔者以“交通肇事罪”“无力赔偿”为关键词，查阅

---

① 2015 年 5 月 23 日 2 时 30 分，瑞安市兴达船务有限公司所有的“浙瑞安油 00××”船与“浙龙渔 625××”船发生碰撞。事故造成“浙龙渔 625××”船翻沉，1 人死亡，直接经济损失约 0.3 万元，构成一般等级事故。对此，温州海事局根据《刑法》第 133 条及《行政执法机关移送涉嫌犯罪案件的规定》的有关规定，于 2015 年 7 月 24 日将该案成功移送至温州市公安局龙湾区分局。据悉，因综合民事赔偿等多方面因素考虑，责任人江某未被追究刑事责任。

② 2012 年 10 月 3 日 4 时 35 分，一艘渔船返港途中与交叉相遇的内河砂石运输船“行运 22×”轮发生碰撞，事故造成两船先后沉没并造成“行运 22×”船上 1 人死亡。事故于 2012 年 12 月 28 日结案。12 月 31 日，唐山海事局制作了《涉嫌犯罪案件移送书》并附事故调查报告等相关材料，以涉嫌交通肇事罪将案件移送至河北公安边防总队海警支队。2013 年 1 月 4 日，河北公安边防总队海警支队复函称事故造成 1 人死亡，按照《水上交通事故统计办法》规定，不属于重大事故，因此不构成交通肇事罪，不予刑事立案。

中国裁判文书网上 2015 ~ 2018 年 914 个判处交通肇事罪的刑事一审判决案例,其中,道路交通领域范围内仅仅有七起将“无力赔偿情节”作为定罪情节,①水上交通领域没有一例将其作为交通肇事罪的法定定罪情节。至此,可以看到这一情节在目前的司法实践中的应用情况。“无力赔偿”这一情节的设定背景,是针对当时(2000 年以前)机动车辆碰撞后造成他人经济损失,确实存在通过个人能力无法补偿被害人损失的情形。但是在 2006 年,为保障机动车道路交通事故受害人依法得到赔偿,国务院颁布《机动车交通事故责任强制保险条例》,对在中国境内道路上行驶的机动车所有人或者管理人依法投保机动车交通事故责任强制保险进行规定。因此,“无力赔偿”的情节少有适用的空间。

那么,在水上交通实践中,是否有必要将此模式作为定罪情节成为亟待解决的问题。一方面,从我国水上交通保险制度的现状来看,船舶污染责任险②和沉船打捞责任险、水路旅客运输强制责任保险等均属于水上强制保险制度类型。关于船舶肇事行为也有专门的船舶碰撞责任保险,尽管国际上主要采取 3/4 的碰撞条款,但是具体在保险公司的业务中也存在 4/4 的保险种类。保险制度的

---

① 参见吉林省榆树市人民法院(2016)吉 0182 刑初 139 号判决书;湖南省长沙市芙蓉区人民法院(2016)湘 0102 刑初 485 号判决书;甘肃省皋兰县人民法院(2016)甘 0122 刑初 64 号判决书;长春市宽城区人民法院刑事判决书(2017)吉 0103 刑初 101 号判决书;河南省睢县人民法院(2018)豫 1422 刑初 373 号判决书;惠州市大亚湾经济技术开发区人民法院(2016)粤 1391 刑初 276 号判决书;湖南省邵阳县人民法院(2018)湘 0523 刑初 108 号判决书。

② 参见国务院 2018 年 3 月 19 日发布的《防治船舶污染海洋环境管理条例》第 51 条。

相对完善导致此情节在水上领域也缺乏适用空间。[①] 同时,以船东互保协会的成功经验为基础,中国渔船船东互保协会经批准成立,现为中国渔业互保协会。“2016 年,全国渔业互助保险系统共承保渔民 80.89 万人,渔船 6.76 万艘。”[②]由此看出,由于水上交通从业者违规行为导致水上交通事故进而引发经济损失的风险由相关保险及船舶公司进行分担,无力赔偿情形的适用再一次缺少现实的基础。另一方面,道路与海上在事故导致财产损失的数额标准上也不可同日而语。一般而言,道路上驾驶机动车辆造成的事故损失少则几百多则几十万,而在水上驾驶船舶,但凡发生交通事故,经济损失通常是道路事故损失几十倍甚至几百倍(其中包括船舶自身价值以及所运载货物价值)。特别是远洋的货轮,一般都在万吨以上。将道路交通领域特有的衡量标准适用于水上环境,恐怕没有哪个行为人能逃出刑事追责的范围,这无疑扩大了交通肇事罪的适用范围,有违刑法的谦抑性原则。笔者认为以“无力赔偿 + 具体数额”的模式来认定水上交通肇事行为不仅有违刑法设立交通肇事罪的目的,而且有违法律面前人人平等的刑法原则。因此,不宜再以“无能力赔偿 + 数额范围”的方式作为界定水上交通过失行为是否造成财产法益侵害进而构成犯罪的情节。

---

① 参见国务院办公厅2008 年10 月12 日发布的《关于加强渔业安全生产工作的通知》第 17 条。

② 参见中国渔业互助保险网, http://www.cfmi.org.cn/index.php?m=content&c=index&a=lists&catid=10。

第二节 水上交通事故致落水失踪的法律后果定性分析

水上交通环境具有流动性，一旦发生水上交通事故，极易出现因打捞成本巨大而无法获得受害者尸体的人员落水后下落不明的情形。这种常态性后果称为水上交通事故致人落水失踪。据统计，2020 年共发生运输船舶水上交通事故（等级事故）138 件，死亡失踪 196 人；①2019 年共发生运输船舶水上交通事故 137 件，死亡失踪 155 人；②2018 年共发生运输船舶水上交通事故 176 件，死亡失踪 237 人；③2017 年共发生运输船舶水上交通事故 196 件，死亡失踪 190 人；④2016 年共发生运输船舶水上交通事故 196 件，死亡失踪 203 人。⑤ 这一统计结果便是根据交通运输部发布的《水上交通事故统计办法》的规定，即将失踪人数包含在死亡的人数中进行事故等级划分，并规定死亡（含失踪）人数按事故发生后 7 日内的包含失踪在内的死亡人数进行计算。然而，从当前的刑事立法来看，我国水上交通过失犯罪体系中所涉及的罪名在进行客观构成要件表述

① 参见《2020 年交通运输行业发展统计公报》，载交通运输部网，https://xxgk.mot.gov.cn/2020/jigou/zhghs/202105/t20210517_3593412.html。

② 参见《2019 年交通运输行业发展统计公报》，载交通运输部网，http://www.gov.cn/xinwen/2020-05/12/content_5510817.htm。

③ 参见《2018 年交通运输行业发展统计公报》，载交通运输部网，http://xxgk.mot.gov.cn/jigou/zhghs/201904/t20190412_3186720.html。

④ 参见《2017 交通运输行业发展统计公报》，载交通运输部网，http://xxgk.mot.gov.cn/jigou/zhghs/201806/t20180622_3036269.html。

⑤ 参见《2016 年交通运输行业发展统计公报》，载中国公路网，http://www.chinahighway.com/news/2017/1101039.php。

时，也仅仅是将人身伤亡和财产损失作为结果要素进行规定，从未将致人落水失踪作为法定构成要件结果。那么，在处理水上交通过失涉罪案件时，人员死亡数额固然可以成为定罪量刑的标准，对于致人落水失踪的结果应当如何定性？究竟是作为独立的法定构成要件结果予以明确进而追究过失行为人的刑事责任，还是按照罪刑法定原则只能以死亡、重伤、财产损失作为构成要件结果进而定罪量刑？

的确，我国刑事立法未将人员落水失踪归入水上交通过失犯罪的法定构成要件结果之内确实是有难言之隐的。原因在于致人落水失踪在状态上并不等于客观事实的死亡。尽管水域环境复杂，受风、浪、流的影响极大，水上救援和过路船只也不能保证每一次都能实现有效救助，但是，存活概率极低也不等于完全归零，死亡状态并未达到必然性程度。也就是说，致人落水失踪存在死亡和存活两种或然性状态，尸体未找到也不能完全排除存活的可能性。所以，在刑事立法上并未将这种状态不明的落水失踪作为法定构成要件结果予以规定是有一定道理的。

一般来说，当有致人伤亡的构成要件结果发生时，水上交通致人落水失踪结果作为附加结果出现的情形，尚不致使过失行为人规避刑事责任。但如果仅仅发生水上交通事故致人落水失踪结果的场合，如何妥善处理这一结果形态就显得尤为重要。事实上，刑事立法对致人落水失踪这一结果形态的关注疏漏，不仅导致相关责任人逃避刑事责任的追究，而且由于致人落水失踪这一问题的法律适用不明，已经导致涉水行政部门、司法部门陷入两难境地。目前，水上交通事故致人落水失踪这一法律后果，虽然尚未引起刑事立法的重视，但却在刑法理论界引起学者的广泛探讨。

一、水上交通事故致落水失踪处理路径的学理争论

目前刑法学界对水上交通事故致人落水失踪的处理路径，在学理上可以分为以下四种：

（一）法定危害结果论

目前，我国刑事立法在规制水上交通过失犯罪时，与道路交通领域的过失犯罪适用相同的罪名。从结果构成要素来看，构成水上交通过失犯罪需要造成严重的人员伤亡或者财产损失，这也是判断行为人是否构成犯罪的必要要件。不难发现，这些罪名在设置之初便是以道路交通环境为背景进行情节和结果形态的设置，因而在整个犯罪体系中均没有对致人落水失踪这一水上交通事故中的常态性结果进行规定。对此，有学者认为致人落水失踪直接体现水上交通过失犯罪的社会危害性，其危害性程度低于死亡而高于重伤，应当将致人落水失踪的罪刑标准设置于死亡和重伤之间。[①] 还有学者进一步明确，应当将致人落水失踪作为独立的构成要件结果纳入水上交通过失犯罪中，并提出将人员失踪的法律适用进一步规范化，并对致人落水失踪的认定机关及程序问题进行一一梳理。[②] 不难发现，以构成要件结果的身份定位致人落水失踪的处理路径，正是试图以罪刑法定原则为基础为致人落水失踪问题寻找出路。只有明确致人落水失踪的危害结果地位，才能从根本上避免将构成要件中规定的客观死亡的法律效果适用于致人落水失踪的事实而引起类推解释嫌疑。同时，直接以构成要件结果的方式明确致人落水失踪的法律地位，能够实现刑法追求的一般预防的目的和效果，防

① 参见何涛：《水路交通肇事犯罪初探》，载《人民检察》2006 年第 3 期。

② 参见赵微、王慧：《水上交通事故“人员失踪”的刑法定性研究》，载《苏州大学学报》2013 年第 1 期。

止行为人逃避刑事责任的追究。

(二)宣告死亡论

考虑到我国刑事司法并未对水上交通事故致人落水失踪的法律适用进行规定,一旦发生多人落水失踪而无人员伤亡的情形,则有放任行为人规避刑事法律责任之风险。因此,有学者主张,应当以宣告死亡的方式作为处理水上交通事故致人落水失踪的方法,即通过宣告死亡程序推定落水人员死亡,进而将此结果作为定罪量刑依据。① 然而,这一处理路径在探索之初遭受质疑。概括起来,主要有如下几个方面:第一,宣告死亡的功能定位。宣告死亡是指在公民离开法定住所,下落不明达到法定期限,在利害关系人向人民法院提出申请之后,经由人民法院作出生效判决宣告其死亡的制度。因此,有学者认为,“宣告死亡作为一种民事法律制度,只能是引起民事法律关系产生、变更和解除”,②无法适用于刑事领域从而完成对犯罪事实的认定功能。③ 的确,这一制度设立之初是为了保护被宣告人利害关系人的利益,从而解决失踪人的整个民事法律关系状态。第二,以推定的方式宣告死亡并不符合刑事证据规则的要求。根据我国《刑事诉讼法》对案件证明标准的规定,要求案件事实清楚,证据确实充分。具体来看,这不仅要求案件事实都有充分的证据证明,据以定案的证据均经法定程序查证属实,而且要求对所认定的事实已经排除合理怀疑。因此,有学者反对刑事判决中推

① 参见赵天水:《水路人员失踪引发的罪刑思考》,载《宁夏社会科学》2015 年第 6 期。

② 胡夏冰:《民法上的“宣告死亡”是刑法上的“致人死亡”吗?》,载《人民法院报》2006 年 6 月 19 日。

③ 参见王慧:《水上交通犯罪刑事责任研究》,大连海事大学 2013 年博士学位论文。

定适用人员失踪后宣告死亡，认为宣告死亡结果是对未然事实的盖然性判断，而法定死亡结果是对已然事实的确定性证实，两者存在本质性的差别。① 这种直接以推定事实作为定罪结果的做法，将违反罪刑法定及疑罪从无原则，剥夺或限制肇事者生命和人身自由的严重结果一旦形成，则很难通过其他手段实现回转。② 第三，宣告死亡与自然死亡在法律意义上并不相同。正如有学者所言，“宣告死亡是法律上的拟制死亡，并不能反映公民自然生命的真实状态”③。

（三）下落不明结果论

学理上的这一处理路径立足于最高人民法院研究室对四川省高级人民法院提出的《关于遇害者下落不明的水上交通肇事案件应如何适用法律问题的电话答复》（以下简称《电话答复》）。根据《电话答复》的内容，可以总结出两点：一是否定对致人落水失踪的结果以推定死亡的方式定罪量刑。二是应当直接以下落不明致人失踪作为结果。然而，这一规定对于解决水上交通事故致人落水失踪的法律适用问题根本没有起到作用反而带来更多的困惑。原因在于，刑事立法对致人落水失踪的具体规定处于空白地带，直接以此为结果进行定罪量刑很容易得出与罪刑法定原则相冲突的结果。因此，如何根据刑法定罪量刑还是一个充满疑问的问题。另外，司法层面对于罪刑适用的具体标准设置也并未以致人落水失踪为结果形态

---

① 参见苏雄华：《论宣告死亡结果在刑事法中的效力》，载《福建公安高等专科学报》2005 年第 4 期。

② 参见邬振悦、汤春晓、庄优芳：《涉外海上交通肇事现状调查与对策思考》，载《公安学刊（浙江警察学院学报）》2013 年第 4 期。

③ 胡夏冰：《民法上的“宣告死亡”是刑法上的“致人死亡”吗?》，载《人民法院报》2006 年 6 月 19 日。

进行标准考量。例如,在之后颁布的33号解释中,仍然是以死亡、重伤和重大公私财产损失为构成要件结果设置定罪情节,对于如何处理致人落水失踪的法律适用问题仍然未予以法律规范层面的跟进。因此,在刑事立法仅对死亡、重伤、重大财产损失予以规定的情况下试图寄希望于司法机关制定超出立法范围而又具有可操作性的配套司法解释,正是僭越立法权的表现,因此并不可取。这也在很大程度上决定这种处理路径无法解决水上交通事故致人落水失踪这一疑难问题的最终命运。

（四）量刑因素论

对此,有学者在对宣告死亡论和法定危害结果论提出质疑后,认为致人落水失踪既不能作为独立危害结果入罪,也不能推定为死亡,只能将致人落水失踪作为量刑考虑的因素。[①] 然而,司法实践中,此类案件刑事追责的最重要障碍就是由于致人落水失踪问题定性不明导致涉水行政机关不予移送或者公安机关不予立案,试问无法进入审判环节的案件如何才能将其作为量刑情节？实际上这一处理路径回避了致人落水失踪法律适用中的最核心的问题,并未从根本上解决致人落水失踪的法律困境。

二、涉水行政、司法机关处理致人落水失踪的不同处理路径

正如上文所述,航运实践中我国水上交通事故的计算方法是按照交通运输部发布的《水上交通事故统计办法》将失踪人数包含在死亡的人数之中进行计算进而明确事故等级。这在极大程度上能够体现出航运实践对人员失踪这一结果的认识,即认为一定时间限

---

① 参见王赞:《水上交通肇事刑事责任研究》,载《中国海商法研究》2017年第4期。

度内人员落水生还的可能性极其渺小,甚至可以约等于死亡。目前,部分海事机构在处理水上交通事故仅仅造成人员失踪结果的案件时,往往以致人员失踪并非交通肇事罪的法定构成要件结果,移送将导致对罪刑法定原则的违反为由,进而不予移送。① 而对于已经移送到司法机关的涉罪案件,水上交通事故致人落水失踪的结果也是处于难以追责的困境。有海事公安局对仅有人员失踪的涉罪案件直接以失踪不是死亡为由,不予立案。② 也有公安机关甚至对发生人员伤亡构成要件结果还有人员落水失踪结果的涉罪案件直接以"人员失踪,未发现尸体"为由拒绝接受。③ 不难发现,水上交通事故致人落水失踪的法律适用问题已经成为制约案件能否顺利进入司法环节进而追究刑事责任的关键。

我国刑事立法和刑事司法对于水上交通事故致人落水失踪这

---

① 参见《湛江市"9·8"船舶碰撞较大水上交通事故调查报告》。在事故调查组给出的刑事责任处理建议中,提出鉴于本次事故中的失踪人员和沉没渔船一直未找到,有关人员死亡及案件事实的客观证据不足,不符合刑法所规定的水上交通肇事罪构成要件,且失踪人员已得到赔偿。因此,对本次事故的相关责任人,建议不作为水上交通肇事罪责任者移送公安机关。

② 2012 年 2 月 15 日约 2 时 55 分,"互通×"轮在广东汕头南澳岛西侧海域发生触损事故,船上有 8 名船员遇险,5 人获救、3 人失踪,船舶自身沉没,构成水上交通重大事故。对此,广东海事公安局以"人员失踪不是死亡"为由未予立案。

③ 2011 年 8 月 26 日约 17 时 26 分,"浙三渔 04××"轮与杂货轮发生碰撞。事发后杂货船轮驶离事发现场。事故造成"浙三渔 04××"轮沉没,7 人死亡、1 人失踪,构成重大等级水上交通事故。经调查,事发后杂货轮未向主管机关报告也未采取任何救助行动擅自驶离事发现场,属交通肇事逃逸。该轮当班大副涉嫌违反《刑法》第 133 条的规定构成交通肇事罪,并存在逃逸情节。对此,舟山海事局按规定先后三次向公安机关移交案件,公安机关拒绝接收移交材料。在调查阶段,舟山局就向舟山市公安局移交案件,但公安机关以"人员失踪,未发现尸体"为由拒绝接受;沉船打捞并发现尸体后,公安机关以事故未结案、责任不明确为由再次拒绝接受。事故结案后,公安机关以管辖权为由再次予以拒绝。

一结果形态及其法律适用问题都缺乏关注，其直接后果是涉水行政机关、司法机关对水上交通事故致人落水失踪的案件或不予移送或以失踪不是死亡为由不予立案。而进入审判环节的案件，也存在不同的审判机关对水上交通事故致人落水失踪的法律事实进行不同处理的情形。第一种做法是以“宣告死亡”结果作为刑事上认定犯罪事实的证据并追究刑事责任。[①] 第二种做法是依照《电话答复》中的规定直接以“交通肇事致两人失踪”的事实作为被告人定罪量刑的依据。例如，覃某驾驶机驳船并违章绑拖载货船，在追越前方货船时，覃某未保持正规瞭望且未能充分估计周边情况，因操作不当造成两船触礁沉没，两人落水失踪。在覃某被巫山海事处认定为负事故主要责任后，法院以覃某违规致两人失踪为由判处交通肇事罪。[②] 第三种做法是仅以死亡人数作为定罪量刑标准。夏某某违规驾驶货船与一艘小型木质渔船发生碰撞，致渔船倾覆，1 人死亡，1 人失踪。经认定，夏某某负该起事故的主要责任。法院以“致一人死亡的严重后果”认定夏某某行为已构成交通肇事罪。[③] 第四种做法是以死亡和失踪人数一起定罪量刑。“黄某明知其担任船长的船舱存在严重渗水等不安全因素情况，仍然超额定载货量并搭载人员航行，后因船舱进水导致船舶沉没，造成 3 人死亡，2 人失踪。海事局认定‘渝生 16 × ’负事故全部责任。法院以黄某违规致 3 人死

① 参见《受害人落水下落不明，肇事者首次被判刑》，载中国江西网，http://jj.jxnews.com.cn/system/2010/06/02/011397440.shtml。

② 参见《巫山法院对该县首例水上交通肇事案件公开宣判》，载重庆法院网，http://cqfy.chinacourt.gov.cn/article/detail/2006/05/id/613832.shtml。

③ 参见江苏省苏州市虎丘区人民法院(2018)苏 0505 刑初 213 号判决书。

亡,2人失踪为由判处黄某犯交通肇事罪。"[①]至此,关于水上交通事故致人落水失踪已经出现四种处理方式。可见,由于水上交通事故致人员落水失踪的定性模糊引起的法律适用混乱,导致涉水行政机关和司法机关均无法准确掌握犯罪行为与非罪行为的界限。因此,为水上交通事故致人员落水失踪寻求一条合理路径并由司法解释予以明确不仅是刑法理论的任务,也是刑事司法的重要任务。

三、以宣告死亡论认定致人落水失踪的合理性证成

在选择水上交通事故致人落水失踪这一后果的定性路径之前,首先需要强调的是,犯罪的本质是法益的侵害。违反特殊注意义务的水上交通过失行为对法益的侵犯性包括对法益造成的现实损害和威胁。而直接致人落水失踪作为独立的构成要件结果将很难在究竟是哪种刑法所保护的法益受侵害或者威胁这一问题上得出明确回答。事实上,水上交通过失犯罪的成立以已经发生的实害结果为必要条件,而人员失踪介于"活不见人"和"死不见尸"的不确定局面之间。尽管水上交通的气象、航道相比道路环境复杂,人员搜救受到来自各方面因素的制约,人员落水后生还的可能性显著小于陆路环境,但是从结果性质上来看,人员失踪这一结果形态并不是和人员伤亡、重大财产损失同等程度的能够对法益产生客观现实的严重侵害而达到值得科处刑罚的结果类型。另外,只要立足于刑法的目的和任务是保护法益,将人员落水失踪的结果作为独立法律后果予以规定便始终缺乏正当性基础。这也是整个刑法体系中任何《刑法》分则所规定罪名均未将失踪规定为结果构成要件的重要原

---

① 最高人民法院中国应用法学研究所编:《人民法院案例选》,人民法院出版社2012年版,第33~36页。

因。其次,一旦直接以致人落水失踪的结果作为独立构成要件内容,将不得不面临如何设置失踪人数确定定罪标准的难题。目前我国司法解释中将“死亡一人或者重伤三人以上,负事故全部或者主要责任”设置为交通肇事罪的入罪标准。那么,应当认为致人落水失踪的侵害程度是低于重伤还是介于重伤和死亡之间?这都是需要仔细辨明的问题。从逻辑上看,致人落水失踪的结果性质决定其危害程度无论如何不可能是介于死亡与重伤之间,因为与介于死亡和重伤之间的危害结果程度相对应的是伤害程度高于重伤又不至于死亡的情形。将人员失踪的定罪标准设定于死亡人数和重伤人数之间[①]的罪刑设置方法很难从一般人的逻辑常理上得到肯定性的回答。因此,不宜将致人落水失踪作为法定构成要件结果进而判断水上交通过失犯罪是否成立,而以宣告死亡作为致人落水失踪的处理路径具有合理性。下面将针对我国学者对以宣告死亡论处理水上交通事故致人落水失踪问题所提出的三点质疑进行回应。

第一,宣告死亡制度的体系定位并不影响其在刑事领域的适用。正如上文所述,宣告死亡制度的立法意旨,是为确定失踪人的所有民事法律关系状态而产生的制度。但是,宣告死亡制度的体系定位并不能防止其作用的发挥。将宣告死亡论适用于水上交通事故致人落水失踪的认定,亦是防止失踪这种不确定状态导致的刑事责任规避,是寻求法益保护机能和人权保障机能相协调的结果。只有立足于水域环境的风险性和致人落水失踪的结果性质来适用刑法,才能在充分权衡利弊的基础之上充分发挥两个机能。因此,这种体系定位的质疑并不能成为阻碍引入宣告死亡制度来处理致人

---

① 参见何涛:《水路交通肇事犯罪初探》,载《人民检察》2006 年第 3 期。

落水失踪刑法定性问题的直接理由。

第二,刑事证据规则标准只能限制推定原则的适用,并不能完全杜绝推定原则的适用。也就是说,推定原则在刑事诉讼中适用是受极其严格的限制的,但这并不能成为全盘否定其适用的原因。“推定在刑事诉讼中亦有存在的空间与可能。”①例如,我国《刑法》第395条对巨额财来源不明罪的规定就是将明显超过合法收入,差额巨大而又不能说明来源的差额部分推定为非法所得。之所以选择宣告死亡论作为解决水上交通事故致人落水失踪困境的路径,也是水上交通事故中的致人落水失踪的情形具有复杂特殊性的无奈之举。一方面,致人落水失踪并不同于道路交通领域甚至是其他责任事故中的致人失踪,人员一旦落水,制约其能否生还的限制因素不仅包括落水人员的个体身体素质,还包括水域环境的风、浪、流,水上交通事故距离岸、岛的实际距离以及救援速度。冷水失温和水下缺氧是落水人员必然面对的环境因素。因此,在多种风险因素的制约下,其生还可能性远远低于其他陆地环境中的事故致人失踪。实际上,落水人员的生还可能性随着时间的推移日益降低,直至为零。另一方面,以水域环境为案发地点的案件,特别是在海上交通运输环境中,证据的取得本身不仅受季节、洋流影响,而且海域环境本身具有开放性和流动性,甚至是打捞等证据收集工作本身也会导致证据的破坏。因此,从诉讼的结果来看,尽管是采用推定规则将落水人员宣告死亡,但是推定的事实往往与事实真相相符合,具有高度的盖然性优势。落水人员业已失踪的基础事实与推定的死亡事实之间存在必然的联系,这种联系决定了适用宣告死亡作为认定

---

① 陈光中:《证据法学》,法律出版社2011年版,第453页。

依据的可靠性。[①] 需要明确的是,在刑事诉讼中适用推定原则需要受到严格的限制。一方面,符合刑事诉讼证明标准的基础事实是推定原则得以适用的前提。也就是说,当无法通过航海日志和值班手册等原始记录以及同船人员的证人证言得出落水失踪人事发时在船的结论时不能适用推定规则。只有在基础事实已经切实证明失踪人确因本次水上交通事故落水并且失踪时方才具备适用推定的前提。另一方面,应当允许行为人提出反驳。原因在于,推定原则是一种司法证明的替代方式,其难以达到司法证明所要求的"内心确信",因此,基于这种特征方式而得出的结论应当允许行为人提出反驳。如有目击证人提供在事故发生后曾在陆地范围内见过落水失踪人等能够证明其幸存的证据时,应当否定推定原则的适用。

第三,法律真实和客观真实不能完全等同,落水失踪也并非等同于死亡,而是通过高度盖然性的推定规则得出的结论。其中,客观真实是司法人员在诉讼过程中所认定的案件事实符合客观存在的案件事实,在一定意义上要求对关键证据的认定应当做到确定且唯一。而法律真实是一个相对于客观真实的概念,认为对案件事实的认定这一问题应当以法律规定的要求为标准,依此便可以得出具有真实性的结论。在刑事诉讼中,如果只以客观真实为标准,而不拒绝承认法律真实,则在处理水上交通事故致人落水失踪这一问题上并不具有现实性,水上交通的实践情况需要承认法律事实存在的必要性。另外,固守客观真实的实现也将导致诉讼效率等诉讼价值难以实现。水上交通事故中,不仅证据的取得受到水域环境的制约,而且现行救助体系尚不完善,尚不能做到全方位覆盖、全天候运

---

① 参见樊崇义:《证据法学》,法律出版社 2017 年版,第 329 页。

行,特别是远洋救助船舶和深海搜寻装备不足也是导致人员落水失踪的重要原因。惩治严重侵害水上交通公共安全的过失行为需要充分注意水域环境的特殊性和现有制度的局限,从而应当承认在一些情况下对关键事实的认定达不到客观真实的状态。同时,刑事追责的效率以及公平正义等不同诉讼价值之间的平衡也要求客观真实在一些情形下能够让位于法律真实。

第三节 水上交通事故致溢油污染的法律后果定性分析

"据不完全统计,2015 年共发生船舶污染事故 16 起,总泄漏量约为 193.802 吨,其中 0.1 吨以上事故 8 起;2016 年全国沿海共发生船舶污染事故 15 起,总泄漏量为 11.96 吨,其中 0.1 吨以上的船舶污染事故 10 起。2017 年,全国沿海共发生船舶污染事故 17 起,总泄漏量约 95 吨,其中 0.1 吨以上船舶污染事故 14 起。"①总体来说,在水上交通领域以船舶和设施为载体发生的油污染包括三类,如事故致溢油污染、操作型溢油污染以及倾倒排放油污。一般来看,第一种类型是指因碰撞、触礁等常见水上交通事故引起的船舶溢油污染,第二种类型是指因操作不当,如错开阀门或者钻井平台开采过程中注水压力过大等导致的船舶或者设施溢油污染。对于第三种类型即倾倒排放油污导致的污染,严重污染环境的应当直接以

① 数据来源:由生态环境部、交通运输部、农业农村部共同编写,由生态环境部统一发布的《2015 中国近岸海域环境质量公报》、《2016 中国近岸海域环境质量公报》、《2017 中国近岸海域环境质量公报》,载中国环境监测总站网,http://www.cnemc.cn/jcbg/zgjahyhjzlgb/。

污染环境罪追究刑事责任。然而,从水上交通事故范围来看,操作型溢油污染事故也是水上交通事故的一种类别。正如现行《水上交通事故统计办法》也是将操作性污染事故作为一种水上交通事故类型进行统计。诚然,这种划分标准具有合理性。从行为性质来看,前两种油污染都是由被动性行为而引起的污染,与第三种油污染在对危害结果的主观心理态度上具有显著不同。之前的船舶油污等级划分标准,明确将油污染事故划分为基于海损事故造成的油污染事故和非因海损事故造成的油污染事故。因此,从严格意义上来讲,前两种类型都属于水上交通事故致溢油污染,即违反水上交通管理法规以及其他有关安全管理规定而发生的油类、油性混合物泄漏造成的水域环境污染。因此,本书将前两种船舶、设施溢油类型统称为水上交通事故致溢油污染。

随着船舶日益大型化和高速化,原油、燃油等危险化学品运输明显增多,水上交通事故致溢油污染的情形也较为常见。"仅 2017 年溢油事故发生 11 起,总泄漏量约为 95 吨。"①而水上交通事故致溢油污染的情形应当如何定性?究竟是仅仅作为污染环境罪的行为要件,还是作为水上交通过失犯罪中的结果要件?如果作为水上交通过失犯罪的结果要件,那么是以侵害财产法益的直接经济损失定罪量刑,还是考虑以独立环境法益为侵害对象按照实际流入水体的数量进行船舶溢油数量计算制定罪刑标准?实际上,水上交通事故致溢油污染的案件直接认定为污染环境罪是存在罪名适用障碍的。一方面,以船舶为载体发生的碰撞事故,造成严重危害结果的,

---

①　数据来源:由生态环境部、交通运输部、农业农村部共同编写,由生态环境部统一发布的《2017 中国近岸海域环境质量公报》,载中国环境监测总站网,http://www.cnemc.cn/jcbg/zgjahyhjzlgb/。

直接规制其行为的罪名是交通肇事罪，钻井平台等设施因操作不当引发生产责任事故直接触犯的罪名是重大责任事故罪，仅仅是其结果内容可能间接涉及污染环境罪的部分构成要件内容。从因果关系上来看，也是违反注意义务的过失行为直接引起水上交通事故，导致人员伤亡或者船舶破损，进而由于船舶破损、油舱断裂导致油品外泄。司法实务中应当如何对这一问题进行定性本身就存在较大讨论的空间。另一方面，污染环境罪本身的适用也存在问题。尽管“重大环境污染事故罪”2011 年由《刑法修正案（八）》改为“污染环境罪”，将“致使公私财产遭受重大损失或者人员伤亡的严重后果的”修改为“严重污染环境的”，并删除了对犯罪对象的说明，并且将“危险废物”修改为“有害物质”。但是，对于本罪的客观行为仍然明确限定为“排放、倾倒或者处置”。任何不当扩大、缩小行为范围的解释都是不符合刑法解释原则的。根据通常含义，排放是指排泄放出。那么，船舶因碰撞事故而导致的间接被动排出能否认定为排放？根据《海洋环境保护法》对“排放”一词的解释，排放是指包括溢出、泄出在内的把污染物排入海洋的行为。① 若以此为解释的根据，则船舶因碰撞事故而导致的间接被动排出应当在排放这一核心行为的范围之内。但是，倾倒和处置两种行为都是以积极信念为内容的行为，能否将排放理解为涵盖积极行为和被动行为共存的概念本身也是需要协调解释方法和技巧的。另外，在相关司法解释以及 2019 年 2 月 20 日实施的《关于办理环境污染刑事案件有关问题座谈会纪要》通知中，也并未提及对事故致溢油污染的认定，因此暂时很难将污染环境罪适用于水上交通事故致溢油污染中。实际

① 全国人大常委会 2017 年 11 月 4 日发布的《海洋环境保护法》第 94 条。

上，我国目前对环境犯罪的刑事追责也还处于“重行政处罚，轻刑事判决”的阶段。① 追责除了执法理念和执法顾虑上的障碍，也不乏海洋污染与损害结果之间因果关系证明、海域污染鉴定等具体问题的困扰。目前来看，刑法学界的主要争议点在于应当以何种法益侵害来定性水上交通事故致溢油污染，对此存在不同的路径选择。

一、水上交通事故致溢油污染定性路径的学理争论

相比道路交通领域，发生水上交通事故造成溢油污染的情形较为常见。目前，在我国水上交通过失犯罪体系中，将违反水上交通运输管理法规和其他安全管理规定的行为引起的“人员伤亡”“财产损失”作为法定构成要件结果，而溢油污染作为以船舶为载体的水上交通事故的另一常态化结果并未引起刑事立法的关注。从“河北精神号”案到“长阳轮”案，船舶碰撞溢油引发的水域污染问题一直不容小觑。那么，水域环境能否作为水上交通过失行为的直接侵害对象是一个首先需要明确的问题。对此，环境法益侵害论认为，就水上交通事故来看，溢油污染的后果不仅仅是造成清污费等财产法益侵害，更为严重的是水域生态环境和自然资源的污染和损害，因此应当以环境污染作为独立法益侵害对待。② 而财产法益衡量说认为，将违反水上交通管理法规以及其他有关安全管理规定引起的严重水域污染作为财产法益侵害结果的具体内容进行定罪量刑便可以体现其法益侵害性。具体来看，有学者认为应当将水上交通过失行为引起的严重溢油污染结果作为交通肇事罪财产法益侵害

---

① 参见叶良芳：《防治船舶溢油污染刑法不应缺位》，载《学习与探索》2012 年第 9 期。

② 参见王赞：《水上交通肇事刑事责任研究》，载《中国海商法研究》2017 年第 4 期。

结果的具体内容。[①] 还有学者认为应当将溢油污染作为“其他造成严重后果的情形”追究责任者重大责任事故罪的刑事责任。[②] 概言之，这两种法益侵害论争论的本质在于是以纯粹生态学法益论还是纯粹人类中心的法益论作为定性水上交通事故致溢油污染的理论基础。[③] 对此，立足于纯粹生态法益论的环境法益侵害说，认为水上交通事故致溢油污染的情形中，侵害生态学的水域环境本身以及其他海洋生物的环境利益就是侵害了环境法益。短期主要是对海洋动物和生态环境造成危害，但若不能妥善处理水上交通事故致溢油污染这一结果形态，长远来看可能导致水体生态环境更为严重和持续性的破坏，甚至导致海水理化参数改变。这种学说认为，这种利益本身可以作为水上交通过失犯罪公共安全法益中众多侵害法益的内容之一。而以纯粹人类中心法益论为基础的财产法益衡量说则会产生另一种见解，即认为只能以人类为中心来理解水上交通事故致溢油污染这一情形，原因在于水上交通过失犯罪侵害的法益是水上交通公共安全，其以人的生命、身体机能和财产等相关利益为主要内容。水上交通事故致溢油污染虽然造成了水域环境和其他动植物利益的可持续破坏，这一点应当得到肯定，但是归根结底水域环境能够受到保护是因为其是人类生产生活的基础，故而对水域环境的侵害也应当通过人的利益体现出来，因此，在水上交通过失犯罪的公共安全法益中的众多侵害法益中并没有存在环境法益

---

① 参见甘梅杰：《水上交通肇事行为的刑法规制》，华东政法大学 2015 年硕士学位论文。

② 参见冷正珍：《海上交通肇事逃逸的刑事责任探析——以首例涉外海上交通肇事逃逸案为例》，载《世界海运》2013 年第 8 期。

③ 更多关于纯粹生态学法益论和纯粹人类中心的法益论的见解，参见张明楷：《污染环境罪的争议问题》，载《法学评论》2018 年第 2 期。

这一内容的必要和空间。

二、司法实践中水上交通事故致溢油污染的处理路径

正如上文所述，我国《刑法》对水上交通事故致溢油污染的情形并没有明确的法律适用，其直接后果就是审判机关对于同样造成严重危害结果的情形适用不同的处理路径。司法实践中，水上交通事故致溢油污染绝大多数是以行政处罚、民事赔偿结案，少有以水上交通过失犯罪体系中交通肇事罪、重大责任事故罪认定的情形。例如，同是因船舶碰撞引发的溢油污染造成严重危害结果，有的案件是以交通肇事罪论处，例如，“长阳号”货轮与“浙长兴货03××”轮碰撞致使数十吨燃料油泄入黄浦江案件，造成严重污染，清污耗资高达千万元，上海市杨浦区法院将该案认定为交通肇事罪就是这样的情形。[①] 还有的以行政处罚、民事赔偿结案，不予追究刑事责任，如2002年11月“塔斯曼”海轮溢油事故。[②] 再如，同是因操作不当引起的船舶或者设施溢油污染情形，“上电油1221”轮溢油案是以重大责任事故罪论处，[③]而蓬莱油19－3油田溢油事故中，尽管经调查认定责任人违反油田总体开发方案，在B23井注水量和注水压力出现明显异常时未及时采取停止措施反而继续作业，造成重大海洋溢油污染的责任事故，最终也仅以行政处罚[④]和民事赔偿[⑤]结案，并

---

① 参见《上海黄浦江重大泄油案审结》，载中国互联网新闻中心网，http://www.china.com.cn/chinese/huanjing/561504.htm。

② 参见《蓬莱19－3油田溢油事故调查处理报告》，载中国新闻网，http://www.chinanews.com/gn/2012/06－21/3980404_3.shtml。

③ 参见《船工误开油阀污染黄浦江致损失800万被判刑》，载人民法院网，https://www.chinacourt.org/article/detail/2007/08/id/259753.shtml。

④ 参见《蓬莱19－3油田溢油事故调查处理报告》，载中国新闻网，http://www.chinanews.com/gn/2012/06－21/3980404.shtml。

⑤ 参见天津海事法院(2012)津海法事初字第1号判决书。

未追究相关主体的刑事责任。

“长阳号”案件和“上电油 1221”案件分别以交通肇事罪和重大责任事故罪追究刑事责任具有合理性。原因在于,在《刑法修正案(八)》发布以前,重大环境污染罪将犯罪对象明确界定为危险废物,而水上交通事故致船舶溢油污染案件中,原油或者燃油并不属于国家危险废物名录,也不属于根据国家规定的危险废物鉴别标准和鉴别方法认定的具有危险特性的废物。因此,犯罪对象并不满足重大环境污染事故罪的客观方面,因此不具有将水上交通事故致溢油污染的情形认定为重大环境污染事故罪的充分理由,而将其直接作为交通肇事罪、重大责任事故罪的法定构成要件结果是具有一定合理性的。

《刑法修正案(八)》将重大环境污染事故罪修改为污染环境罪,犯罪对象从危险废物变为有害物质,犯罪对象范围有所扩充,从实质上看入罪门槛也有所降低。对此,2017 年 1 月 1 日起施行的《关于办理环境污染刑事案件适用法律若干问题的解释》第 15 条对有毒物质进行了分类,根据该规定,无论作为货物装载运输的油类还是船舶燃料舱的燃油,除了中性柴油、轻柴油等在事故发生后具有蒸发特征无须清除之外,依靠海水自净的非持久性油类应当都包括在污染环境罪的犯罪对象之中。尽管我国学者明确将污染物划分为油类货物、燃油、有毒有害物质、陆源污染物等。[①] 但是,油类物质并非完全与有毒有害物质独立、不相容。[②] 因此,船舶溢油污染的情形在犯罪对象方面具有适用污染环境罪的根据。对此,有学

① 参见司玉琢主编:《海商法专题研究》,大连海事大学出版社 2002 年版,第 379 页。

② 事实上,在 1996 年《国际海上运输有害有毒物质的损害责任及赔偿公约》中也没有关于油类的单独定义,而是将其包含在有害有毒物质的范围之中。

者进一步认为,水上交通过失犯罪体系中的责任事故类罪名与污染环境罪构成原因行为与结果行为的牵连关系,依法应当从一重而处罚。[①] 其实不然。从牵连犯的界定上来看,其是指犯罪的手段行为或结果行为,与目的行为或原因行为分别触犯不同罪名的情况。[②] 水上交通责任事故类罪名都是典型的过失犯罪类别,很难在犯罪目的上找到依据。最重要的是,牵连犯要求具有两个行为,以船舶碰撞致溢油污染为例,只有一个行为,即违反水上交通管理法规以及其他有关安全管理规定的行为。实际上,《刑法修正案(八)》公布以后,水上交通事故致溢油污染仅仅可能构成交通肇事罪和污染环境罪的想象竞合犯、重大责任事故罪和污染环境罪的想象竞合犯,是需要择一重罪处理的情形。

而对于不予刑事处罚的案件,管理部门也多是以纯粹的人类法益观为依据认为未造成重大人员伤亡而仅在民事赔偿和行政处罚的层面进行考虑。从执法观念上来看,船舶溢油污染多数是由违反特殊注意的业务过失行为引起,而水上交通运输和生产作业又是具有高风险的业务活动,航运过失免责的海上惯性思维成为阻碍刑事追责的首要观念障碍。另外,加之已建立的船舶油污保险制度[③]、油污损害赔偿基金制度[④]等导致执法机关认为水上交通事故致溢

① 参见赵微、王慧:《海洋油气钻井平台溢油侵权法律问责制探讨》,载《学习与探索》2013 年第 6 期。

② 张明楷:《刑法学》,法律出版社 2016 年版,第 490 页。

③ 参见国务院 2018 年 3 月 19 日发布的《防治船舶污染海洋环境管理条例》第 51 条。

④ 参见国务院 2018 年 3 月 19 日发布的《防治船舶污染海洋环境管理条例》第 54 条。

油污染的危害结果并不严重，无须上升到刑事追责的层面。事实上，水上交通事故致溢油污染的情形并不少见。目前，我国进口原油90%以上通过海上运输，相应地运输持久性油类物质的货船发生水上交通污染事故的风险也较大。[①] 一旦发生船舶溢油事故，事故对水域环境造成的潜在损害远远超出经济损失能够衡量的范围。

三、以环境法益侵害衡量水上交通事故致溢油污染的合理性分析

正如上文所述，水上交通过失犯罪具有不同于道路环境的显著特征。其中最为典型的就是水上交通事故造成的结果形态较之道路交通领域更加多元化、复杂化。然而，长期以来，环境法益侵害论受到的最重要质疑即无法协调其与水上交通公共安全法益之间的关系。从整个刑法体系上来看，环境法益的侵害属于社会管理秩序这一类法益之下的具体分则条文所保护的法益内容。而水上交通过失犯罪是侵害水上交通公共安全的犯罪类别。对此，我国刑法对同类法益内容进行了较为明确的规定。在这一体系下，法益的内容能否超出同类法益的范围成为制约船舶溢油污染结果定性的关键性因素。的确，以财产法益侵害论作为水上交通事故致溢油污染的选择路径在法益协调方面具有便捷性，因为财产法益本身正是水上交通公共安全法益的重要下位内容，而且我国司法实践中也是将水上交通事故致溢油污染作为财产法益衡量的。另外，作为专门规制违反国家规定造成环境污染行为的罪名，污染环境罪也是通过财产

---

① 参见《海上环保责任石油巨头首当其冲》，载慧聪网，http://info.chem.hc360.com/2009/11/10204687342.shtml。

利益的表达衡量污染环境危害结果的侵害程度的。① 然而,水上交通实践要求对水上交通公共安全法益的保护范围应该广泛全面。任何离开水上交通实际情况探求水上交通公共安全法益保护的想法都是不具有可行性的。一方面,水上交通过失犯罪所侵害的法益内容应当涵盖一个能够承载人类价值的类别。作为人类共同生存基础的水上交通生态环境不仅包括水域功能、生物植物生态,还包括航道功能和航道安全。实践中,水上交通事故导致的船舶溢油污染造成的水域环境法益侵害是不可逆和难以修复的,一旦发生溢油污染将很难通过清污活动彻底将油污转移出去,不能溶解和不易分解的物质随之累积,持续性强和波及范围广也便成为船舶溢油污染的主要特征。即使是几吨石油泄漏到水域范围内,也会在水面上形成一层薄膜,这对水域生物来说是致命的。② 另一方面,环境法益自身的价值判断具有可衡量的客观性标准,无须借助财产法益内容才能完成衡量任务。对此,笔者将在本书最后一章进行具体论述。因此,可以认为水上交通过失行为造成的溢油污染,侵害的是环境法益,即能够直接对人身法益以及财产法益造成重大影响并有必要相对独立于人身法益以及财产法益的法益类别。

---

① 《刑法修正案(八)》颁布以来,污染环境罪从结果犯转变为行为犯和结果犯共存的犯罪类别。最高人民法院、最高人民检察院发布的《关于办理环境污染刑事案件适用法律若干问题的解释》,不仅将防止污染扩大、消除污染而采取必要合理措施所产生的费用纳入公私财产损失的范围,而且对生态环境损害也是通过生态环境修复费用等其他必要合理费用等财产损失来进行衡量的。

② Ekaterina Anyanova,"Chapter 2 Oil Pollution and International Marine Environmental Law",Sustainable Development-Authoritative and Leading Edge Content for Environmental Management 26(2012).

第四章　水上交通过失犯罪的因果关系判断

刑法上的因果关系,是危害行为与构成要件结果之间引起与被引起的关系。其以哲学上的普遍因果关系为基础,目的是得出行为人是否应当对具体危害结果承担刑事责任的结论。与行为犯不同,水上交通过失犯罪作为以发生特定结果为犯罪构成要件的结果犯来说,危害行为与危害结果之间必须具有因果关系才能认定犯罪的成立。根据现代刑法的个人责任原则,一个人只需要对其自身危害行为产生的危害结果承担必要的刑事责任。因此,当符合刑法意义上的构成要件结果发生时,要确认能否将结果归责于行为人,就必须对其所实施的危害行为与危害结果之间是否具有因果关系这一问题进行判断。可以说,具有因果关系是行为人负担刑事责任的客观依据和必要前提。特别是在以结果犯为主要特征的水上交通过失犯罪中,因果关系的判断是连接危害行为与危害结果的桥梁,其对于刑事追责具有重大的意义。因此,水上交通过失犯罪的因果关系判断不仅需要揭示水上交通过失行为与构成要件结果之间的客观联系,而且更重要的是,还需要检验能否将结果归属于行为人。故而,从因果关系的概念范围来看,水上交通过失犯罪的因果关系判断这一章正是从广义的因果关系概念范围上来进行因果关系的范围界定的,也就是说包括了狭义的因果关系和涵盖结果归属的规范判断在内的水上交通过失犯罪的因果关系判断。

值得注意的是,水上交通过失犯罪的因果关系判断有别于事故调查中的"查明原因,判明责任"。对此,2021 年 9 月 1 日实施的《海上交通安全法》第 83 条和 1990 年 3 月 3 日实施的《海上交通事故调查处理条例》第 15 条均明确要求查明事故事实和发生原因,以便判明责任。2012 年 3 月 14 日实施的《内河交通事故调查处理规定》第 34 条更是细化规定事故原因的说明应由事实与分析两个部分构成。然而,这与水上交通过失犯罪的因果判断并不是一回事。尽管两者都是在"获悉结果—探寻原因"的逆向认识过程中进行判断,但是水上交通事故调查中的查明原因还是有别于水上交通过失犯罪的因果关系判断:首先,性质上的差别。水上交通事故调查中的查明原因主要是为涉水行政机关判明行政责任,并提出有效的预防事故发生的安全管理建议。而水上交通过失犯罪的因果关系判断是犯罪客观构成要件的重要内容,直接关系到是否需要追究行为人的刑事责任。其次,两者的思维逻辑路径不同。前者是根据已经调查的事实(船舶情况、事故发生情况等),围绕"人—船—环境—管理"四个要素,探求水上事故发生的全部原因,也就是"探求事故为什么会发生的过程”。[①] 而水上交通事故的因果关系判断,是在调查事实的基础之上,通过运用刑法上的因果关系理论展开逻辑推理和判断,从多重原因中筛选出哪些违反注意义务的行为与危害结果具有因果关系。最后,得出的结论不同。前者依照水上事故的发生、发展、事故结果为时间线索,在区分条件和原因的基础之上,将原因细化为直接原因和间接原因、客观原因和主观原因、主要原因和次要原因、最终原因和主要原因、原因和可能的原因多种类别进行分析,从而为促进涉水行政机关、航运管理者的安全管理提供依据。而后者则不然,除了要基于法律因果关系理论得出直接引起构成要件结果的原因行为,能否将其结果归责于行为人的“杰作”的规范判断也是其结论的重要内容。因此,水上交通过失犯罪的因果关系判断有别于事故调查中的“查明原因,判明责任”的过程。应当明确的是,事故调查中的查明原因是刑法因果关系判断中坚实的客观基础。航运实践中,事故调查中的原因查明是建立在一定的调查、实验分析与科学验证基础之上的。离开事故调查中主要与次要、主观与客观原因的分析而探究事实上论理的因果关系的判断,将导致刑法中的因果关系判断丧失根基。同时,以事故调查中的查明原因为基础的事实因果关系的认定,也明确将原因条件和背景条件进行区分,为条件说理论在航运实践中的具体运用提供借鉴。基于此,本节将结合水上交通过失犯罪的因果关系特征,通过对传统刑法因果关系理论进行阐述,从而在总结因果关系判断模式的基础之上得出适用于水上交通过失犯罪因果关系的判断路径。

---

① 顾维国、胡甚平编:《海事安全调查与案例分析》,上海浦江教育出版社 2017 年版,第 170 页。

第一节　水上交通过失犯罪的因果关系特征

一、以多因一果、多因多果为主要表现形式

正如上文所述,水上交通过失犯罪中因果关系的表现形式是多样的。其中最容易判断的当然是单数原因对单数结果的"一因一果"表现形式。即一个危害行为直接地或者间接地引起一个危害结果。如通航环境正常的情况下,仅因值班驾驶员的疏于瞭望,与他船碰撞构成危害结果的行为。然而,以水域环境为运输及生产作业场域的活动,不可避免地受到水上交通系统风险要素的限制。这些影响水上交通事故发生或者发展的因素通常以并发或者共发的形态成为水上交通事故发生的条件或者原因。例如,船舶老旧或者固有缺陷等船舶因素以及水深、宽度受到限制的可航水域环境以及寒潮、大风等恶劣气象因素将可能对危害结果产生必不可少的配合作用。对此,有学者从事故致因角度对水上交通事故发生的原因条件进行总结,当事故致因条件被归纳为自然条件、航道条件、船舶条件、交通条件和船员条件五个维度的条件时,在涉及船员条件的情况下,与其余四个事故条件复合而成的情况包括 5 个条件的就有 15 种。[①] 从原因结果的角度来看,不仅包括致人死亡、重伤以及重大财产法益的损失,还包括水上交通事故致人落水失踪这一事实结果的产生,由此形成多因一果或者多因多果的局面。

---

① 参见顾维国、胡甚平编:《海事安全调查与案例分析》,上海浦江教育出版社 2017 年版,第 163 页。

仅仅单纯从水上交通系统风险要素中的一个行为主体的不安全行为来说,其本身也存在并发或者共发形态出现的特征。船舶驾驶与操纵是一个组织分工明确的团体性业务活动,危害结果的发生也很少以一因一果的简单方式呈现。从原因行为的角度来看,就出现多个层级和维度的原因行为。既可能表现为极少数共同过失行为导致构成要件结果的发生,以及船舶组织体内监督过失行为与直接行为人的业务过失行为导致构成要件结果的发生,还可能表现为一系列的过失行为导致构成要件结果的发生。可以说,多个行为原因共同导致构成要件结果的出现。当然,除了船舶组织体内的监督过失行为原因,航运管理者的管理过失行为原因也成为多因一果、多因多果局面的重要推动者。判断水上交通过失犯罪的因果关系,绝不能忽视对船舶安全营运负有安全管理义务主体的过失行为。航运管理者作为对船舶负有安全管理义务的管理主体,其不履行管理义务的过失原因行为也可能与值班船员违反驾驶或者操纵规则的过失原因行为共同造成刑法意义上的危害结果的出现。基于此,多维度的原因行为使水上交通过失犯罪中的因果关系判断越发复杂。

因此,水上交通过失犯罪中不仅出现以人为主体的多个过失行为原因共同导致危害结果的发生的情形,这多个过失行为还会与自然环境、船舶固有状态等条件交织在一起,分别引起侵害生命、健康或者财产损失等结果的发生,最终形成多因一果、多因多果的局面。正是基于危害行为和危害结果两者各自的表现形式以及两者之间相互作用的方式所具有的多样性①,水上交通过失犯罪中的因果关

① 参见王作富:《刑法》,中国人民大学出版社2009年版,第61页。

系具有复杂性。可以说，正是由于水上交通过失犯罪中因果关系的复杂性主要表现为多因一果、多因多果的情形，因此在分析刑法上的因果关系的过程中，不仅需要识别促使每一个原因起作用的条件，而且需要考察每一个原因在水上交通过失犯罪中的原因力。

二、介入因素影响因果进程

介入因素作为一个独立于实行行为并具有刑法评价意义的影响因素，一直以来便是因果关系理论中的一个重要命题。对此，有学者认为，“能为刑法所独立评价的客观外部影响因素”①应当是严格意义上的介入因素的内涵。的确，在水上交通事故中，经常在先行为发生之后，危害结果出现之前，出现对因果流程产生影响的因素，这些因素甚至凭借其独立性阻断因果关系进程。具体来看，在航运实践中，可能成为介入因素的类型包括：(1)直接行为人的过失行为。在水上交通过失犯罪的构成要件结果发生以后，责任主体的认定通常是以直接行为人为起点进行逆向回溯，但事实上，在存在监督管理过失的场合，是先存在违反监督管理义务的过失行为，其后才介入直接行为人的过失行为，从而导致最终构成要件结果的出现。因此，在存在监督管理过失的场合，直接行为人的违反业务规章制度的行为是位于先行为与构成要件结果之间的中间项。(2)水上交通自然因素。在航运实践中，突发的瞬时恶劣气象海况是较为明显的影响因果进程的因素。应当注意的是，在水上交通事故中，固有的船舶缺陷等不能成为介入因素，而是行为时就已经存在的特定条件。(3)不当救助的过失行为。水上交通事故发生以

① 商凤廷：《介入因素下客观归责理论之借鉴》，载《中国刑事法杂志》2015年第6期。

后，船长应当组织应急措施施救。应急措施不当可能导致初始损失结果进一步扩大，是影响整个因果进程的介入因素。在“浙舟60×”轮沉没事故中，就存在船长的多个应急处理不当的行为。在船长发现船舶有左倾的情况时，未查明原因便通知机舱向右二、右四舱压水，不但未防止船舶左倾反而增加船舶负重。在发现船舱已经进水之后，船长也未组织有效的自救行动而且全船也未进入应急抢险状态。特别是船舶沉没前，叫错舵令加速沉没，最终导致9人死亡、5人失踪的严重后果。① 另外，海事管理机构等的不当救助行为也可能加速或者改变因果进程。例如，在“大舜号”火灾沉没事故中，船舶遇险之后，专业搜救设备落后而且并未指派直升机参加救助。可以说，救助的失败也是导致人员伤亡进一步扩大的重要原因。②

介入因素的主要作用特性就表现为对因果流程产生一定的影响。实践中，以上介入因素作用于水上交通过失犯罪中危害结果进而影响因果进程的情形包括以下三种类型：(1)加速因果进程。特别是在介入自然因素的情况下，恶劣的气象因素可能与实行行为共同导致危害结果或者危害结果扩大化。(2)彻底改变因果进程。如果先行为通常不会或者很少导致介入因素的发生，介入因素便呈现较高的异常性，这种情形下的因果进程被彻底改变的概率也就有所升高。也就是说，虽然船舶的货物超过核定载重线仍然进行运输，但是船舶碰撞事故发生的直接原因是在碰撞危险的局面下，该船避碰措施不当才与另一船舶碰撞，造成构成要件结果。此时由于

---

① 参见中华人民共和国长江海事局编：《海上交通事故案例》，武汉理工大学出版社2011年版，第65~70页。

② 参见中华人民共和国长江海事局编：《海上交通事故案例》，武汉理工大学出版社2011年版，第57~62页。

避碰措施不当这一介入因素的高度异常性将可能彻底改变因果流程。(3)中断因果进程。尽管值班驾驶员可能存在违反业务规范要求的保持正规瞭望及安全航速等基本注意义务的行为,但如果不具有预见可能性的极端天气直接导致构成要件结果的发生,之前的因果流程就直接被切断了,也就是说后来发生的行为完全取消了前行为的继续有效性。可以说,无论因果进程可能被改变或者被加速,都直接作用于最后的构成要件结果。正是介入因素的存在,使得水上交通过失犯罪中因果关系的判断问题异常复杂,其对因果进程的影响增加了结果归责的难度。

三、水上交通过失犯罪中的因果联系具有复杂性

水上交通过失犯罪中的因果关系不仅包括只有一个因果环节的直接因果关系,而且包括形成因果链条的间接因果关系,这也导致水上交通过失犯罪的因果关系判断更为复杂。在水上交通业务过失犯罪中,行为人的违反注意义务行为直接引发构成要件结果的场合,原因与结果之间的关系具有直观性,也较为容易预见,其因果关系较容易判断。然而,水上交通监督型过失犯罪中的因果关系通常表现为间接的因果关系,即按照发生的时间顺序,其他原因因素在原因行为发生之后介入,由其他原因因素直接引起危害结果的发生。这种间接因果关系的通常表现行为是船舶组织体内监督者的过失行为—直接行为人的过失行为—危害结果、船舶组织体内监督者的过失行为—自然力—危害结果、船舶组织体内监督者的过失行为—第三方的过失行为—危害结果等形式,而监督者的过失行为这一层级本身可能存在多重监督过失的行为,多环节性的因果关系导致各个节点发生外力介入而改变因果流程和作用方向的概率也随之升高,间接因果关系的不易预见性也更加明显。另外,在间接因果联系中，以不作为为主要形式的水上交通监督、管理过失行为，在认定其与构成要件结果之间的因果联系时并不像作为形式那么容易认定。这种不作为的行为形式本身就具有隐蔽性，即使能够通过违反注意义务的形式审查，在认定其是否具有造成构成要件结果紧迫危险的实质判断上也很难得出完全肯定的结论。因此，在进行因果关系判断的过程中，不仅需要结合其作为义务的来源，还需要对其作为可能性进行判断。总之，在这种直接因果关系和间接因果关系交织的犯罪类型中，因果关系的判断也相对具有复杂性。

四、水上交通过失犯罪中的因果关系认定困难

与道路交通环境具有显著区别，水上交通环境具有开放性和流动性特征。这一场域性特征决定水上交通领域的证据收集和获取都存在难度。不仅水域环境的风、雾等气象因素具有多变性，包括水位、流速等水文因素也直接影响关键性证据的取得。笔者通过各部门的走访发现，实践中有很多案件由于找不到尸体而无法立案，尽管行为人违反法规范所要求之注意义务的行为与构成要件结果之间具有引起与被引起的关系，也很难进一步通过因果关系的判断将结果归属于行为人。另外，在船舶碰撞和沉没事故中，恶劣气象环境作为介入因素对水上交通事故发生乃至构成要件结果出现发挥的作用力大小等问题也无一不是建立在对证据调查取证并进一步审查判断的基础之上的。最为关键的是，水上交通过失犯罪的因果关系判断还是以专业技术性认定为基础的认识活动。例如，船舶之间的碰撞需要以国际避碰规则或者内河避碰规则为依据，如果不能得出明确的结果，还需要水上交通事故调查专家委员会或者专家组进行各种假设的论证。这也决定水上交通过失犯罪中事实因果关系认定中专业技术性特征较为明显。

第二节　传统因果关系理论的判断难点

犯罪行为与构成要件结果之间具有引起与被引起的客观内在联系,是追究刑事责任的重要条件之一。受犯罪主体具有多维性、介入因素对因果进程具有影响以及具体认定受证据收集固定等条件限制,水上交通过失犯罪中的因果关系判断成为十分复杂的过程。传统刑法因果关系理论具有坚实的理论基础,而且随着刑法学者的不断探索,其理论内涵也随之不断挖掘。因此,水上交通过失犯罪的因果关系判断需要借助传统因果关系理论,在各种理论中寻求能够处理这种特殊因果关系判断的路径。对此,本书将对大陆法系中主要的因果关系理论进行分析,在充分明确其理论内涵的基础之上,对其适用在水上交通过失犯罪中的判断难点进行说明,从而为水上交通过失犯罪的因果关系判断提供最合理的路径选择。

一、条件说的判断难点

产生于 19 世纪 70 年代的条件说认为,如果前行为与后结果之间存在“没有前者就没有后者”的条件关系,则行为与结果之间存在因果关系。根据条件说的逻辑,只要能够通过条件公式肯定条件均是结果发生的原因,就无须区分每个条件具有的原因力,因此条件说又被称为等价说、同等说。尽管从条件公式的结构来说,其具有简单易操作的特点而且从刑事归责范围上防止具有符合条件说理论的条件关系逃出因果关系的判断区域,但也正因如此,条件说备受质疑。总体来说,质疑包括以下三方面:(1)立足于逻辑的因果关系的立场,条件说将物理的因果关系性质与犯罪中的因果关系判断相互混淆，导致刑事责任的范围无限扩大，违背刑法的基本精神。(2)条件说认为一切条件与结果之间具有平等的原因力，而且不区分条件和法律上的原因，同样导致因果关系的无限扩大。也就是说，通过条件公式的判断，水上交通过失犯罪中的自然因素、船舶因素、船员因素等均无一例外能够被评价为刑法上具有因果关系的原因行为，而且每一个因素均具有等价性。可以说，如果将条件说的机能定位于结果归责，那么其根本无法胜任规范判断的任务。(3)偶然情况在条件说的作用下也会将因果关系扩展。例如，船舶发生碰撞事故致甲轻伤，甲为了治疗等不及救援而选择游到对岸。在游向对岸的过程中，由于遭遇极端天气导致死亡。在这种情况下，通过条件说的判断范式将会使因果关系的范围扩展到从一般人的经验法则来看属于极其偶然情况的情形，这便违反因果关系理论的本来宗旨。

为了弥补这一致命缺陷，条件说的主张者们提出通过因果关系中断这一概念限制因果关系的范围。即在自然事件或者他人行为作为介入因素出现对整个因果进程起到支配作用时，是后行为人的行为与结果之间继而发生因果关系，或者后行事实切断原有的因果关系，使前行行为与后行结果之间断绝了因果关系。① 然而，对于其中最为关键性的“何种介入条件能够实现中断”的问题，包括独立原因介入中断说在内的学说都没有提供明确的标准，偶有提供明确标准的，其标准也因与基本刑法理论相悖而不具有合理性。正因如此，有学者提出根本性的质疑，认为中断论根本不可能完成推导

① 参见林亚刚：《刑法学教义(总论)》，北京大学出版社2017年版，第151～152页。

出刑法上因果关系的任务。原因在于,在条件说的逻辑体系中,认为条件关系存在但又基于中断论否认存在因果关系,这显然是存在自相矛盾的漏洞的。[1] 而且就算是坚持从物理角度来进行因果关系考察的观点也不能从根本上克服条件说的理论缺陷。[2] 尽管随之又相继出现修正因果关系中断说的禁止溯及、责任更新理论,但也均因理论漏洞而少有支持者。

二、原因说的判断难点

由于条件说有扩大因果关系和刑事责任范围之嫌,原因说主张通过将众多条件中"对于结果发生特别有力而且重要条件"[3]认定为原因,从而将其与一般背景条件区别开来。由此,原因说又被称为个别化因果关系说、差别原因说。理论上关于如何认定"有力而且重要"的条件这一问题,学说内部存在优势条件说、最重要条件说、最后条件说等观点。尽管原因说从不同程度、作用的角度否定条件说中所有条件具有等价性的观点,但是理论上不仅对于标准本身仍然存在争议,而且对如何从众多条件中只挑选出来一个条件作为原因也存在质疑。无论适用哪一标准,原因说都不足以称为明确的因果关系判断标准。因此,原因说很少适用于具体的因果关系判断。

三、相当因果关系说的判断难点

为说明行为与结果之间具有刑法上的因果关系,相当因果关系理论提出,当行为合乎规律地引起结果的发生,即可以认定为"通常

---

① 参见[日]大谷实:《刑法讲义总论》,黎宏译,中国人民大学出版社2008年版,第195页。

② 参见陈兴良:《规范刑法学》,中国人民大学出版社2015年版,第61页。

③ 林亚刚:《刑法学教义(总论)》,北京大学出版社2017年版,第154页。

会如此"的相当因果关系。[①] 相当因果关系理论作为日本刑法理论界的通说,主张以一般人的经验、知识对危害行为与危害结果之间的关系进行判断。也就是说,只有那些能够从一般经验上被认为与结果具有相当性的行为才是刑法意义上的行为,与结果之间具有刑法意义上的因果关系。对此,有学者认为其中的相当性概念就是对于结果的发生具有盖然性、或然性的原因条件。[②] 对此,相当因果关系说内部对于其逻辑支点的判断基础是何种情况存在主观说、客观说和折中说的分歧。可以说,相当性因果关系理论是履行刑法规范判断功能的因果关系理论,相比条件说具有一定的优越性:一方面,相当因果关系理论构筑于条件因果理论的基础之上,并且在条件公式罗列的原因条件的范围内进一步筛选刑法意义上的原因行为。另一方面,相当因果关系说通过相当性这一相对抽象的概念判断,从正向角度肯定多重原因出现的情形。以水上交通过失犯罪中的因果关系为例,只要能够从经验法则的角度认定水上交通从业者的业务过失行为、航运管理者的管理过失行为以及自然因素等条件均与危害结果的发生具有相当性,那么这些行为都可能成为刑法意义上的原因行为。可见,相当因果关系理论并未限制符合相当性概念的原因行为的个数,这是其相对于原因理论的优越性所在。

然而,相当因果关系理论在应用到具体因果关系判断时其缺陷也随之显现出来。首先,相当因果关系理论无法解决行为实施后存在介入因素的情形。特别是水上交通过失犯罪的因果关系判断中,过失行为介入自然因素、行为人的过失行为等较为常见,如何判断结果应当

① 参见黎宏:《刑法学》,法律出版社2012年版,第100页。

② 参见林亚刚:《刑法学教义(总论)》,北京大学出版社2017年版,第156页。

归责于谁是一个特别值得关注的问题。为此，日本刑法理论提出危险现实化的理论，认为行为本身的危险性有所实现与因果进程在经验上所必需的通常性之间的关系是模糊的，换句话说，在一些情况下存在因果进程虽然不能说是具有通常性的，但行为的危险却现实化为结果的情形。[①] 故应将过失行为之后介入的他人的故意行为、过失行为和自然因素等分别进行分析。其次，相当性作为判断标准具有抽象性和不易操作性。实践中，这一概念本身需要结合具体个案才能加以认定，对此有学者提出质疑，认为恰恰是由于相当性这一概念本身可以空泛抽象到足以涵盖一切进而才能够成为一个具有极大包容性的上位概念，从而可以使相当因果关系理论在我们所熟知的各种因果规则中展开其一般性功能。[②] 最后，从相当因果关系理论的功能定位上来看，其是集结果归因和结果归责于一体"打包判断"的因果关系理论，在进行相当性的判断过程中也就完成其归因归责的双重使命。这种判断模式直接导致条件和原因无法明确区分，事实评价与规范评价混为一谈，缺乏体系性的明确判断规则。

第三节　水上交通过失犯罪中因果关系的判断路径选择

长期以来，我国传统因果关系判断受哲学上的因果关系理论影

① 参见[日]山口厚：《刑法总论》，付立庆译，中国人民大学出版社2011年版，第58页。

② 参见周国良：《刑法因果关系的定型性——从条件说到客观归责理论的考察》，载刘志伟、周国良主编：《刑法因果关系专题整理》，中国人民公安大学出版社2007年版，第412页。

响,基本上停留在原因说的阶段,[①]形成了必然因果关系理论和偶然因果关系理论之争。其中必然因果关系理论认为,只有当危害行为中包含构成要件结果产生的以实在可能性为内容的客观根据并且合乎规律地引起构成要件结果的发生时,危害行为与构成要件结果之间就具有必然因果关系。因此,一般情况下具有这种必然因果关系时就可以将结果归责于行为人。然而,必然因果关系理论在适用中也遭受来自理论构建基础为何的质疑,因为行为是否包含结果产生根据的标准以及行为导致结果是否合乎规律本身很难断定。事实上,未被人类掌握的规律也大把存在。这种实际的限制导致必然因果关系理论只能适用于部分案件。另外,这种绝对的限制可能导致很多存在介入因素的场合,先行为被直接排除在原因的范围之外,处罚范围也由此限缩。[②] 而偶然因果关系理论认为,当危害行为本身不包含产生构成要件结果的根据时,在偶然发生介入因素的过程中,如果介入因素对构成要件结果产生的过程符合规律,那么介入因素与该结果之间存在必然因果关系,先行为与构成要件结果之间仅仅具有偶然因果关系。在这一理论背景之下,必然与偶然因果关系都成为刑法意义上的因果关系。不难发现,偶然因果关系理论是在必然因果关系理论基础之上建构的因果关系理论,必然因果关系理论的适用障碍是其无法回避的起点。规律和结果产生的根据难以断定的问题还是没有解决,这极易导致司法实践中认定的不统一。特别是在水上交通过失犯罪中,存在较多介入因素影响因果进程的情形,这些情形下究竟先行为是原因,还是介入因素与先行

① 参见陈兴良:《从归因到归责:客观归责理论研究》,载《法学研究》2006 年第 2 期。

② 参见张明楷:《刑法学》,法律出版社 2016 年版,第 174 ~ 175 页。

为都是原因难以从其理论规则上给出明确的答案。尽管偶然因果关系理论对必然因果关系理论的缺陷有所反思,但是从理论内涵上来看,两者都是履行事实因果关系判断的学说,缺少结合刑法目的的规范判断的环节。然而,基于司法实践的需要,现行的因果关系理论不仅要承担事实判断的功能,而且还要履行规范归责的功能。[①] 这实际上是超出我国现行因果关系理论的功能范围的,故而因果关系理论亟待通过明确其功能定位从而择取优势理论。

随着船舶载体的日益大型化和技术化,水上交通业务蓬勃发展,水上交通过失犯罪造成的法益侵害也越发严重。所以,对其因果关系的判断也应结合水上交通的实践情况寻找更加具有可行性的适用路径。在一般的水上交通业务过失犯罪中,违反注意义务的行为与构成要件结果之间往往会介入自然因素。根据司法实践中认定水上交通过失犯罪的逻辑,一般会从实行行为本身导致结果发生的危险性大小、介入因素的异常性大小以及介入因素对最终结果发生贡献程度[②]三方面进行以下的认定:如果水上交通过失犯罪行为人违反注意义务的先行为具有导致危害结果发生的高度危险,即便介入因素具有异常性,原则上可以认定该行为与构成要件结果具有刑法意义上的因果联系。如果从一般人具有的通常认识出发,认为自然介入因素的发生具有异常性或者前行为基本与介入情况无关的情况下,自然介入因素对构成要件结果的发生具有决定性的影响时,那么先行为与构成要件结果之间的因果关联将被中断。如果

---

① 参见孙运梁:《客观归责理论的引入与因果关系的功能回归》,载《现代法学》2013 年第 1 期。

② 参见[日]前田雅英:《刑法总论讲义》,曾文科译,北京大学出版社 2017 年版,第 122 页。

先行为必然导致、通常导致介入因素出现也就是介入因素非异常状态下，先行为对于构成要件结果的发生具有决定性的原因力，将得出先行为与构成要件结果之间具有因果关系的肯定性结论。应当注意的是，存在介入因素情形下的因果关系判断路径在异常与否以及决定性原因力方面是以法官认知为基础进行的纯粹主观判断，行为实施时的具体条件等客观要素并不在思维路径的考察范围之内。

在进行水上交通过失犯罪的因果关系判断路径选择之前，首先应当明确的是，水上交通过失犯罪中的因果关系判断应当体现为事实上的因果关系和法律上的因果关系分别判断的过程，也就是说，处理因果关系的判断问题不仅需要揭示实行行为与危害结果之间的客观内在联系，还需要进行刑法意义上的价值判断，从而得出具有规范性的结论。正因如此，水上交通事故的因果关系判断路径应当明确分为结果归因—结果归责两个阶段来分别进行支撑其判断的理论选择进而得出最终结论。① 在这一过程中，需要汲取传统因果关系理论的优势，从而对应因果关系判断的阶段性目标。在完成事实因果关系判断的任务之后，再结合刑法目的进行规范判断。

一、以条件说作为结果归因的重要理论

水上交通过失犯罪中的实行行为与危害结果之间的因果关系问题起点在于对自然意义上因果关系的认定。“事实上，许多案件之所以疑难，并不是规范评价的困难，而是在此之前的事实的因果关系确定的困难。”②一方面，自然因果关系本身的技术认定存在争

① 参见庞婧、赵微：《论客观归责理论的合理借鉴——以海上交通事故类犯罪因果关系判断为例》，载《苏州大学学报(哲学社会科学版)》2018 年第 2 期。

② 张明楷：《也谈客观归责理论——兼与周光权、刘艳红教授商榷》，载《中外法学》2013 年第 2 期。

议。以“威望号”为例，引发事故的直接原因究竟是违规碰撞行为还是船舶设计缺陷成为争议点。2002 年，希腊邮轮“威望号”遭遇风暴船体折断沉没，裂口导致燃料油外泄致大面积海域污染，泄漏的 2.5 万吨燃油在海面形成 38 厘米厚的油膜，还有 5 万吨燃油沉入海底。西班牙法院对船长、大副以及所属公司的前总裁作出危害环境罪名不成立的判决。目前对于引发断裂的原因存在争议。一种观点认为，单壳油轮的设计缺陷导致船体断裂。另一种观点认为，在西班牙海域发生断裂并造成大型原油泄漏的“威望号”油轮是因为与一漂浮在海域上的集装箱相撞才造成事故的。① 以“南桂机 035”船案为例，到底船撞桥还是桥压船这个事实因果关系问题也曾经成为争议的焦点。② 另一方面，围绕“人—船—环境—管理”运作的水上交通系统往往伴随多个事实因果关系，形成错综复杂的局面，多个原因分别以“直接原因”、“重要原因”、“间接原因”和“客观原因”的形式贡献原因力。

正因如此，处理水上交通过失犯罪中的因果关系判断，首先要解决的就是实行行为与构成要件结果之间有无自然意义上的因果关联，也即水上交通过失犯罪中的事实因果关系认定。虽然条件因果关系理论存在其必须认识的弊端，也因此饱受不当扩大因果关系范围以及无法处理有介入因素中断情形下的因果关系判断等质疑，但这并不意味着完全否定其在水上交通事故类犯罪因果关系判断中的适用。只有明确因果关系判断的层级和任务，充分发挥条件因果关系理论在某一层级的作用方能为水上交通过失犯罪的因果关

① 参见《“威望号”沉船原因新说：意外撞上漂浮集装箱》，载新浪网，https://news.sina.com.cn/w/2002-11-25/00064613s.html。

② 参见广州市海珠区人民法院(2010)海刑初字第 661 号判决书。

系判断选择一个最佳路径。对条件因果关系理论的质疑基本上都源自对它的定位,寄希望于通过“无前者则无后者”的法则就能得出能否将构成要件结果归责于行为人,从而完成一个蕴含事实判断和规范判断的过程。事实上,这对于条件因果关系理论来说,是一个难以跨越的鸿沟,其本身法则的设计是无法完成规范判断的终极目标的。但如果仅将条件因果关系理论作为完成事实判断的工具,那么其功能方能妥善发挥。条件因果关系理论所遭受的质疑也便转换为其理论优势。水上交通过失犯罪中的因果关系具有多层次性和复杂性,而且多重介入因素出现可能制约因果进程,需要条件因果关系理论将所有可能引发现实构成要件结果的条件进行范围上的圈定,从而为进一步的规范检验奠定坚实的基础。事实上,我国学者也是将条件说作为事实因果关系判断的理论进行归类的,认为其功能便是为法律上的因果关系提供事实根据。① 因此,我国水上交通过失犯罪需要在适用条件说将事实因果关系证成的基础之上,进一步分析是否能够对行为人进行归责的理论。

二、以客观归责理论进一步检验结果归属

水上交通过失犯罪的因果关系具有复杂性,如何判断因果关系的有无和存在范围是水上交通过失犯罪亟待解决的问题。其中,不仅大量介入因素的存在导致传统因果关系理论难以进行因果关系的准确判断,而且需要对复数原因行为各自的原因力进行考察。可以说,水上交通过失犯罪中的因果关系特点决定应当遵循先归因再归责的模式。一方面,事实因果关系的判断作为因果关系认定的基础,已经从自然法则和逻辑上将不符合要求的背景条件排除在外。

---

① 参见陈兴良:《规范刑法学》,中国人民大学出版社2015年版,第61~62页。

例如,正常的水上交通环境。另一方面,只有体系化归责才能满足水上交通过失犯罪需要。客观归责理论得以存在的基础正是经过刑法规范本质的推导而得出的认识。[①] 以责任归属为指南的因果关系判断方能全面完成因果关系判断的任务。对此,周光权教授认为,应建立具有系统性的并且能够与容许的危险、交通活动等有关的归责体系。[②] 在明确归责目标的情况下,进一步选择适用客观归责理论在水上交通过失犯罪中实现结果归责的功能便具有可行性。一方面,客观归责理论是一种限制过失犯罪成立范围的价值判断、规范评价理论,其遵循刑法客观主义立场。它不仅避免了条件公式无限扩大因果关系范围的弊端,而且防止了相当因果关系理论集结果归因与归责于一体的简单结论。在结果归责的环节中,它不仅从动态的角度探究刑法因果关系,而且"使相当性的判断具有实体根据"。[③] 另一方面,其构造的归责原则及其下位排除规则为归责设定较为详尽的判断标准。在其规则的设计过程中,不仅包括正向的规则指引,而且明确将不符合规则的情形予以反向排除,具有限制犯罪成立范围的功能。然而,客观归责理论本身也不是没有任何瑕疵的,贯穿其规则始终的危险概念本身也是一个需要界定或者明确的概念。但是,这一质疑不仅仅是针对客观归责理论的,包括相当因果关系体系的危险现实化理论也在经受这个问题的质疑。事实上,水上交通过失犯罪大多是以结果犯为主要犯罪形式的犯罪类别,对于危险的判断本身也是事实层面的判断内容。对于违反注意

① 参见[德]汉斯·海因里希·耶赛克、托马斯·魏根特:《德国刑法教科书》(上),徐久生译,中国法制出版社2001年版,第390页。

② 参见周光权:《刑法总论》,中国人民大学出版社2016年版,第134页。

③ 陈兴良:《本体刑法学》,中国人民大学出版社2011年版,第236页。

义务的实行行为制造的危险可以具体案件中行为当时的客观事实为基础,以一般水上交通从业者的经验水平进行危险判断。总体来说,客观归责理论相比其他因果关系理论,在完成水上交通过失犯罪中因果关系规范判断的功能时,更加具有可适用性,其构建的归责规则也更加具有规范性和合理性。尽管目前也有少数学者从客观归责理论本身是统合不同内容的混合体的定位这一问题出发而否定客观归责理论在我国因果关系判断中的适用。① 但是,绝大多数学者是通过对德国刑法中的客观归责理论的体系性地位、规则适用、方法论意义以及具体适用等方面进行论证进而肯定客观归责理论在我国司法实践中发挥规范判断的实质功能定位。② 因此,本书将结合水上交通过失犯罪中的具体情形阐述客观归责理论的内涵。

（一）客观归责理论的内涵

晚近发展于德国的客观归责理论,明确将结果归因与结果归责加以区分,从而为刑法中的因果关系认定提供新的视角。罗克辛(Claus Roxin)指出,只有当行为人制造法所不允许的危险,并且危险于构成要件的范围内实现,这才是客观归责理论的内容。可以说,客观归责理论不单单从正向对可以归责的行为提出明确的归责原则,更为重要的是,其提出的排除规则对于正确适用客观归责理论具有更加重大的提示意义。

1. 制造法所不允许的危险

行为人的行为只有创设了法所不允许的危险,才有被归责的可

---

① 参见刘艳红:《客观归责理论:质疑与反思》,载《中外法学》2011 年第 6 期。

② 参见陈兴良:《客观归责的体系性地位》,载《法学研究》2009 年第 6 期;孙运梁:《客观归责理论的引入与因果关系的功能回归》,载《现代法学》2013 年第 1 期;周光权:《客观归责论在财产犯罪案件中的运用》,载《比较法研究》2018 年第 3 期。

能性,这是客观归责理论的基础。在这一规则下,罗克辛提出具体的排除规则。其中包括降低风险时排除归责、未以法律上的重要方式提高法益损害的危险排除归责以及制造法所容许的风险将排除归责。其中,降低危险时排除归责是指如果行为人的行为减少了已经存在的危险,那么应当将其从归责的范围内排除。未以法律上的重要方式提高法益损害的危险,也就是行为并不具有实行行为性,危险的紧迫程度并未因为行为人的行为而升高。在这三项规则中,最为关键的就是,制造法所容许的风险将排除归责。也就是说,行为人虽然事实上制造了一定的风险,但是这种风险是法律所容许的,那么将排除归责。适用到水上交通过失犯罪中,这个可容许风险的最大界限就是由水上交通管理法规和相关操作规程划定的。如果遵守海上交通管理法规和相关避碰规则的行为仍然会引起刑法上构成要件意义上的结果时,此时应当排除归责。原因在于,法律规范给予行为人的指引是明确而具体的,超越法律规范的限度要求航运从业者在面对众多风险因素时完全准确无误甚至是完美地完成航运业务并不具有可期待性。正所谓"法律不强人所难",在承认个体反应差异的同时,也应该注意到航运业务本身的风险性要求我们不应对其作出高于交通管理法规及相关操作规程等要求的不合理期待。

2. 实现法所不容许的危险

在客观归责理论的构建中,仅仅制造了法所不允许的风险还不足以归责,还要进一步考察危险是否实现。也就是说,如果结果的发生并非不容许的危险所导致,那么这种缺乏常态关联性的关系则不能归责于行为人。具体来看,其下设的排除规则主要包括:第一,行为人虽然创设了法益侵害的危险,但是危害结果的发生并不是该危险所致,仅是在偶然因素与危险一同出现,这种情况下排除归责。例如,值班驾驶员在海上航行时违反保持正规瞭望以及安全航速的规定,并且在与他船避让的过程中未能充分估计局面并采取适当措施造成船上人员重伤,但最终造成死亡的原因是医院的不当救治行为。由于人员死亡并非由于重伤行为引起,重伤行为与住院行为并没有引起人员被不当救助死亡的危险,因此不能将死亡结果归责于值班驾驶员。第二,不被允许的危险未实现时排除归责。罗克辛在此以山羊毛消毒案为例进行说明,①认为即使按照规定进行消毒也不能发现病毒,那么便不能归责于行为人。换言之,只有存在结果避免可能性的场合才能进行归责,否则只能将其排除在归责的范围之外。在船舶航行的过程中,尽管存在疏于瞭望等违反注意义务的行为,但是在遭遇大风等恶劣气象时,如果能够认定即使其履行注意义务也无法避免船舶碰撞事故的发生,那么不能将人员伤亡的结果归责于行为人。第三,合法的替代行为和风险升高理论。航运实践中,当存在航行危险、碰撞危险或者其他包括当事船舶的条件限制在内的特殊情况时,需要背离避碰规则才能防止碰撞事故的发生。然而此时一旦发生刑法构成要件意义的危害结果能否归责于行为人?对此,可以认为,合法的替代行为规则为我们提供明确的指引。如果可以近乎确定地认为,即使行为人实施了符合避碰规则中要求的合法行为,也必然会导致危害结果的发生,那么此时遵守避碰规则的义务就是一项随之失效的义务,也就不能将结果归责于行为人。另外,根据罗克辛的风险升高理论,只要行为人履行义务

① 参见[德]克劳斯·罗克辛:《德国刑法学总论》第1卷,王世洲译,法律出版社2005年版,第254页。

的行为有可能避免结果的发生，即使未达到百分之百确定不发生的程度，但其没有履行也可以将结果归责于行为人。原因在于，从产生危险的可能性上来看，尽管遵守法规范的行为不能完全避免危险，但是遵守规范的行为通常比行为人违反注意义务的行为的危险性低，正如有学者所言，“法律义务之创设，只是在于降低损害发生之可能性，而不在于确定损害绝对不发生”①。

3. 结果没有超出构成要件的保护范围

一般情况下，只要行为人制造并且实现了法所不允许的危险便可以进行客观归责，但是如果发生的结果不包括在构成要件的特定保护目的或者范围之内将无法完成归责。原因在于，“此等情况下实现的并非行为人造成的法律上予以否定评价的结果，而是结果中的一个其他危险”②。特别是在过失犯罪中，由于过失行为缺乏定型化，而且主要的归责要件过失心理也是根据注意义务的违反、可预见性、认识可能性、避免可能性加以判断的，因此有学者认为，客观归责理论主要适用于过失犯罪。③ 对此，该理论下设三个规则进行排除归责的说明。其一，行为人参与他人故意的自危行为时，不能将这个自危结果归责于行为人。尽管行为人创设了一种明显超过允许风险的危险并且在后来的过程又实现了这种危险，但是因为其在故意造成自我危险的过程中仅仅提供了一种共同作用，他人尽管具有完备而充分的归责能力却忽视危险的存在，所以就算危险实现，但由于此结果并不在规范的保护范围之内，因此是不可以归

---

① 林亚刚：《刑法学教义（总论）》，北京大学出版社 2017 年版，第 165 页。

② [德]汉斯·海因里希·耶赛克、托马斯·魏根特：《德国刑法教科书》（上），徐久生译，中国法制出版社 2001 年版，第 391 页。

③ 参见陈兴良：《教义刑法学》，中国人民大学出版社 2010 年版，第 308 页。

责的。[①] 其二,受害人明确意识到他人的行为会对自己造成危险,却同意或者是积极要求可能给自己造成法益侵害的危险时,排除对行为人的归责。这里罗克辛举了暴雨渡运的例子,[②]认为当行为人在自己清楚明确的认识内容中,容忍了一种具有确定性的危险,并且其已经满足自己一般的谨慎义务的时候,可以认为行为人就已经拒绝了对谨慎义务的违反。[③] 又如在水上交通领域,开航前已受到气象台发布的寒潮警报,但是船东仍然强令船长违反水上交通安全管理等相关规范违规出航,航行途中遭遇大风浪导致船东死亡。在这一情形下,应当认为船东应当已经明确认识到自己的行为将造成法益侵害的危险,却基于侥幸心理积极要求实施可能导致危险实现的行为,如果船长已尽到合理的谨慎义务将排除归责。其三,如果防止结果的发生属于具有特定义务的他人的责任,该结果便不在与行为人具体犯罪行为所符合的构成要件的保护范围之内,因此应当排除归责。通过第三人责任范围的确立从而排除行为人的归责,使客观归责理论的适用更加具有规范合理性。总之,客观归责理论三个层次的归责方式,不仅有利于从实质的价值判断层面对水上交通过失犯罪的因果关系进行判断,而且这种分层检验的方法也为司法实践中水上交通过失犯罪的因果关系判断提供一个具有可操作性的思维框架。

---

① 参见[德]克劳斯·罗克辛:《德国刑法学总论》第1卷,王世洲译,法律出版社2005年版,第263页。

② 在暴风雨天气中,一名乘客想让摆渡工帮自己渡河,这名摆渡工为劝阻乘客指出了在这种天气过河具有危险性。但是这名乘客坚持自己的愿望,摆渡工只好冒险渡运,结果船翻导致乘客被淹死。

③ 参见[德]克劳斯·罗克辛:《德国刑法学总论》第1卷,王世洲译,法律出版社2005年版,第268页。

（二）客观归责理论在水上交通过失犯罪中的具体适用

船舶航行受天气、航道、水流等自然因素影响相比道路环境较大，由此导致水上安全事故多发。重庆东方轮船公司所有的“东方之星”号客轮在航行过程中翻沉，造成442人死亡。事故调查报告显示，“东方之星”轮航行水域上空出现伴有下击暴流、龙卷风等局地性、突发性强对流天气的飑线天气。[①] 事发时该轮正在此危险范围内因此倾覆。船长及当班大副被认为对极端恶劣天气及其风险认知不足，但是根据客观归责理论，在过失的情况下，虽因违反注意义务行为造成危害结果，但是在即使不违反注意义务同样无法确保这种结果的完全避免的情况下，船长和大副是否有能力阻止出航以及即使实行了符合结果预见义务的行为能否完全避免危害结果的发生，在自然因素与过失行为之间的性质以及程度进行权衡时，得出的答案是否定的。

以广西桂平沉船事故为例。超核定载客额度20人的“石咀客渡0××船”在航行途中与“锐丰3××”船发生碰撞，造成2人当场死亡、18人失踪。经事故调查，负有法定让路义务的上行船“锐丰3××”船未有效、及早让开航路，导致碰撞事故的发生，应当负主要责任。“石咀客渡0××”船在对方鸣笛后未作出回应、没有对来船的动态作出充分的估计并采取相应的避让措施、在紧急情况下采取不当措施，导致重大事故的发生，应当负次要责任。事故发生的间接原因是桂平市锐丰船务有限责任公司安全生产主体责任不落实，对船员的安全教育及安全隐患排查不到位等。经判决，事故直接责

① 参见《东方之星客轮翻沉事故调查报告》，载中国新闻网，http://www.chinanews.com/gn/2015/12-30/7695319.shtml。

任人均以重大责任事故罪被判处有期徒刑。①

从事故调查报告原因认定中可以看出，本案是一起由船舶驾驶员违规驾船、船公司以包代管、航运管理者管理疏漏等多种原因共同导致的水上交通重大事故。② 按照我国刑法学界的通说，刑法上的因果关系包括必然因果关系和偶然因果关系。具体来讲，如果行为对于危害结果的发生而言，其作用是决定性的，行为与危害结果之间存在必然的、合规律的联系，那么行为与危害结果之间存在必然因果关系。而偶然因果关系是两个必然因果关系通过交叉而发展成为前因与后果之间的关系，③也就是说，一个危害行为导致某种危害结果或造成某种危险状态，但在这个过程中又与另一个危险行为竞合，产生另一个危害结果，在整个因果链条中，前行为并非导致最后结果的决定性因素，相对前行为而言，最后结果的发生具有偶然性。在本案中，船舶驾驶员的违规驾船与具有管理职责的船务公司安全生产主体责任不落实等原因结合在一起，最终通过违反水上行政法规的行为直接导致事故的发生。因此，根据条件说“若无前者则无后者”的一般化排除规则模式，上述单位直接责任人的行为均构成结果产生的原因，在符合其他犯罪构成要件标准的情况下应当进行刑事追责。但是从本案处理情况来看，虽然事故调查报告中基于蒙某作为该镇渡口码头渡运安全管理人员的地位明确了其

① 参见《广西桂平致 20 死沉船事故案 4 名事故责任人获刑》，载新浪网，http://news.sina.com.cn/c/2014-07-05/203230474628.shtml，最后访问日期：2018 年 3 月 2 日。

② 参见交通运输部海事局安全处：《桂平“311”“锐丰 329”轮与“石咀客渡 035”船碰撞事故调查报告》，载《中国海事》2014 年第 7 期。

③ 参见贺恒扬：《渎职犯罪刑法偶然因果关系的认定》（下），载《中国检察官》2006 年第 11 期。

存在对渡口渡运安全管理工作监督管理不到位的行为，如对“石咀客渡0××”船在出发时已经严重超载未及时制止的过失行为，建议对其追究刑事责任。但在最终的判决中并未涉及对蒙某的刑事追责问题。可见，在司法实践中，这种事故调查的原因认定与处理的结果不一致的现象时有发生。原因在于，我国通说认可的必然偶然因果关系虽然在理论上行得通，但是并未为司法实践中因果关系的认定提供一个清晰明确的标准，最终因果关系的判断成为裁判者具有主观价值判断色彩的产物。

如果按照日本刑法理论通说观点的相当因果关系理论来进行因果关系判断，根据折中说，应当以社会上一般人的经验法则作为判断的标准。具体到本案中，船舶驾驶员违规驾船、船公司以包代管等监管疏漏均是事故发生的条件，按照相当因果关系理论，无论是从具有社会经验的一般人的角度抑或是行为人的立场来看，相关人员的违规与不履行义务的行为均对结果的发生起到一定的积极作用，因此均是造成危害结果发生的原因。但是，由于相当因果关系的判断标准并不清晰，正如有学者所提及的，尽管基于一般人的观点使相当性这一概念标准本身具有极大可塑性，但也从根本上导致其丧失具体而又实在的内容，不可避免地成为一个空洞的公式。[①] 因此，相当因果关系理论明显不能为因果关系的判断提供一个具体化的标准，也无法得出令人信服的结论。此时，如果按照德国刑法理论学界越来越引人注目的客观归责理论来进行判断，会得出怎样的结论？根据水上交通过失犯罪的因果关系判断范式，应当

---

① 参见劳东燕：《风险社会中的刑法：社会转型与刑法理论的变迁》，北京大学出版社2015年版，第107页。

以条件说来归纳事实上因果关系的有无,进而以客观归责理论进行最终责任归属的判断。正如上所述,船舶驾驶员违规驾船、船公司以包代管、机关单位监管疏漏均是事故发生的条件。因此,在归因层面能够肯定蒙某的行为与构成要件结果之间存在条件关系。在归责层面,蒙某作为该镇渡口码头渡运安全管理人员,对船舶安全管理的工作负有安全管理的义务,其违反安全管理注意义务的行为制造了法所不允许的风险,致使"石咀客渡0××"船在已经严重超载的情况下仍出航,导致事故结果的进一步扩大化。因此,其怠于履行职责的行为无疑制造了法所不允许的风险并且这种风险于最终的危害结果中实现。如果蒙某能够认真履行岗位所要求的职责,及时禁止超载船舶出航,也就是在没有制造法所不允许的风险的情况下,本次水上交通事故的发生完全是可以避免的。此外,本案的被害人也并不存在故意自危以及承诺危险的行为,行为人的行为也并未超出构成要件的效力范围。综上所述,根据德国的客观归责理论的判断规则,蒙某的行为与危害结果之间具有因果关系,应当追究其刑事责任。

从上述分析可以看出,客观归责理论在三个主要的判断规则之下,又包含诸多细化的排除规则。规则的丰富化使因果关系的判断以及后续的刑事追责的过程更加具体。尽管有学者对其本身特殊意义进行质疑,认为客观归责从理论价值上来看仅能被当作判断不法的不具有成文性事由的集合名词。① 但在本书看来,或许正是因为客观归责理论的复杂而明确,使其区别于相当因果关系理论,成为一种动态的、稳妥的归责方式。客观归责理论的提出,表明实践

① 参见黄荣坚:《基础刑法学》,中国人民大学出版社2009年版,第234页。

中已显然放弃为结果可归责问题寻求一个具有统一性标准的路径尝试,也正是丰富多元化的下位规则表明,不可能用一个统一概括性的标准解决所有归责问题。[①] 这些规则无法普遍地适用于水上交通过失犯罪刑事追责的所有案例,而是需要在个案中进行具体分析。

① 参见劳东燕:《风险社会中的刑法:社会转型与刑法理论的变迁》,北京大学出版社2015年版,第111页。

第五章　水上交通过失犯罪的主体范围及认定

第一节　水上交通业务过失犯罪的主体范围及认定

一、船舶组织体中业务过失主体范围和界定标准

在船舶组织体系内部，承担水上交通业务过失犯罪刑事责任的直接主体是从事水上交通运输等业务的人员。目前，我国学者在对水上交通业务过失犯罪中的犯罪主体进行描述时，既有将承担刑事责任的主体称为“船员”①的，也有直接概括性地称为“水上交通事故责任

① 参见王赞：《水上交通肇事刑事责任的研究》，载《中国海商法研究》2017年第4期。

人”[①]的。的确,航运实践中较多使用“船员”这一法律概念,而且《海商法》明确规定,船员是船长在内的船上一切任职人员的统称。[②] 事实上,这种集合概念作为水上交通业务过失犯罪中的犯罪主体并不严谨,船员这一法律概念的范畴极大超出水上交通业务过失犯罪主体的范围,容易造成处罚范围的不当扩大。原因在于,船员是经船员注册并取得船员服务簿的人员。以船舶为组织体,每个船员的分工有所不同,尽管其从事工作的目的都是完成水上交通运输业务并保障生命和财产安全,而且水上交通运输业务的顺利实现依赖于船上各个部门密切配合并相互支持,但其中只有直接从事水上交通运输等具体业务的船员才能构成水上交通业务过失犯罪的主体。以货船为例,船舶组织机构包括甲板部、轮机部和事务部,其中事务部是由事务长、船医等行政管理人员组成的部门。从水上交通业务领域的一般要求来看,水上交通领域的业务主体应当是具备一定的船舶操纵和船舶原理知识,直接从事水上交通运输行为的专业人员,船舶行政管理人员等虽然在船舶上工作,但是其并不掌握和运用一定船舶驾驶和机舱维护的相关技术,从事的仅仅是一种服务于水上交通运输业务的行为。因此,严格来讲,船舶行政管理部门人员并不构成水上交通业务过失犯罪的主体。

为防止水上交通业务过失犯罪中刑事责任主体范围的无限扩大,水上交通业务过失犯罪的直接责任主体有必要限定为取得船舶适任证书的水上交通从业者。原因在于,船舶适任证书不仅是船员

---

① 参见梁鹏:《关于对水上交通事故责任人进行刑事追究的探讨》,载《中国海事》2014 年第 12 期。

② 参见全国人大常委会 1992 年 11 月 7 日发布的《海商法》第 31 条。

持有的与其服务的船舶吨位、主机功率和船舶航区和所承担的职务相符合的由我国海事管理机关颁发的有效证书,而且是能够明确界分船员适任职务和能力的重要凭证。正如上文所述,船舶驾驶和操纵是通过值班制度来进行分工协作的,只有具有适任证书的船员才有权利和义务操作值班驾驶船舶等具体业务。以具有级别差别的适任证书的取得作为界定水上交通业务过失犯罪中直接责任主体的重要标志,就意味着只有具有一定级别和职务的从事水上交通运输业务的人员才需要承担刑事责任,从而将从事船舶行政管理等行政服务的一般船员排除在外。

综上所述,能够成为水上交通业务过失犯罪直接责任主体的是具备航运业务知识,并经海事管理机关颁发适任证书的从事船舶驾驶、机舱维护等相关专业技术业务的船员。具体可以分为四类:(1)船长;(2)甲板部组成人员,包括驾驶员(大副、二副、三副)、引航员、高级值班水手、值班水手;(3)轮机部组成人员,包括轮机长和轮机员(大管轮、二管轮、三管轮)、高级值班机工、值班机工、电子技工、电子电气员;(4)无线电操作人员,包括一级无线电电子员、二级无线电电子员、通用操作员和限用操作员。需要明确的是,尽管我国相关行政法规对航运实践中船舶组织体系中的职能和技术要求提供判断标准,但是以此作为刑事犯罪中水上交通过失犯罪刑事责任的主体认定标准还不够严谨和明确。根据《船员条例》中对船员级别的划分,船员分为船长、高级船员和普通船员。[①] 其中高级船员内部由于技术要求不同分为管理级和操作级,而普通船员又称支持级。对此有学者认为,高级船员和普通船员之间的刑事责

① 参见国务院2020年3月27日发布的《船员条例》第4条。

任主体判断应当依据操作指令的正确与否和执行行为的准确性来进行，[1]但是，这并不意味着所有的高级船员都能构成水上交通业务过失犯罪的直接责任主体，如事务长、船医等，而普通船员也并非不能构成水上交通过失犯罪的直接责任主体。如值班水手作为甲板部日常运营和工作的支持级人员，能够独立从事协助瞭望、起卸船吊和开关舱作业等值班职责，也应当认定为水上交通业务过失犯罪的直接责任主体。因此，将水上交通业务过失犯罪中的直接责任主体限定为取得船舶适任证书的水上交通从业者具有合理性。

二、值班水手作为水上交通业务过失犯罪责任主体的案例审视

司法实践中，船舶组织体内部的刑事追责主体往往是船长和值班驾驶员、值班轮机员等，值班水手作为水上交通过失犯罪的主体地位通常被忽略。下面以"顺利××3"轮交通肇事案为例，探讨值班水手在水上交通业务过失犯罪的主体地位。卢某驾驶"顺利××3"轮与罗某丙驾驶的"粤三渔×××01"渔船在下航捕捞作业时发生碰撞，造成一人沉溺身亡。其间，卢某未保持正规瞭望，未履行让路船应当履行的主动避让义务，未正确履行岗位和管理职责，当班水手也在值班期间玩手机、疏于瞭望。罗某丙驾驶"粤三渔×××01"渔船时未按规定显示航行及作业号灯，未尽到被让路船协助避让的义务。经相关海事部门认定，"顺利××3"轮负事故主要责任。[2] 在本案中，追究值班驾驶员的责任毋庸置疑，但是对值班水手的责任主体地位欠缺认识。考察其背后原因，主要是认为值班水手是基于值班驾驶员的指令而进行业务行为的。这其实是对值班

---

① 参见何涛：《水路交通肇事犯罪初探》，载《人民检察》2006 年第 3 期。

② 参见广东省佛山市三水区人民法院(2015)佛三法刑初字第 472 号判决书。

水手岗位职责的片面认识。值班水手是完成基本安全、专业技能适任培训和值班水手岗位适任培训并具有一定船上见习资历、通过相应适任考试的船员。其职责范围包括航行值班和停泊值班,其中最主要的航行值班是以驾驶台值班、白班和值班瞭望为主要内容。根据值班水手的业务职责,当其在驾驶台值班时,不仅需要听从船长、值班驾驶员的指挥,执行船长、值班驾驶员发布的命令,而且在夜间、能见度不良、狭水道等情况下,应当协助值班驾驶员进行不间断的瞭望,将所瞭望到的声号、号灯以及来船、大型漂浮物体等其他情况进行初步判断后报告值班驾驶员,在这个过程中,应当与值班驾驶员保持良好的联络,以便值班驾驶员在全面判断和系统了解周边环境和来船动态的前提下充分估计局面并正确采取有效的措施。可以说,值班水手是具有适任能力并能够独立承担职责的水上交通运输业务主体。因此,对于值班水手过失违反注意义务造成构成要件结果的行为,应当考虑追究其作为责任主体的刑事责任。

三、引航员作为水上交通业务过失犯罪责任主体的认定

合格的刑事责任主体是刑事责任承担的必要条件,明确引航员作为水上交通过失犯罪的主体资格才能进一步探讨其刑事责任的有无。引航员是持有有效引航员适任证书,按照适任等级和核定航线规定为船舶在受限水域安全航行和港内靠离泊作业提供引航服务的专业技术人员。当船舶航行在港区、内河、沿岸水域时,为了保证船舶和港口设施的安全和正常的航行秩序,便要求驾驶人员能够安全操纵船舶并适时采取有效的避让措施。引航员的职责就是通过提供引航方案协助船长操纵、指挥船舶安全地靠入泊位或驶离泊位。然而,船舶靠泊和驶离是船舶操纵过程中最具有难度的环节,即使是从有经验的船长中选拔的具有适任证书的合格引航员也会

因为其疏忽或者过于自信的过失引发水上交通事故造成损失。而航运实践中,由于引航员违反安全规则过失引起的民事赔偿责任通常由船东承担,引航员本人仅仅承担行政责任。① 司法实践中追究引航员水上交通业务过失刑事责任的案例几乎没有,能够追究刑事责任的仅仅局限在不具有引航资格的船员非法从事水上交通运输的情形。②

由此,引航员能否作为水上交通过失犯罪中的刑事责任主体便成为一个亟待解决的问题。航运界对此提出否定观点,认为引航水域通常是较为复杂的狭水道环境,而且引航员对船舶的操纵性能等了解有限。尽管引航员在短暂的时间里操纵引航,但是船长在驾驶和管理船舶中仍然具有绝对权利,而且引航工作是在船长监督下进行的,船长有职责在进港前充分了解具体情况,引航员并未替代船长行使完全的操控权。也就是说,该主张认为完全操控权在于船长,基于船长所具有的对船舶安全管理权而弱化乃至否定引航员应为"将被引船舶从规定的引航起始地点引抵规定的引航目的地"的直接业务行为负责。笔者认为,以上主张并不构成否定引航员成为水上交通过失犯罪刑事责任主体的理由,甚至对于引航员的业务要求、业务内容以及与船长之间的关系都存在一定误解。其一,引航员是需要取得适任资格才能从事水上交通业务的专业航海人员。船舶引航是一项高难度的技术工作,需要处理的是驾驶过程中难度最大的环节。其二,引航员是直接从事水上交通运输业务的专业人员。在引航机构的安排和管理下,

① 参见交通运输部2013年12月24日发布的《引航员管理办法》第43条。
② 参见上海市杨浦区人民法院(2012)杨刑初字第59号判决书。

引航员具体实施引领船舶的航行、靠离移泊活动。对此,我国学者也明确指出"从事交通运输的人员中包括直接领导、指挥交通运输活动的领导、指挥人员,如引航员"①。引航员提供引航服务的行为已经使其"真正参与船舶驾驶工作"并且其业务行为"足以影响水上交通安全"②。对此,2021 年修订的《海上交通安全法》第 31 条明确指出引航员根据引航机构的指派,安全谨慎地执行船舶引航任务的重要义务,此项义务在《船舶引航管理规定》中被细化为向引航机构、海事管理机构报告的义务和水上交通安全事发时的安全保障要求③。其三,船长的船舶指挥权不足以否定引航员的刑事责任主体地位。不能否认的是,船长基于业务内容和监督义务具有驾驶船舶和管理船舶的责任,这项责任也并未基于引航员在特定时间范围内的引领船舶而解除。④ 一旦船长发现引航员所下达的引航指令可能危及船舶安全时,可以以命令的方式要求引航员更改关于引航的指令。⑤ 但是,需要注意的是,引航员的工作方式是通过下达指令的方式为船长提供关键性船舶驾驶意见,船舶接受引航服务意味着被引船舶的船长在普遍情形下应当采纳引航员的引航指令并配合引航员引航工作的进行。因此,如果由于引航员个人的判断等原因导致其下达口令错误或者违反避碰规则等导致构成要件结果的发生,并不妨碍对其刑事责任的追究。事实上,"海上事故的发生约有 80% 是由于人为因素引起,而在人为错误中引航员的

---

① 王作富主编:《刑法分则实务研究》,中国方正出版社 2006 年版,第 194 页。

② 王慧:《水上交通犯罪的刑事责任研究》,大连海事大学 2013 年博士学位论文。

③ 参见交通运输部 2021 年 9 月 1 日发布的《船舶引航管理规定》第 29、31 条。

④ 参见全国人大常委会 2021 年 4 月 29 日发布的《海上交通安全法》第 31 条。

⑤ 参见交通运输部 2021 年 9 月 1 日发布的《船舶引航管理规定》第 33 条。

判断错误及疏忽是主要原因,分别占34%和13%,其次为船长的误判,占比11%”①。因此,引航员一旦上船,便成为船舶驾驶台团队中的一员,其提供船舶引航服务的职责内容与其下达指令的工作方式能够对水上交通运输安全产生严重的影响。因此,引航员作为水上交通业务过失犯罪的责任主体地位是毋庸置疑的。因此,是否追究引航员的业务过失刑事责任,还需要结合具体案件考察其违反注意义务的行为是否具有实行行为性以及其主观过失心理要素。

第二节 水上交通监督过失犯罪的主体范围及认定

一、船舶组织体内监督过失主体范围界定

船舶组织体内部结构属于直线职能型的组织类型,在船舶组织体系内部,船长是负责全船安全管理和指挥船舶的第一责任人,在保障水上交通人身安全与财产安全等方面具有独立决定权。在船舶下设的甲板部中,由大副作为甲板部的部门负责人,除航行值班外主管货物装卸、运输和甲板部的维修保养。而二副、三副在船长和大副的领导下除履行航行和停泊值班的职责外,分别主管航海仪器、航海图书资料和救生、消防设备。在船舶下设的轮机部中,由轮机长作为轮机部安全操作的主要负责人。在其下设大管轮、二管轮、三管轮,他们在轮机长的领导下除机舱运行值班外分管主机、设

① 尹静波:《海事安全管理中的量化风险评估》,上海交通大学出版社2015年版,第38页。

备副机、设备辅助锅炉等机电设备和系统。典型的船舶组织体内部结构如图1所示。

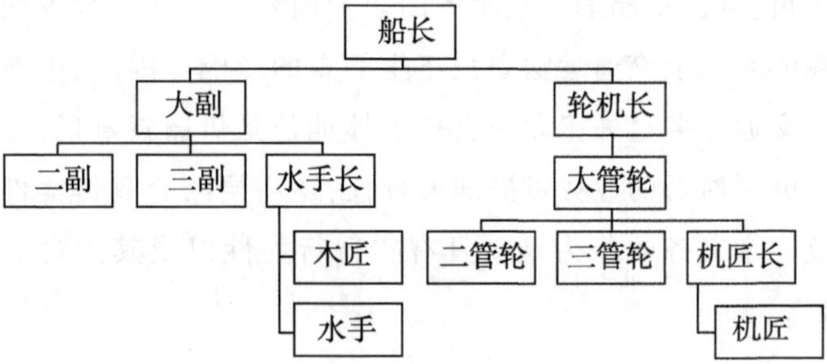

图1　船舶组织体内部组织结构图

值得注意的是,在船舶组织体内也同样存在协助和提醒的一般性合作关系,但是这种平行监督关系并不具有产生监督义务的基础,其行为人也就无法构成水上交通监督过失犯罪的责任主体。对此,有学者认为,行为人之间尽管不存在从属关系和领导与被领导关系,但是基于法律法规和义务性要求行为人必须相互协防、相互提醒以至相互监督,这种平行监督关系产生的共同的注意义务要求未正当履行监督义务的一方需要对另一方造成危害结果的过失行为承担监督过失的责任。① 其实不然。首先需要明确的是,船长与值班驾驶员或者值班轮机员之间的从属监督关系与夜间航行时多个值班水手之间的平行监督关系从本质上看是两种不同的监督关系。值班水手之间的平行监督关系虽然被称为监督关系,但

① 参见陈伟:《监督过失理论及其对过失主体的限定——以法释〔2007〕5号为中心》,载《中国刑事法杂志》2007年第5期。

是并不能产生指挥和受指挥的"法律意义上的命令行为"[①],而命令支配关系恰恰是认定监督者地位的重要因素。将平行监督关系理解为监督者产生监督义务的关系基础,从实质上背离了监督过失理论的初衷。而多个值班水手之间的平行监督关系实际上是基于职业规则而产生于"平等主体"之间的协作关系,这种瞭望业务上要求的协作关系是共同注意义务产生的根据。[②] 因此,平行监督关系不仅不符合监督过失理论产生的目的,而且与监督过失的行为构造不相符合。[③] 另外,如果在具有平行监督关系的主体之间适用监督过失理论追究其水上交通监督过失犯罪的刑事责任,不仅可能无限地扩大过失犯罪的成立范围,而且违背罪责自负原则。正如有学者对监督过失的存在范围的认识,监督过失只能是纵向监督关系,即监督者和被监督者之间存在领导或者从属关系。[④]

另外,对船长作为船舶组织体内部的直接行为主体和监督责任主体的情形应当有所界分。当船长作为值班驾驶员违反注意义务

---

① 易益典:《监督过失犯罪中的主体范围的合理界定》,载《法学》2013 年第 3 期。

② 进一步讲,正是基于这种业务领域职责的平等性才可能产生相互提醒、协作的共同注意义务,进而可能构成过失共同犯罪。从本质上来讲,缺乏意思联络是共同过失成立共同犯罪受到的最根本质疑。其实,在共同过失的情形下,虽然从事水上交通运输业务的个体之间并未像共同故意犯罪中那样进行明确的言语上的意思联络,但是其都怠于履行共同注意义务所要求的必要注意。无论这种主观心理联结是自发产生还是出自所在情境的相互感染,实际上他们已经达成共同不注意的默契,正是这种"懈怠默契"实现了意思联络所能达到的心理影响,同时也恰恰是这种相互补充、相互巩固的关系为每个具有共同注意义务的行为人提供心理支撑。

③ 参见谢雄伟:《论监督过失的体系定位、本质与类型》,载《广东社会科学》2015 年第 1 期。

④ 参见林亚刚:《犯罪过失研究》,武汉大学出版社 2000 年版,第 249 页。

时，应当追究其业务过失的主体责任，而当其违反船长作为船舶组织内部监管者的监督义务时，应当追究的是其监督过失的主体责任。然而，在航运实践中，当船长由于紧急情况而上驾驶台时极易出现将船长作为直接行为人的主体地位与其作为监督责任主体的地位相混淆的情形。对此，首先应当明确船长基于紧急情况上驾驶台的职责义务的性质。根据海船船员的值班规则，当船舶发生紧急情况或者值班驾驶员产生疑虑的情形时，一旦值班驾驶员执行报告行为，船长具有立即上驾驶台直接指挥的义务。[①] 这一规定可以视为对船长职责内容的阐述。一般情况下，船舶行驶在能见度良好、水域开阔和船舶密度小的水域时，仅仅需要值班驾驶员从事指挥、避让、通行和航行职责内容，而当出现紧急情况，如能见度不良、水域受限或者船舶密度大的特殊情形时，船长的职责内容即实现从对船舶和值班驾驶员的一般监督管理职责到具体执行船舶安全驾驶业务职责的转变，在其执行具体的驾驶业务时可能指定值班驾驶员专门进行雷达观测，也可能在船舶首部或者侧翼处设置专门的瞭望人员从而方便指挥。概言之，此时船长上驾驶台执行指挥驾驶业务是基于其自身的船舶驾驶业务的职责要求。如果由于船长的后续避让措施指挥不当或者其他违反注意义务的行为导致构成要件结果的发生，此时应当追究船长作为直接行为人的过失责任。

二、船舶组织体系内部监督过失主体追责层级的限定

从表面上来看，水上交通事故的发生甚至是构成要件结果的出现并不是船舶组织体系内部监督者的监督者过失行为直接引起，而

---

① 参见交通运输部2020年7月6日发布的《海船船员值班规则》第40条。

是在行为与结果的因果流程中因介入直接行为人的过失行为才导致危险结果的现实化，因此监督过失责任具有一定的间接性。但是，船舶组织体系内部的监督者实际承担的并非代位责任，而是基于自己的监督过失而未预见或未充分预见直接行为人的违规行为可能造成构成要件结果的监督过失责任。船舶组织体系内部的监督者之所以能够以相对间接的方式发挥直接的作用，原因在于船舶组织体内基于具体而明确的业务分工体制产生的支配关系，这种支配关系决定其监督者能够有效对直接行为人的行为予以指挥、决定、检查甚至是命令、制止。因此，在履行监督职责的情境中，船舶组织体系内部的监督者发挥了直接作用。这种作用力对于直接行为人来讲是直观有效的。也就是说，介入因素本身是由于船舶组织体内具有监督职责的监督者未履行监督义务而直接引起的。特别是在发布错误指挥命令的情况下，这种直接作用更加明显。如果其在履行职责过程中未履行或者未充分地履行监督义务，将可能构成水上交通监督过失的责任主体。

无论船舶航行还是港内停泊都需要遵守值班规则的一般要求。值班时，由值班驾驶员对船舶的安全航行负责，而值班轮机员需要对船舶机舱工作全权负责。因此，船舶组织体系内部的追责层级大致可以根据具体过失行为发生的部门，即船舶运行值班和机舱运行值班，将监督过失主体的追责层级从下至上划分为值班驾驶员—大副—船长和值班轮机员—轮机长—船长。[①] 大副作为值班人员时，

① 在没有值班轮机员的情况下，船舶组织体系内部的监督过失的追责主体则简化为轮机长—船长。例如，在“浙岭渔冷900××”船舶火灾事故案件中，就追究了船长和轮机长作为船舶组织体内部监督者的过失责任。参见浙江省台州市中级人民法院(2015)浙台刑一终字第360号判决书。

追责层级将简化为值班驾驶员(大副)—船长。一旦发生侵害水上交通公共安全法益的侵害结果,应如何限定需要追责的主体层级?对此,尽管刑法理论界对于应当从哪一起点来追溯监督过失主体追责层级限制问题有不同的观点,①但总体来说都是采用从结果到原因的逆向回溯思维模式进行主体层级的追责,甚至有学者认为,结果的危害程度是判断追责层级的重要方面,可以从中看出是否存在多级不当监督的行为,而且一般来说危害结果越严重,事件发生的原因就不会仅仅是由唯一原因引起的,并且原因的出现不可能是在短时间内一蹴而就的。② 这也就是说,危害结果越严重其追责层级可能越高。总体来说,在确定船舶组织体内的监督过失责任主体责任层级时,需要充分考虑水上交通公共安全法益的侵害程度、船舶组织体内监督者违反监督义务的过失程度、船舶组织体内监督者对于直接行为人过失行为的预见可能性以及在多个监督层级的情况下,船舶组织体内每个监督者的过失行为对构成要件结果的原因力。另外,在限定船舶组织体内部监督过失主体层级的过程中,除了采用逆向倒叙原则将具有违规行为的监督者纳入追责范围,还需要采用反向排除原则将不符合要求的监督者排除在水上交通监督过失的主体范围之外,从而防止不当扩大过失犯罪追责的范围。在船舶组织体系内部,业务组织分工的细密化和专业化,主要表现为

---

① 对此,有学者提出以直接行为人为起点向上追溯,也有学者提出应当以危害结果为起点对具有监督管理权限的主体层级进行限定,还有学者主张从内往外进行层级追溯。从本质上来讲,都是从危害结果到原因的逆向思维模式。参见张凌:《论过失犯罪中的监督过失责任》,吉林大学1995年博士学位论文;王德运、李秀沛:《监督过失犯罪主体的司法认定》,载《中国检察官》2011年第8期。

② 参见陈伟:《监督过失理论及其对过失主体的限定——以法释〔2007〕5号为中心》,载《中国刑事法杂志》2007年第5期。

具体岗位之间的支配约束。处于监督者地位的船长、大副等与被监督者值班驾驶员等之间的这种约束具有实际的支配力,值班驾驶员应当服从船长提出的航行命令、值班安排等其他合理化安排。因此,在保证监督者与被监督者之间具有支配的监督关系前提下,应进一步将可能发生监督过失中断的情形排除在外。正如上文所述,水上交通过失犯罪以多种过失竞合为主要特征,包括横向的过失竞合和纵向的过失竞合,其中船舶组织体内部的监督者与被监督者之间的过失就是典型的纵向过失竞合的情形。在船舶组织体系内部,无论从单个直接行为人向上追责还是多个行为人向上追责,负有监督义务的主体可能具有多个层次。例如,值班水手违反基本注意义务未保持正规瞭望,值班驾驶员是直接的监督者,在其之上还有大副作为驾驶部的负责人进行监督,大副之上还有船长作为安全管理的总指挥人。这些船舶组织体内部的监督者可能同时都存在监督过失被追究水上交通监督过失的责任。但也有可能其中的某一层级并不存在过失,此时将出现过失中断的问题。在这种情形下,未发生监督过失的那一层级的监督者由于没有违反监督义务将排除在船舶组织体内部的监督过失主体范围之外,而这一层级的监督者之上一级的监督者也不应当追究其刑事责任。因为无论上一级监督者是否具有过失,其下级监督者的正当行为已经将原因力完全阻断,因此也应当将其排除在船舶组织体内部的监督过失主体范围之外。

第三节 水上交通管理过失犯罪的主体范围及认定

以船舶为组织体形态从事具有高风险性的水上交通运输业务时,航运公司作为最主要的航运管理者具有建立安全管理体制的义务,从而防止水上交通领域的风险因素造成水上交通公共安全法益的侵害。对此,为保障水上交通领域的公共安全实现并结合我国船舶的实践情况,2008年1月1日实施的《航运公司安全与防污染管理规定》明确规定,航运公司需要建立安全管理体系或者建立安全与防污染管理制度。目前,我国现有船舶正在逐步建立安全管理体系,截至2018年11月,我国交通运输部已经下发对第四批船舶生效的公告。其中,保障船舶和水上交通从业者的安全管理是整个安全管理体系的重要组成部分,包括保证船舶的适航性,配备符合最低安全配员要求的适任船员,并根据船舶种类、航区定期组织应急训练等以防止水上交通事故的发生。航运公司作为船舶组织体的管理者因怠于确立安全管理体制而导致水上交通事故,造成严重危害结果的,可能被追究水上交通管理过失的刑事责任。

一、水上交通管理过失犯罪主体范围和责任主体认定

(一)水上交通管理过失犯罪主体范围

在对船舶不同管理情形的责任主体进行认定之前,首先应当对目前常见的船舶管理经营形态进行简要的说明。在航运经济和技术日益发展的今天,船舶管理经营方式日趋多样化,这导致与船舶组织体内部直接责任人的判断相比,组织体外部的管理责任主体的判断更加复杂。由于船舶所处的法律状态不同,航运公司的管理责

任主体主要包括以下三种情形:(1)船舶所有人、光船承租人。船舶所有人是海上运输活动中享受权利和承担义务的主体,对船舶享有完全的占有、使用、收益和处分权利。光船承租人是依照租船合同的约定对船舶享有占有、使用和收益的权利主体,在光船租赁期间光船承租人是船舶实际占有、控制和经营者。(2)船舶经营人。尽管“船舶经营人”这一法律术语在我国《海商法》第 21 条、第 204 条第 2 款以及《船舶登记条例》第 14 条均有提及,但是目前,我国立法并未对这一法律术语进行明确概念上的界定。但根据《1986 年联合国船舶登记条件公约》的规定,船舶经营人是船舶所有人或光船承租人,或经正式转让而承担两者责任的企业法人的总称。船舶经营人是实际使用和控制船舶进行经营活动的主体。以海上滚装船舶为例,滚装客船经营人具有加强对滚装船的安全管理并完善安全管理体系的作为义务,具体包括:综合考虑船舶安全开航的限制条件、滚装船舶的承载能力制定船舶系固手册以明确具体要求和方案,在公共场所的安全明显标志和制定应急措施,规定组织应急演习的具体次数,确保配备足够、有效适任的船员。当船舶所有人、光船承租人将船舶转移给船舶经营人经营时,转移的不仅仅是经营权,而且包括对船舶的安全管理和保证船舶安全生产的权利。(3)船舶管理人。在我国也被称为“船舶管理业务经营者”①,是接受船舶所有人、光船承租人或者船舶经营人的委托而在授权范围内从事船员招聘、训练和配备以及保证船舶技术状况和正常航行等其他船舶管理服务,但是不负责船舶经营的管理企业。航运实践中,

---

① 船舶管理业务也是水路运输辅助性业务经营活动的一种类型。参见 2014 年 3 月 1 日实施的《国内水路运输辅助业管理规定》第 2、6 条。

为明确双方的责任和权利,船舶所有人与光船承租人,通常与船舶管理人签订符合主管机关规定的管理协议,内容包括船舶管理公司同意承担包括安全管理在内的所有责任和义务,以便船舶管理公司在处理涉及船舶安全和防污染事务时具有最终决定权。

(二)水上交通管理过失犯罪责任主体认定

为保障船舶安全运营,作为船舶组织体管理者的航运公司具有建立安全管理体系或者制度的义务。然而,不同于船舶所有人可能以个人船东的自然人身份出现,船舶管理人一般都是具备与所管理船舶航区等相适应的管理机构和组成人员的单位。但是,航运公司作为单位本身并不是水上交通过失犯罪的主体。对此,有学者认为,管理者责任绝大多数在单位犯罪中出现,因此,在追究管理者的责任时需要事先认定单位犯罪的存在,否则不能追究管理者的刑事责任。① 的确,单位犯罪双罚制的特征要求不仅对单位判处罚金,而且需要对直接负责的主管人员和其他直接责任人员判处刑罚,这与在水上交通管理过失犯罪的场合中负有管理过失责任的直接负责的主管人员的责任主体范围有交叉,但是单位犯罪与水上交通管理过失犯罪从本质上有根本性的区别。刑法意义上的单位犯罪是经单位集体研究并由单位整体意志支配的产物,一般由单位相关人员具体实施,具有为单位谋取非法利益的特征。基于此,单位犯罪中直接负责的主管人员和其他直接责任人员承担的是单位作为一种拟制主体无法承担的人身性处罚,这种承担的基础在于直接负责的主管人员和其他直接责任人员,虽然其意志和行为不能脱离单位的整体意志,但其本身并非完全受制于单位,是单位的手脚,反而是

① 参见韩玉胜、沈玉忠:《监督过失论略》,载《法学论坛》2007 年第 1 期。

可以选择合法行为的相对独立的个体。正是基于这种相对自由的意志,其选择参与或者积极促成单位犯罪行为是其承担刑事责任的根据。从本质上来看,这是一种代表责任。而在水上交通管理过失中,直接负责的主管人员和其他直接责任人员作为责任主体承担的是基于自己履职的疏忽,对所具有管理权限的事项应当履行却不履行或者不充分履行的法律责任,这种情形根据主客观统一的原则有论责的必要,所以从本质上看是一种个人责任。另外,这两者之间也并不存在前提与结论的关系。追究水上交通管理过失犯罪主体的刑事责任并不以构成单位犯罪为基础条件。况且,我国刑法对于单位犯罪采取法定主义,即对法律规定为单位犯罪的应当追究单位作为犯罪主体的刑事责任,而对没有规定能够成为单位犯罪主体的,无从追究单位作为犯罪主体的刑事责任。也就是说,水上交通过失犯罪体系下的罪名只能由自然人构成。因此,认为"认定单位犯罪是追究管理者刑事责任的前提条件"的观点,实质上是一种单罚制单位犯罪观点衍生出的个人责任规避,它强化了企业责任以逃避个人违反管理注意义务的过失行为导致的法律后果,将本应该予以犯罪化的行为以不符合单位犯罪之名而排除在犯罪圈外。[①]

航运实践中,航运公司建立健全安全管理体系或者制度的基础是具备安全管理职能组织机构,通常的航运公司涉及船舶安全的管理组织机构通常是总经理—指定人员—副总经理的一套自成体系的指挥命令模式。具体管理组织结构图参见图2。在航运公司管理组织机构中,全面负责公司安全管理体系建立并需保证公司安全管

① 参见谢治东:《论单罚制单位犯罪在刑法上之否定》,载《甘肃社会科学》2010年第6期。

理体系的适应性、有效性的总经理和分管船舶经营、人力资源和船舶海务、机务的两位副总经理共同组成公司的最高管理层，对船舶安全管理负有决策和管理责任。其中，与船舶安全管理具体事项相关的部门包括海监室①和机务部。具体来看，海监室主管公司船舶的海务管理、安全管理检查，并负责制定海务安全的关键性操作计划。机务室负责公司船舶与设备的机务管理，确保船舶与关键设备、系统的技术状态能够满足安全营运的需要。在公司最高管理层的指示下，以文件形式任命一名或者数名的指定人员，通过其对船岸的安全管理体系营运情况进行监控确保公司能够向船舶提供足够的资源和岸基支持。指定人员是公司和船舶之间专门就安全事务进行联系的特殊渠道，在一定情况下指定人员不仅可以与公司的最高管理层进行沟通，而且享有直接供给资源和进行岸基支持两个层面的控制权，具有监控人员培训和船员配备、关键性操作方案执行情况以及船岸应急准备及训练演习等职责。对此，《交通运输部海事局关于进一步做好航运公司安全监管工作的通知》中要求加大对公司岸基及船舶安全与防污染管理活动的审核力度，从船舶组织体系外部重点突出了总经理、指定人员作为船舶组织体外部管理责任主体的岗位要求。

① 航运实践中，也有航运公司下设安全监察部或者安技部作为专门的安全监督部门来履行船舶和船员安全管理职责，与海监室的具体职能相似。笔者经过对目前国内目前的较大的航运企业组织机构的整理，发现在其组织结构中下设安全管理部门的情况如下：其中，长江航运集团有限公司下设安全生产部；中海散货运输有限公司、福建省交通运输集团有限责任公司下设安全监督部；华远星海运有限公司、广州粤点航运公司下设安全监察部；国航远洋集团的安全监督管理委员会下设安技部；宁波海运股份有限公司下设安全管理部；山东海运股份有限公司、山海瑞宁航运有限公司下设安全技术部；中原海运特种运输股份有限公司下设安全质量部/风险管理部，洲际船务集团下的船管公司下设监督部。

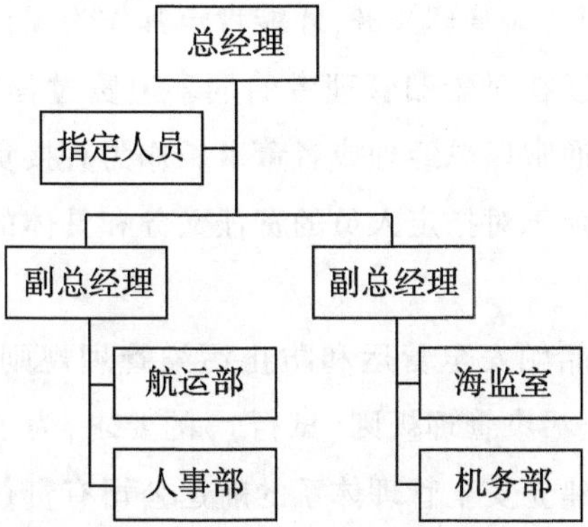

图 2　航运公司安全管理组织结构图

应当明确的是,主要负责人即总经理是安全管理的第一责任人。基于地位崇高性,其履行安全管理的义务具有绝对性。而指定人员能否具有管理过失主体的地位通常是基于其是否从实质上承担船舶安全管理的义务,也就是事实上从事船舶的安全管理业务。虽然我国相关规定赋予了指定人员安全管理的地位,但是如果其并不具有实质权限,那么不应追究其水上交通管理过失犯罪的刑事责任。对此,从日本最高院对同是需要建立安全管理体制的大规模火灾事故中的判决说理中就可以初见端倪。在大洋商场火灾案件中,法院基于管理权原者对防火管理的总括性权限认定其防火管理义务的绝对性,这意味着即使管理权原者并未实际从事防火管理业务也不影响其管理过失责任主体地位的确立。而同时来源消防法上概念的防火管理人能否作为管理过失责任主体主要在于其业务的实际承担。① 也就是说,只有防火管理人被赋予实际的管理权限并

① 参见曹菲:《管理监督过失研究:多角度的审视与重构》,法律出版社 2013 年版,第 105 ~ 113 页。

且事实上也承担防火管理义务,才能肯定其作为保证人的地位。目前,我国司法实践在对船舶管理者的刑事追责过程中,根据具体的机构设置差别,通常以总经理或者董事长作为直接负责的主管人员进行刑事追责,疏于对指定人员的责任义务和具体的实行情况进行分析。

根据《国际船舶安全营运和防止污染管理规则》与我国《船舶安全营运和防止污染管理规则(试行)》的要求,为了使指定人员能够履行其职责,建立安全管理体系的航运公司有责任确保提供足够的资源和岸基支持。在航运管理者能够确保为指定人员提供物资、人员以及技术、信息等资源支持的前提下,对于指定人员疏于对船舶安全管理体系进行监控造成严重危害结果的行为也应当纳入水上交通管理过失的追责范围。对此,笔者将结合两则水上交通事故进行指定人员管理过失责任判断的评述。2013 年 11 月,天津紫海航运有限公司所有的干货船"紫海顺"轮由广东惠州港装载石油焦 4509 吨在开往辽宁鲅鱼圈港途中遭遇大风浪,货舱进水产生自由液面导致船舶倾覆沉没,事故造成 9 人死亡、5 人失踪,直接经济损失约 2000 万元人民币,构成重大水上交通事故。① 事故调查报告的最后一部分"相关责任人和单位处理建议",除了建议对直接业务过失行为人、实际经营者进行追责以外,将具有安全管理义务的航运管理公司的总经理和指定人员也纳入刑事追责的处罚范围内,建议以《刑法》第 135 条重大劳动安全事故罪追究刑事责任。从安全管理层面来看,依据船舶所有人天津紫海航运有限公司与黄石市恒风海运有限公司签订的《船舶管理协议》,恒风公司作为航运管理

① 参见《青岛"11·25""紫海顺"轮沉没事故调查报告》。

者应当按照体系文件规定履行安全管理责任。恒风公司在船舶管理、船员管理方面背离了其体系文件的相关规定，导致实际在船人员并未达到最低安全配员，且未能有效发现并解决“紫海顺”轮的不适航状态而存在的安全生产问题。恒风公司没有有效履行对“紫海顺”轮的安全管理责任，其名义上从事安全和防污染管理，实质上却是由“紫海顺”轮的实际船东、经营人高某进行船舶的安全管理控制。在这种情形下，追究恒风海运有限公司总经理作为安全生产第一责任人的管理过失责任毋庸置疑，但是却不应当追究指定人员的管理过失责任。原因在于，尽管指定人员作为公司岸基主要管理人员，是船舶与公司之间的重要渠道，在安全管理体系有效执行的过程中处于关键角色，但是，指定人员行使职责的基础在于公司即最高管理层能够保证和提供必要的资源和岸上支持，在缺少对安全管理体系运行直接控制权的情况下很难期待指定人员能够完成安全管理体系监控和保障的履职义务。也就是说，在公司安全生产严重缺位的情况下，指定人员也难以有效发现并解决“紫海顺”轮存在的安全生产问题，要求其对安全管理体系的运行进行全方位和整体监控与评价更是强人所难。因此，调配权力的缺失和岗位责任的模糊导致追究其管理过失的刑事责任尚缺乏理论依据。

相反地，如果航运管理者建立安全管理体系并且切实“代而又管”，作为监控者和保障者的指定人员未按照规则和职业要求的行为应当归纳为“未能有效发现并解决船舶存在的安全生产问题”，进而应当考虑追究其管理过失的刑事责任。2017 年 5 月，江苏华江海运有限公司管理的中国籍散货船“华江 1”轮满载自秦皇岛港驶往江阴港途中，在渤海湾中部与锚泊的中国籍木质渔船“冀乐渔 03002”轮发生碰撞，导致渔船倾覆，造成 2 人死亡、6 人失踪的较大水上交通事故。事故调查认定,“华江1”轮二副航行值班期间,未保持正规瞭望,未充分利用视觉、听觉及所有其他可用的方法对当时环境和情况保持连续戒备,未能及早发现和避让锚泊中的“冀乐渔03002”轮,并且船长在发现本船与渔船发生碰撞后,并未组织施救、未向主管机构报告,应对本起碰撞事故负主要责任。① 从目前在中国裁判文书网上查找的相关刑事判决来看,仅有“华江1”轮的船长陈某被追究刑事责任。② 事实上,从安全管理体系的建立情况来看,“华江1”轮的船舶管理人江苏华江海运有限公司于2008年便开始建立、实施和保持安全管理体系。但是在事故发生后,江苏华江海运有限公司指定人员徐某接到该轮报告后,仅仅通过电话询问了相关船员,并未对船舶提供资源和岸基支持,既没有向航运公司的总经理和海事管理机构报告相关情况,也没有立刻指导船舶采取适当的应急行动,反而隐瞒事故信息,在其授意下船长对船舶碰撞痕迹进行涂刷覆盖,因此,指定人员在能够履职的情况下,却默许船长及船员隐瞒事故发生,并未正确处理事故险情的行为应当纳入刑事追责的范围。

二、一般管理情形下责任主体限定

我国航运公司的现有管理模式,主要分为两个类型。一是船舶所有人自主管理模式,也就是船舶所有人独立承担包括船舶管理在内的航运管理以及船员配备等责任和义务。在这种情形下,船舶所有人作为船舶安全管理的实际控制人和管理人,应当承担建立和落实安全管理体制或者制度的义务。如果船舶所有人有建立安全管

---

① 参见《大连“5·8”“华江1”轮与“冀乐渔03002”轮碰撞事故调查报告》。

② 参见河北省秦皇岛市海港区人民法院(2019)冀0302刑初226号判决书。

理体制的现实履行可能性和结果回避可能性,其违反安全管理体制确立义务的行为将可能构成水上交通管理过失犯罪。二是委托管理模式,即船舶所有人作为出资人,将船舶委托给其他公司进行管理,这一模式又细分为委托经营、管理和仅委托船舶管理公司进行专门管理的情形。在仅委托经营的情形下由于不涉及安全管理责任的转移,因此水上交通过失犯罪的责任主体也并未相应发生转移。而在委托管理责任的一般情形下,船舶管理公司根据船舶管理协议负责船舶的安全营运和防止污染管理,船舶所有人的安全管理责任发生转移,由船舶管理公司对涉及船舶安全管理的事务承担相应的责任和义务。在这种情形下,船舶管理公司的相关责任人一旦违反安全管理的注意义务,就将成为水上交通管理过失的责任主体。另外,船舶管理公司配备有与所管理船舶船种、技术程度和船舶航区相适应的管理机构和管理人员,具有应对船舶载体内可能出现的紧急情况和能力,并且建立与所管理船舶保持随时联系的值班制度。因此,一般情形下船舶管理公司具备向船舶提供足够的资源和岸基支持并为船舶配备满足最低安全配员要求的适任船员等现实的履行可能性,而且如果能够确保船上人员掌握安全操作技能并加强对船舶安全的应急反应训练,一旦发生水上交通事故,发挥平时训练成果也可以回避人员伤亡等结果。如果船舶管理公司不履行或者不完全履行建立安全管理体制或者制度的义务,追究船舶管理公司中直接负责的主管人员和其他直接责任人员的重大劳动安全事故罪的刑事责任也是具有合理性的。然而在司法实践中,刑事责任的主体讨论多集中于引起水上交通事故的直接行为人,而对具有建立安全管理体制或者制度义务却不履行的实际船东或者船舶管理公司却往往忽视其过失行为的法益侵害性。例如,在“粤广州货03××”沉没事故中仅追究直接行为人操作不当造成8人溺水死亡的交通肇事罪刑事责任，而对于航运管理者未履行确保航次最低安全配员、对船舶的安全营运进行监控、核定载重线装载货物等安全管理职责的行为，并未追究重大责任事故罪或者重大劳动安全事故罪的刑事责任。①

一般情形下，船舶所有人、经营人与船舶管理公司签订经营管理协议，由具有健全安全管理机构和配备专门安全管理人员的船舶管理公司履行建立安全管理体系或者制度的义务，从而对船舶进行实质性的管理。在其不履行或者不完全、充分履行安全管理的义务造成严重侵害水上交通公共安全法益的，应当追究其管理过失责任。船舶管理公司的相关责任人员也便成为水上交通管理过失犯罪的当然主体。例如，郑某甲将其作为船舶所有人和经营人的货轮“闽宁德货06××号”挂靠在福安市江祥和船舶有限公司进行经营管理。船舶委托经营管理合同中约定福安市江祥和船舶有限公司负责经营管理并承担所接受委托船舶的安全管理责任，在经营生产管理中有监督责任，应当及时检查隐患并提出整改方案。该公司明知该船配员与适任存在问题，不但未督促整改，反而提供有船员适任证书的船员冒充货轮船员取得船舶营运证书。之后，无证驾驶船员在选择锚泊水域时因疏忽大意采取应急措施不当导致货船翻沉致3人死亡。② 本案中，船舶管理公司基于安全管理职责具有安全管理的义务却对挂靠船舶疏于安全管理和检查，只是传达海事部门下发的文件和为船舶办理手续等，郑某乙作为船舶管理公司的直接

① 参见《广州致8人溺亡沉船案肇事船长获刑3年》，载东方网，http://news.eastday.com/c/20081213/u1a4041586.html。

② 参见福建省宁德市中级人民法院(2015)宁刑终字第102号判决书。

责任人应追究刑事责任毋庸置疑。然而,最终法院也追究了郑某甲作为船舶实际管理人的刑事责任。法院认为,郑某甲基于船舶的实际管理人地位,违反经营管理规定,聘用不具备船员证书的人员从事船舶驾驶和操纵业务导致水上交通事故发生。对此,应当明确的是,与船舶管理人基于对危险源的支配产生管理义务而承担刑事责任的根据不同,郑某甲承担刑事责任的根据在于其雇请不具备船员证书人员的先行为造成了法益侵害的紧迫性。因此,法院认定郑某甲、郑某乙构成重大责任事故罪具有合理性。这也就是说,基于委托管理协议,原属于船舶所有人的船舶安全管理义务已经发生转移。船舶管理公司根据安全管理体系或制度的要求产生管理船舶安全与防污染的义务,其需要全面有效实施安全管理措施。如果船舶所有人的实际管理行为违反安全管理规定并且对法益侵害造成紧迫危险,在危险现实化的过程中,也并未采取积极的防果措施,那么其也将成为水上交通管理过失犯罪责任主体。

航运实践中,对于超过船舶委托管理合同或者协议有效期间发生水上交通事故的情形,刑事责任主体应当如何确定也是一个需要明确的问题。沅江市"10·5"重大水上交通事故案就是这样的情形。"湘沅江机0073号"货船的实际所有人与湖南省洞庭湖船舶运输有限公司于2011年8月10日签订委托管理合同,有效期至2012年8月10日。管理期间,湖南省洞庭湖船舶运输有限公司为货船办理相关营运证书并按照公司管理制度进行安全管理。到期后未续签合同公司仍然依约管理。2012年10月5日,"湘沅江机0073号"在适任船员不足的情况下违章开航,与陈某驾驶的农用船发生碰撞造成12人死亡的特大水上交通事故。经法院审判,双方驾驶员均以交通肇事罪予以追责。① 事故调查报告在事故责任分析和责任人的处理建议中，对船舶实际所有人建议追究刑事责任。然而，目前并无船舶实际所有人和船舶管理公司的相关责任人被刑事追责的相关信息。在这个案件中，从表面上看，按照约定，事故发生时船舶管理公司的管理责任义务已经随着合同到期而终止，应当将船舶管理公司排除在刑事追责的主体之外。实质上，船舶管理公司在合同期限届满后仍然对船舶实施安全管理，可以认为其是事实上承担船舶安全管理责任并且具有实质管理权限的主体。在这种情况下，其未有效掌握船舶安全运行动态和船员情况，未及时发现和督促整改船员持失效证件上岗且未组织船舶进行应急演练的行为将构成水上交通管理过失犯罪。

三、管理错位情形下责任主体限定

航运实践中，船舶委托经营管理的模式较为常见。然而，随着水路运输行业的进一步规范化发展，一些没有水路运输经营资质的个体运输船舶为了逃避监管，将其所有的船舶所有权登记在具有水上交通运输运营资质的单位名下，船舶实际所有人以其名义对外进行船舶水路运输活动，而被挂靠企业事实上并不参与船舶实际安全管理而仅收取管理费，导致发生登记的船舶管理人和实际管理人相分离的管理错位情形。换句话说，就是建立安全管理体制或者制度的船舶管理公司未履行船舶安全管理的注意义务，而未建立安全管理体制甚至是并无安全管理措施的船东进行包括船舶安全管理在内的一切经营管理业务。这种情形较多发生在我国的内河水域。正因如此，交通部于2006年3月8日发布《关于进一步加强国内船

① 参见湖南省沅江市人民法院(2014)沅刑初字第109号判决书。

舶运输经营资质管理的通知》,要求各级交通主管部门加大监督检查力度,对“代而不管”①等未落实安全管理主体责任的船舶管理企业依照法律规定予以行政处罚。从形式上看,这种船舶管理权和实际管理人相分离的管理错位情形最典型的特征就是在船舶经营管理协议中直接约定由实际所有人负责安全管理以及其他船员配备等具体船舶安全营运事项,而具有水路运营资质的企业仅仅需要协助办理手续等。在这种情形下,一旦造成严重的危害结果,应该如何确认责任主体的范围?实际上,这种情形下刑事追责的过程中对责任主体的范围认定存在不同,既有只追究船舶管理公司相关责任人作为水上交通管理过失主体的刑事责任的,也有只追究船舶实际管理人作为水上交通管理过失主体的刑事责任的,还有概不追究的情形。下面将通过四个案例对此进行明确说明。

案例一:“锐丰 329 号”船主陈某与桂平市锐丰船务有限公司签订船舶委托经营管理合同,约定由陈某实行自主经营管理,包括聘请并负责对船员进行安全教育和管理。该公司虽然建立符合日常管理设置的组织体系,但是却未对船舶落实安全主体责任,在船员的安全教育和安全隐患的排查方面不能达到安全管理体系的要求。实际工作中该公司也仅仅负责代办证书和保险事项,以及转发航行相关信息和管理信息。陈某和李某轮流驾驶“锐丰 329 号”船的过程中与客渡船发生碰撞,造成 20 人死亡。经调查认定,“锐丰 329

① 航运实践中,这种“代而不管”又称“挂而不管”。中国海事局于 2010 年 7 月 26 日下发的《关于航运公司安全管理体系审核若干问题的通知》规定,这种代而不管现象可以细化为代而不让管、代而管不了、代而不想管。应当说,无论是船舶管理公司客观上管理能力欠缺还是不想进行管理的情形,甚至是船东阻挠管理公司进行船舶安全管理的情形,航运管理公司基于其法律制度上的主体地位,都应当对其疏于建立安全管理体制而造成的水上交通公共安全法益侵害承担管理过失责任。

号”船具有超核载货物 109 吨、超出核定载重线 0.22 米的事实，而且作为附有法定让路义务的“锐丰 329 号”船舶未有效及早地让开航路，负事故主要责任。法院认定陈某和驾驶员构成交通肇事罪。[①] 而并未追究船舶管理公司锐丰船务有限公司相关责任人的刑事责任，仅在事故调查报告中提出对锐丰船务有限公司和公司法人兼经理进行行政处罚的建议。

案例二：孔某将实际所有的主要经营运输海砂业务的“浙苍机688”轮挂靠于苍南县龙港运输有限公司。双方协议约定孔某以公司名义对外经营、自主招聘船员等，公司负责协助其办理检验等法定证书和船舶保险、货运保险等方面的手续，包括安全管理在内的经营管理由实际所有人孔某负责。之后孔某私自对船舶进行改装加装漏水盖板、加高挡浪舷墙、人为封堵甲板等。2014 年 5 月，“浙苍机 688”轮在装砂后启航回港时遭遇恶劣海况和天气发生船舶自沉事故，导致 3 人死亡。法院最终认定孔某作为实际经营管理人构成重大劳动安全事故罪。[②]

案例三：“金宏机 8899 号”船舶所有人李某与周某担任法定代表人的金宏船舶有限公司签订委托经营管理协议，约定“金宏机8899 号”船舶以公司名义从事运营，实际的船舶运营管理由实际所有人李某负责。周某明知船检师未对船舶散装水泥罐进气管道安全阀和报警装置进行检测仍然予以签名认可。在码头卸货时，因现场作业人员违规操作岸上的空气压缩机导致船舶沉没，致 1 人死亡。法院认定李某和周某构成重大责任事故罪。[③]

① 参见广西桂平市人民法院(2013)浔刑初字第 41 号判决书。

② 参见浙江省苍南县人民法院(2015)温苍刑初第 1294 号判决书。

③ 参见安徽阜阳市中级人民法院(2015)阜刑终字第 00537 号判决书。

案例四:2014 年 11 月,被告人卢某出资 750 万元购买了“粤东莞货 0989 号”自吸自卸式砂船,挂靠在东莞市泓海船务有限公司,核定经营范围为广东省内河各港间普通货物运输。卢某作为实际船主兼日常管理员,并担任该船二副,仅持有操作 500 总吨以下的船员适任证书,而其雇请的林某勇等 9 人均无船员适任证书,且日常生产过程中均未进行必要的安全生产培训,该船在未办理相关审批手续的情况下,长期跨水域、跨核定经营区域在福建省沿海海域作业。被告人吴某作为东莞市泓海船务有限公司的法定代表人和安全生产第一责任人,在“粤东莞货 0989 号”轮挂靠该公司生产经营的过程中,未对该船进行实质性经营管理,明知该船存在跨航区营运、船只配员不适任等问题,仍未切实有效督促整改落实,以致该船在船员均不具备相应适任证书的情况下在福建一带水域继续生产经营。在本案中,既追究作为实际所有人、管理人卢某的管理过失责任,①也追究了挂靠公司吴某作为安全生产第一责任人的管理过失刑事责任。②

事实上,在案例一中,法院认定陈某的过失责任是基于其驾驶操作不当的业务过失,而非其作为船舶实际管理人的管理过失。因此,可以认为法院在实际管理人和船舶管理公司均存在违反水上交通安全管理规定的过失行为时,对于船舶管理公司的相关责任人和船舶实际管理人均未追究其管理过失的刑事责任;而案例二仅仅追究船舶实际管理人的刑事责任,尽管事故调查报告报告认定,苍南县龙港运输有限公司和实际经营管理人均未履行安全生产主体责

---

① 参见福建省宁德市中级人民法院(2018)闽 09 刑终 502 号判决书。

② 参见福建省福鼎市人民法院(2019)闽 0982 刑初 285 号判决书。

任的行为是水上交通事故发生的重要原因,但是最终仍未追究龙港运输有限公司相关责任人安全管理不到位的刑事责任。案例三则对违反监管注意义务的船舶实际所有人和船舶管理公司直接责任人均追究其管理过失的刑事责任。总体来说,这三个案例都属于典型的登记船舶管理人和实际管理人相分离的管理错位情形,但在实际的处理中,不同法院对管理主体的范围认定有所不同。应当明确的是,在这种管理错位的情形下,无论是基于法律规定的管理义务还是基于事实上的管理关系都可能成为水上交通管理过失犯罪主体的认定标准。正因如此,在危害生产安全刑事案件的相关司法解释中都会对重大责任事故罪和重大劳动安全事故罪的责任主体范围进行概括性地说明,①这充分体现对管理者地位的认定采用法律上的管理义务和事实上的管理关系兼顾的形式和实质判断方法。具体来看,船舶管理人基于船舶安全管理协议,承担所有有关安全管理的责任和义务。其中不仅包括对船员的配备和调用、设备的维护和管理,还包括应急反应等方面。与船舶所有人、经营管理人等达成的民事协议或者是免责条款并不足以否定船舶管理人作为刑事责任主体的地位甚至因此否定对其予以刑事非难。刑事责任主体的认定也有别于民事责任主体的认定。而船舶的实际所有人基于事实上的实际支配地位而具有实际的管理权限,包括对安全管理有关事项的指挥、决定、训练或者命令、检查。应当注意的是,事实上的支配管理关系并不必然导致船舶实际管理人必然成为水上交通管理过失的责任主体。能够对危险源进行实际控制仅仅是一个

① 参见最高人民法院、最高人民检察院2015年12月14日发布的《关于办理危害生产安全刑事案件适用法律若干问题的解释》第1~2条。

侧面,对其违反安全管理规定的先前行为造成的水上交通公共安全法益紧迫危险而未履行或者未充分履行结果避免义务也是船舶实际管理者承担水上交通管理过失刑事责任的重要根据。概言之,在管理错位的情形下,被挂靠的船舶管理人和船舶实际管理人分别基于法律制度上的管理义务和事实上的支配控制权,均可能成为对水上交通管理过失的责任主体。

第六章　水上交通过失犯罪主观特征之注意义务分析

我国刑法对犯罪过失这种主观上值得非难的心理态度是通过认识因素和意志因素两方面内容来充实其内涵特征的。对此,大陆刑法理论中对犯罪过失的认识,则是通过注意义务和注意能力两方面重要的组成部分进行。具体来看,水上交通过失的本质是对法律规范以及水上交通业务惯例等所要求的注意义务的违反。然而,这种注意义务的违反尚不足以对水上交通过失主体进行非难,只有确认其在具有注意能力的前提下违反注意义务才符合水上交通犯罪过失的当然内涵。应当说,无论水上交通领域的疏忽大意的过失还是过于自信的过失,都可以通过这两个方面进行说明。因此,本章将从注意义务层面对水上交通过失主体的过失内容进行考察。

第一节　水上交通过失不同主体的注意义务内容与根据

作为过失犯核心内容的注意义务，是广义刑事法律义务的一种，是认定行为人成立过失犯的重要条件。可以说，注意义务是犯罪过失理论中最为核心的问题，对其进行探讨有利于正确理解过失犯罪的理论内容。“所谓注意义务，是行为人在为某一行为时应当注意有无侵害某种法律保护的法益内容，在不为某一行为时应当注意有无违反某种具体特定法律义务的责任。”[①]对于注意义务的内容，刑法理论界主要存在以下三种观点：第一种观点是立足于结果无价值论的旧过失论，认为注意义务是保持神经的高度紧张和谨慎以预见结果发生的主观心理义务。例如，山口厚教授认为，作为与故意相并列的责任形式，过失即是对构成要件该当事实的预见可能性。[②] 第二种观点是立足于行为无价值论的新过失论，认为注意义务是行为主体在客观上必须履行的作为或者不作为以防止结果发生的客观行为义务。第三种观点认为，注意义务是集客观层面的行为义务与主观层面的心理义务两者的统一体。“过失犯的责任非难的根据即便在于以预见可能性为基础的、对精神性紧张的懈怠，但是根据预见可能性本应采取的相应措施即结果避免行为则从反面

① 参见陈兴良：《刑法哲学》，中国政法大学出版社2004年版，第193页。

② 参见［日］山口厚：《刑法总论》，付立庆译，中国人民大学出版社2011年版，第225页。

显示出结果避免行为所要避免行为的实质性危险。"[①]这也是日本刑法理论界的通说观点。[②] 对此,我国刑法理论界也几乎毫无争议地认为注意义务的内容应当包括结果预见义务和结果避免义务。其中,认为注意义务包括危险认识和结果避免两方面内容的观点,[③]本质上也是从保持意识紧张和集中认识行为可能产生危害结果的义务以及在已经预见到上述情形时应当保持意识紧张和集中采取措施的义务两个层面分别进行结果预见义务和结果避免义务的阐述。正如有学者所言,保护社会关系最终是要通过采取一定结果回避措施来实现的,而采取结果回避措施也要由一定的主观心理来支配。[④] 尽管我国的刑事立法并未明确适用注意义务的概念,但是已经体现注意义务的实质内容。[⑤] 从此意义上来看,注意义务应当是结果预见义务和结果避免义务的有机统一。

一、水上交通过失不同主体的结果预见义务内容

作为注意义务的首要内容,结果预见义务是要求行为主体能够保持注意力集中并且意识紧张,从而认识到自己的行为可能产生构成要件结果的义务。但是,行为主体对于应当预见的危害结果形态是要求达到一定高度可能性还是只要求能够预感会发生危险即可?对此,刑法理论界形成两种不同的观点。一种观点是"具体结果

---

① [日]西田典之:《日本刑法总论》,王昭武、刘明祥译,法律出版社 2013 年版,第 232 页。

② 参见[日]大塚仁:《犯罪论的基本问题》,冯军译,中国政法大学 1993 年版,第 243 页。

③ 参见李海东:《刑法原理入门(犯罪论基础)》,法律出版社 1998 年版,第 147 页。

④ 参见程皓:《注意义务比较研究——以德日刑法理论和刑事判例为中心》,武汉大学出版社 2009 年版,第 15 页。

⑤ 参见陈兴良:《刑法哲学》,中国政法大学出版社 2004 年版,第 193 页。

说”,认为结果预见义务中的预见内容只能是刑法明确规定的构成要件结果。原因在于过失犯罪中的危害结果是犯罪成立的重要客观要件。这一特征决定行为主体所应预见的是具体危害结果,对一些未知的抽象风险应当对其预见可能性予以否定。对此,日本刑法学者提出,为保证结果的预见可能性这一概念的实际效用,应当确保其在层级上属于并非不可能的程度之上的,或是足够为有责性奠基,即便对其原因,也应当要求是可能预见到一定程度范围内的具体内容的。① 另外,在“信越化学工业”事件中,对监督者也应当以具体的结果作为预见可能性标准的观点也得到肯定。如果由于现场工作人员的极为偶然性的操作失误,而采取了异于惯常行为流程的操作行为,只要不能认定这种失误的出现具有通常性,对于监督者来说,其便无法具体地预见直接行为人的过失行为,也无法得出其对于构成要件结果的预见可能性具有肯定性的结论。② 事实上,无论是旧过失论还是新过失论,都是以具体的预见可能性作为预见可能性判断的前提,因此二者在具体结论上几乎完全相同。另一种观点是“抽象结果说”,又被称为“危惧感说”,是由日本学者藤木英雄首倡的。他认为,科学技术的进步不仅为企业生产领域带来了生产效率和生产效益的提升,与此同时也相应地给社会带来巨大的风险,而且随着科学技术的不断进步,风险也不断上升。此时,如果依然采取旧过失论和新过失论中以行为人对具体结果存在预见可能性为前提方能认定过失的观点,那么因科技开发而引发的企业灾害

---

① 参见[日]山口厚:《刑法总论》,付立庆译,中国人民大学出版社2011年版,第238页。

② 参见[日]山口厚:《刑法总论》,付立庆译,中国人民大学出版社2011年版,第243页。

将无法追究相关责任人的刑事责任。原因在于，企业相关责任人员并无具体预见结果的可能性，如果因此放弃追究其过失的刑事责任将不利于社会公共安全的保护。因此，科学技术的运用以社会性的责任为基础。即便不能具体预想到会有什么样的具体危险出现，但是由于存在“不知道会对什么人的生命、健康发生何种有害结果”的抽象危惧感，此时理所应当让行为人承担消除危惧感、防止结果发生的责任。①

尽管抽象结果说是为了适应新产品的开发而导致的环境污染等企业灾害的局势，但是自抽象结果说提出以来，并未得到广泛的支持反而饱受质疑。对此，西田典之教授也明确表示反对抽象结果说。他认为，这种危惧感说是一种结果论，如果以此来要求行为人的话，这无异于追究结果责任，从责任主义的角度来看是不能被允许的。② 的确，抽象结果说对人的主观认识能力的理解并不充分，其认为人的主观认识能力的局限远远大于其能够认识的领域范围。然而，在现代型犯罪发生的过程中，在认识能力存在局限性的基础之上将其与大规模危害结果发生的偶然性融合，这种危惧感本身就足以达到追究过失责任的程度。从实质上看，这种观点是将人类认识能力所遭遇的限制不当放大的产物，其得出的结论自然违反法律的精神。不可否认的是，人类的认识受诸多因素的影响，确实具有一定的局限性，但是并不能因此否定人类基于对自己意志的支配而

① 参见［日］藤木英雄：《公害犯罪》，丛选功等译，中国政法大学出版社 1992 年版，第 62 页。转引自陈兴良：《教义刑法学》，中国人民大学出版社 2010 年版，第 484 页。

② 参见［日］西田典之：《日本刑法总论》，王昭武、刘明祥译，法律出版社 2013 年版，第 231 页。

对具体结果的预见，从而人为不当地提高预见结果的标准，这其实是对过失犯罪限制惩罚原则的背离。如果认定不适当，将会导致过失犯罪丧失边界，这显然难以充分实现刑法的人权保障机能。①

对此，着眼于水上交通过失中具体的结构类型、存在范围以及合理认定过失责任的需要，水上交通领域不同主体针对不同的预见对象其预见程度应当有所差别，需要根据具体的水上交通过失结构类型选择适用对结果预见可能性判断的不同学说，并结合各学说的理论优势进行层次性地说明。第一，在水上交通从业者作为行为人直接引发构成要件结果的场合。从结构类型来看，违反注意义务的行为引起构成要件结果的因果流程较为清晰明确。因此，肯定旧过失论和新过失论体系下的具体结果说具有合理性。一方面，水上交通业务要求的行为人预见的具体危害结果也只是所处业务领域一般谨慎的人的认识水平所能够预见的，并未对水上交通主体提出超过其行业水平且未被航运实践所证明的要求。实际上，只要水上交通从业者在执行水上交通业务时，能够保持意志集中，利用现有船舶导助航、气象技术设备，完全不能预测风险的情况还是属于极端少数，故而要求水上交通从业者对其行为的具体危害后果有所认识，是符合水上交通从业者对自身业务行为性质要求的，也是具有可行性的。另一方面，法律法规、相关作业规章制度已经对水上交通主体的适当行为予以明确规定，无论是水上交通直接业务主体还是具有监督管理责任主体，违规行为与具体结果之间的因果联系已经以相对具体的方式创设。这种风险的提示作用可以帮助行为主体进一步认识到具体结果发生路径。这也是结果预见义务之所以

① 参见陈兴良：《教义刑法学》，中国人民大学出版社2010年版，第484页。

在要求行为人预见到可能引发的具体危害结果外,还要求对因果流程也有所预见的缘由所在。第二,在水上交通从业者作为监督者违反监督职责的场合。与第一种较为简单的过失类型有所区别,船舶组织体内监督者的过失行为并非直接引起构成要件结果的出现,而是在因果进程中介入了被监督者的行为,其因果关系呈现直接与间接相结合的特点。特别是水上交通领域危害结果的发生具有不确定性和复杂性。在这种情形下,船舶组织体内的监督者无论如何履行监督义务都很难具体地预见构成要件结果,要求船舶组织体内的监督者对具体结果有所预见既不符合船舶组织的实践情况,也不利于减少水上交通领域的监督过失犯罪。因此,要求船舶组织体内的监督者对于构成要件结果具有抽象预见即可。这样一来,也可以迫使水上交通监督主体切实履行监督义务。第三,在航运管理者未建立安全管理体制或者制度引起构成要件结果的管理过失场合。航运管理者在岸基对船舶进行支持,这就决定其在时空上与具体水上交通事故的发生地点和水上交通公共安全法益的侵害地点有一定的距离。特别是在因果进程中还可能介入气象等自然情况和第三人的过失行为。然而,"若要证明存在具体预见可能性,就必须证明存在能够使行为人预见到结果发生的主客观条件,例如主观经验、智力状况、身体能力以及客观存在的利于行为人预见的一切情形"①。通常情况下,很难对其能够预见结果的客观条件进行证明,具体预见结果说在水上交通管理过失的场合遭遇证明困难的障碍。在此困境之下,选择抽象结果说具有一定的合理性。原因在于,航运管理者安全管理体系以及制度的建立关系到整个水上交通领域

① 吕英杰:《客观归责下的监督、管理过失》,法律出版社2013年版,第189页。

的公共安全的实现,是至关重要的,这便迫切要求航运管理者切实履行安全管理的义务,落实安全管理的具体事项,从而防止其过失行为直接引起构成要件结果的发生。这种抽象的畏惧感恰恰是航运管理者履行管理义务的动力,使其明确认识到未按照规定建立安全管理体制以及制度与危害水上交通安全法益的行为之间的紧密联系,只有从航运管理者这一具有管理职能的源头上进行预见可能性的严格性限制,才有可能防止其以无法预见结果的发生为由逃避水上交通管理过失责任的承担。

一次水上交通作业的顺利完成是需要航运管理者切实履行安全管理的职责,水上交通从业者适实履行不同分工业务内容才能实现的。需要明确的是,水上交通过失责任主体的注意义务内容应当是具体的,这种具体性表现为注意义务的内容应当结合其职责权限、职能分工等具体情况分别设置。“法律不强人所难”,包括刑事法规范在内的所有法律都不可能为水上交通主体设置一套抽象的注意义务内容和标准,否则将难以实现水上交通主体行为的规范化,更难以实现保护水上交通公共安全法益不受侵害的刑法目的。实际上,具体化的注意义务内容有助于将行为人的行为模式在范围上进行圈定。结果预见义务的判断和分析也需要结合具体航运实践中的情形才能给出明确的答案。但是,规范的普适性决定注意义务内容不可能实现完全绝对的具体化,只有通过将可能引起构成要件结果的行为类型化并予以规定才能兼顾行为标准的具体与全面。总体来说,对水上交通从业者和航运管理者的基本预见义务进行行为的类型化也不外乎三个阶段的内容。第一,开航前的结果预见义务。(1)对航次计划的合理制定,这是作为船舶最高指挥者和领导者的船长的最基本预见义务;另外,大型船舶的操纵性能较差,也应当在充分了解港口通航密度、风力、潮流和分析船舶靠泊回旋转向点位置的基础上,结合船舶自身操纵特性制定合理靠泊计划减少风险因素影响安全靠泊。(2)合理安排值班的义务。尽管轮机长也负有合理安排机舱值班并保障机舱运行安全的义务,但是机舱值班安排是需要在船长同意的情况下才能事实上运行,因此这项结果预见义务的行为主体包括船长和轮机长。(3)对船舶的适航状态进行检查的义务。(4)对船员的适任性和最低安全配员进行充分注意的义务,特别是在危险品船、客船、大型船舶等特殊船舶上工作的船员需要持有特殊的培训合格证。本项和第(2)项不仅是船长也是航运管理者应当履行的注意义务内容。(5)对于货物的适运性和装载情况进行确认的义务,具体包括按照船舶的经营性质进行业务、超越船舶核定的载客、载重以及使用取得危险货物适装证书的船舶运输危险货物进行确认。这一项结果预见义务是包括航运公司、船东在内的航运管理者建立安全管理体系的基础注意义务。第二,航行中的预见义务。船舶的在航过程是整个水上交通运输中最关键环节,航行中的预见义务也是水上交通从业人员所负的各种义务中最主要的义务。在航行过程中,值班驾驶员和值班轮机员要亲自完成船舶的驾驶和操纵任务并对船舶的安全负责。即便此时船长在驾驶室、轮机长在机舱也并不承担船舶航行过失的责任,除非被明确告知船长和轮机长承担责任。在航行过程中,不可避免地涉及航行设备和助航仪器的使用,特别是在夜航期间,设备本身的操作局限就具有危险性,值班驾驶员应当对航区的环境和航行行动履行必要的注意义务。具体来看,船长和值班人员的结果预见义务主要分为如下几个方面:(1)船舶在对遇、交叉、追越的会遇态势中,值班驾驶员对于可能危害航行安全的危险和局面充分戒备的义务,其中包括对海员通常所要求的所有戒备和以船舶、交通、自然条件和他船采取行动的突变为内容的特殊情况下所要求的戒备；(2)给予其他值班人员正确的指示和信息的义务；(3)将为保证安全所采取的行动包括对引航员在船时的行动和意图持有怀疑态度时及时报告船长的义务；(4)对于有无碰撞危险并及早进行判断的义务；(5)当船长不是值班驾驶员时，在通过交通密集区等危险航区以及遭遇能见度不良、难以保持航向等紧急或者疑虑的情况时船长应当及时上驾驶台指挥的义务。另外，为保证船舶安全操作所需的所有机械设备能够在不同操作模式下安全运行，对于轮机长和值班轮机员违反结果预见义务的行为也应当关注。二者对结果的预见义务包括：(1)值班轮机员对于舵机房内和机舱内所有的机械设备进行定期的巡查和保持不间断的监控的义务；(2)能够确保随时操纵推进装置从而应对换向和变速需要的义务；(3)值班轮机员对于驾驶台的命令充分注意的义务；(4)失火、碰撞或者其他原因造成设备损害时，值班轮机员采取必要措施的义务。第三，港内停泊时的结果预见义务。船舶在港内停泊时水上交通从业者的结果预见义务主要有以下四种：(1)值班驾驶员对船舶系泊设备进行经常检查以确保安全工作状态的义务；(2)值班驾驶员对于过往船舶、他船系靠或者前后泊位时能尽到的密切充分的注意义务；(3)值班轮机员对处于运行状态的机械设备和控制系统进行监测的义务；(4)值班轮机员对可能发生故障的设备和机械系统进行经常性巡查的义务。

二、水上交通过失不同主体的结果避免义务内容

水上交通从业者保持意识和意志上的紧张集中从而履行预见义务往往是不足够的，还必须附加基于其对执行水上交通业务的危险盖然性和危险严重程度的认识与评估，为避免危害结果发生而采取必要行为的义务，即结果避免义务。从履行义务的客观要求来看，行为人必须实施法律所要求的作为或者不作为以避免结果的发生。对于结果避免义务的内容，我国学者在理论上将其分为排除危险状态义务、在危险状态中保持谨慎义务、积极避免危害结果义务三类，[①]也有学者认为上述分类过于烦琐，而且无法区分排除危险状态的义务和积极避免危害结果的义务，故而将三者简化为"危险状态中保持谨慎态度的义务和消除危害结果义务"，[②]还有学者将结果避免义务看作包括行为前考量义务、行为时谨慎义务和结果发生时的防止结果发生义务。[③] 对此，这两种观点认为无法区分这两项结果避免义务内容的原因在于其不能明确对应事故发生的进程，只有以危险的潜在阶段、危险发生阶段以及危险后阶段的过程概念为划分结果避免义务内容的节点，对结果回避义务内容进行阶段性的划分方才具有实际意义。这也是第三种观点对结果避免义务进行分层的要义。结果避免义务在内容上对水上交通从业者的要求，除了开航前为排除危险状态而履行检查的义务和在开航中保持谨慎的义务，还包括事故后积极避免损害结果的义务。与其他业务行为不同，水上交通环境的复杂性决定水上交通从业者仅仅保持行为中的集中意识并不能认定其履行了结果避免义务，事故发生后负有的防止损失扩大化（溺水、饥饿、过冷现象等）也是结果避免义务的重要内容。例如，事故发生后的结果避免义务包括以下三个方面：（1）向船长和主管机关报告的义务；（2）履行尽一切可能救助遇难

---

① 参见姜伟：《犯罪故意与犯罪过失》，群众出版社1992年版，第286页。

② 周光权：《注意义务研究》，中国政法大学出版社1998年版，第87页。

③ 参见赵秉志：《过失犯罪的基础理论问题探讨》，载高铭暄、赵秉志主编：《过失犯罪的基础理论》，法律出版社2002年版，第40页。

人员的义务；(3)及时采取行动的义务。包括船舶碰撞事故中值班驾驶员应当对碰撞危险采取行动；值班轮机员应采取必要的措施以减轻因设备损坏、失火、碰撞等其他原因所造成的损害。正如有学者根据日本刑法理论中对于结果回避可能性作出事前意义上的结果回避可能性和事后意义上的结果回避可能性的区分，将结果回避义务进行回避措施的履行可能性和回避措施的有效可能性的划分，这两种划分角度一致，无疑印证了以事故发生节点来划分结果避免义务的合理性。

结合航运实践，航运管理者的结果避免义务就是为了防止侵害水上交通公共安全法益的行为发生而采取各项避免措施的义务。从事故发生节点来看，包括事前预防危险、事中消除危险和事后防止危险的扩大化三个方面。具体可以表现为：第一，制定防范风险和危险扩大化的规章制度。防止水上交通事故的发生，首先必须以制度为基础。这便要求航运管理者必须履行建立安全管理体系或者制度的义务。(1)建立安全操作规程、满足人员配备以及设置船上责任人的义务。根据国际海事组织颁发的《国际船舶安全营运及防止污染管理规则》对船上操作方案制定的相关规定，“对涉及人员、船舶安全和防止污染的关键性的船上操作，公司应当建立制定有关程序、方案或须知包括必要的检查清单。与之相关的各项工作，应当明确规定并分配给适任人员”。其中涉及的关键性操作是对直接威胁船舶安全和防止污染的重要操作的总称，如果操纵不当可能或者立刻引起船舶事故与环境损害。事实上，由于航运公司的运营业务和船舶功能差异，船舶之间的关键性操作项目也有所区别，这便需要航运管理者结合船舶的运营情况确定船舶的关键性操作项目。因此，除了一些常规的关键性操作之外，不同类型和功能的船舶也有其特殊的关键性操作内容。例如,滚装船的系固不仅需要满足《货物积载与系固评估手册》的要求,还要保证足够的船舶稳定性,保持有效的货舱通风和开航前的货舱巡查,从而防范高发的火灾事故。根据错误操作行为的呈现时间,关键性操作可划分为特殊操作和临界操作。其中,临界操作是一旦实施错误行为就会立即导致水上交通安全事故的发生的操作,如狭水道航行、雾航等;而特殊操作是指错误操作行为的识别滞后于事故的发生,仅在已经造成危险或者安全事故发生后才能明显识别出的操作类型,如货物系固、巡回检查以及水密检查等。不同性质的关键性操作要求制定规范的重心有所区别。具有过失延迟性的特殊操作要求操作规程的制定关注事故预防与操作后的安全检查,而直接引发式的临界操作则强调正确行为的有效实施与责任人的安全监督。因此,为防止安全操作行为失范超过标准界限,航运管理者应当遵循“列明关键操作项目—明确操作规范步骤—制定安全检查清单”的行事过程。首先,航运管理者应当结合船舶运营的范围和重要业界实践全面列明关键性操作项目。其次,在此基础上由具有适任资格的人员制定操作规范,其内容涵盖具体操作步骤的执行与监管的责任人,确保适任人员熟悉关键性操作项目与程序。最后,为了方便对及时核对规范行为的实施程度,应制定安全检查清单,从而保证关键操作项目的顺利完成。通常情况下,航运管理者在建立安全管理体系或者制度的基础之上,还必须从人员配备以及船上责任人设置等方面具体遵守安全管理制度的要求。这是保证船舶安全航行的必要基础。如为日常的航次配备满足最低安全配员要求并具有适任证书的合格水上交通从业者,确保其具有操船能力并培训合格。另外,由于船舶是一个运动的作业载体,保障船长在船舶安全管理方面的决定权也是航运管理人建立安全管理体系或者制度的重要内容。(2)指导制定水上交通从业者的应急训练和演习计划的义务。其中,应急训练是指为熟悉应急设备的操作而展开的练习,具体包括使用船舶救生设备、船舶灭火设备的训练以及吊架降落救生筏的训练,从而确保水上交通从业者熟悉相关规定和操作规程并掌握操作技能,明确紧急情况下的职责与规范行为;而演习计划则包括弃船演习、消防演习、应急操舵演习等紧急情况下需要按照应急反应计划进行的综合性的演练活动。2008 年 6 月 28 日,大连国丰船务有限公司所有"浩平"轮在黄海南部附近海域沉没,6 名船员死亡、4 名船员失踪,船货直接经济损失约 3650 万元。① 在这起事故中,船员听到弃船信号到甲板集结完毕时,船舶已严重倾斜,左舷救生艇无法放出。右舷救生筏落水后在大风浪中倾覆,上下摇摆致使筏绳拉断后被风浪冲走,遇险船员未能登筏导致获救机会大大降低。作为航运管理者,如果能够加强沿海运输船舶船员的救生演习,特别是弃船时携带急示标的演练,同时关注对弃船、救生演习的操作有效性的检查,那么船员应当能够较早地选择弃船逃生的时机,可能不会造成本次事故中如此之多的船员死亡和失踪。(3)制定紧急情况下船岸演习计划的义务。例如,在船舶的安全面临威胁如船舶失控、碰撞、火灾等情况时,制定针对不同紧急情况及不同表现形式的相应的船岸演习应急计划或预案,以便岸基人员迅速启动,在船岸、岸基间联络畅通的情况下,给予有力的岸基支持与指挥。(4)对船上的安全管理进行检查、监控的义务。通过监控、检查等必要手段才能实时对安全管理体系在船舶上的有效运行情况进行跟踪,从而确保提供足

① 参见《黄海"6·28""浩平"轮自沉事故调查报告》。

够的资源。第二,水上交通事故发生时的结果避免义务。在发生水上交通事故、险情以及其他异常情况时,应当采取必要的岸基支持并履行向海事管理机构报告的义务,及时消除水上交通事故的危险隐患,防止危害结果的发生可能。第三,水上交通事故发生后防止危害结果发生或者防止危害结果扩大化的义务。航运管理者在水上交通事故以后,应当运用各种方式积极组织施救进而防止危险结果的扩大化。

三、水上交通过失不同主体的注意义务根据

注意义务是维持社会共同生活基本秩序所要求的法律义务。然而,社会共同生活基本秩序的构建具有抽象性,需要通过不同的渊源对法规范所要求的社会生活秩序加以具体化,以此形成注意义务的不同根据来源。

水上交通过失主体的注意义务首先来源刑法规范和相关水上交通安全管理法律法规。这些规范通过将具有危险性的行为定型化,要求行为主体实施能够避免结果发生的行为,故而来源于刑法规范和相关水上交通安全管理法律法规的注意义务的显著特征便是具有明确性,易于水上交通主体查明和接受。事实上,刑法予以规制的过失犯罪行为通常是违反某一领域注意义务的行为,进而通过规范判断将其界定为违反刑法上注意义务的行为。水上交通过失犯罪也不例外。尽管我国刑法中少数有关水上交通过失犯罪的条文通过简单罪状的立法方式指明了注意义务,如强令违章冒险作业罪、过失破坏交通工具罪、过失破坏交通设施罪等。但是,刑罚法规所要求的注意义务很少是通过刑罚法规本身的内容来指明的,通常要从与刑罚法规性质不同的法律规定中来进行明确和认识。[①] 考察水上交通过失犯罪所涉罪名可知，其大多数是以空白罪状的立法形式出现。可以看出，大量的水上交通管理法律法规已经将防止水上交通危害结果应为的必要作为与不作为进行规定，在考察水上交通从业者是否符合过失犯罪的客观构成要件时，需要直接援引水上交通行政管理法律法规中所规定的注意义务。这些法律法规不仅包括规制船舶组织体内部具体实施船舶操纵业务主体的法规范，而且涵盖要求船舶组织体外部的航运管理者建立并健全相应的安全营运和防治船舶污染管理体系的行为规范。除了载明海上、内河、渔港水域的交通安全管理规定外，这些法律法规还明确对船舶载运危险货物时应当履行的注意义务进行规定，要求水上交通从业者和航运管理者在从事水上交通运输业务和从事安全管理工作时能够遵守行为规范，防止水上交通事故的发生否则将给予行为人刑法上的否定评价。因此，认定水上交通责任主体违反刑法上的注意义务需要以违反水上交通管理行政法律等规定的注意义务为基础。应当注意的是，尽管水上交通从业者违反刑法上的注意义务和违反水上交通管理行政法律等规定的注意义务具有一致性，即均是某种危险状态产生之后，将防范危险发生所必需的行为样态通过具体定型化的结果呈现，但是并不能将两者完全等同，甚至是从违反水上交通管理行政法律等规定的注意义务当然地推导出其违反刑法上的注意义务，两者之间是具有一定差异性的。例如，在水上交通从业者违反水上交通管理行政法律等规定的注意义务但违反程度较轻，而且未造成水上交通过失犯罪的构成要件结果时，

---

① ［日］大塚仁：《犯罪论的基本问题》，冯军译，中国政法大学出版社 1993 年版，第 233 页。

并不能认为其违反了刑法上的注意义务。再如,水上交通从业者违反水上交通管理行政法律等规定的注意义务是由于紧急避险等不具有期待可能性的原因时,也不能认为其违反了刑法上的注意义务。

水上交通过失主体的注意义务其次来源于规章制度中所要求的注意义务。这里的水上交通过失主体主要指从事水上交通运输等作业的业务主体。应当说,水上交通过失的本质是违反水上交通运输业务上的注意义务。其注意义务,是为避免构成要件结果发生,根据水上交通运输等业务的高度风险性和社会效益性从而要求水上交通从业者进行必要的作为和不作为的义务。实际上,水上交通运输业务上的注意义务通常是以具体化、规范化的形式规定在有关水上交通作业的操作规程、安全规则中,要求从事水上交通作业所应保持的必要注意。因此,构成水上交通业务过失犯罪的行为主体大多是违反这些规章制度中所要求的注意义务。遵守船舶的管理制度和值班规则、油轮防爆规则、具体水域的避碰规则等,依照有关船舶安全操作规程、机舱部操作规程以及油船油码头安全作业规程等操纵、控制和管理船舶是一个水上交通从业者注意义务产生的主要来源。

水上交通过失主体的注意义务还源于习惯所要求的注意义务。[①] 正如上文所述,规章制度是水上交通业务过失犯违反特殊注

---

① 对于基于接受委托所产生的注意义务与基于先行为而产生的注意义务这两项内容的归属,既有学者认为其应当归属于法律法规规章制度的外延进行论述,也有学者认为这两项注意义务在多数情况下远不如法律法规、规章制度那么具有强制力和约束力,而将此两项注意义务从承诺的理念解释,由于注意义务根据都可以从常理的观念的角度进行判断,这种观点认为将其归类于习惯、常理所产生的注意义务这一范围讨论具有合理性。参见周光权:《注意义务研究》,中国政法大学出版社1998年版,第59~66页。

意义务的重要来源。尽管水上交通领域应遵循的业务惯例很有可能并未以明文规定的形式呈现,但是这些操作惯例也同样包含水上交通业务上必要注意义务的要求,在避免构成要件结果方面也具有重要的作用。(1)水上交通运输业务惯例所要求的注意义务。在航运实践中,这种业务惯例对水上交通主体所要求的意志紧张、集中的程度可能远低于法律法规以及规章制度的要求,但是由于其已经被长期的航运实践反复证明,而且早已在水上交通从业者范围内相沿成习,因而可以期待一名合格的谨慎水上从业者能够遵循。具体来看,在水上交通领域可以体现为海员的通常做法①,即海员在长期的海上航行实践中形成的习惯性做法,是能够被证明可以确保航行安全、有助于防止碰撞的行为。一般来说,海员的通常做法不仅包含体现船舶驾驶人员避让行动和操纵技术准确性的良好船艺②,还包括航海理论以及船舶管理的相关事项。违反海员的通常做法等业务惯例而导致严重危害结果发生的,可能成立水上交通过失犯罪。例如,根据《1972年国际海上避碰规则》第5条的规定,为保证对所处的局面和可能的碰撞危险作出充分必要的估计,无论在何时船舶都应运用包括视觉、听觉在内等一切适合于当时环境或者局面的手段保持持续正规的瞭望。航运实践中,瞭望作为一个自始至终应当履行的职责,将分为全局、重点和跟踪瞭望三个时期。在

---

① 海员的通常做法与良好船艺是两个非常接近的概念,但是,与良好船艺所侧重的具体措施的实施技能不同,海员通常做法是强调在某些情况下通常采取的措施,因此从广义上来看,海员的通常做法包括良好船艺的实现。

② 在以往的避碰实践中,良好的船艺的主要内容可以归纳为在航船舶应让清锚泊船、锚泊船应恰当地锚泊、锚泊船要尽可能采取避碰措施、逆水船要让顺水船、避免在不恰当处追越他船、恰当确定起航时间、遵照无法律效力的规定和要求行事。参见司玉琢、吴兆麟编著:《船舶碰撞法》,大连海运学院出版社1991年版,第347~350页。

其中第二个时期也就是重点瞭望时期,有经验的驾驶员的通常做法是以船舶的操作性能为依据划定一定的碰撞警戒区。所谓碰撞警戒区,是以驾驶员为中心,以两海里的距离为半径,从左正横向右正横划定一个半圆。只要对这个碰撞警戒区内的来船以及其他通行障碍物加以重点关注,便能在重点瞭望时期充分估计局面从而采取有效措施。[①] 再如,根据海员通常做法的要求,船舶在近岸航行时应加强瞭望并对可能存在的危险物保持必要的戒备。(2)基于接受委托所产生的注意义务。在航运实践中,船舶管理公司自与船舶所有人达成某一船舶安全管理的委托合同起,即具有对船舶进行安全管理的权利和义务。船舶管理公司作为船舶管理者违反建立安全管理体制的注意义务导致船舶发生水上交通事故,造成构成要件结果的将有可能构成水上交通管理过失犯罪。(3)基于先行为而产生的注意义务。一般情形下,船舶所有人与船舶管理公司签订安全管理合同,有关船舶安全管理的权利义务一并由船舶管理公司享有和履行。然而,航运实践中,船舶所有人通常为获取经济利益利用自己是船舶实际所有人的身份,为船舶雇佣不符合适任要求的水上交通从业者从事具体的船舶操纵业务,或者私自将船舶改建,导致船舶处于危险状态。此时船舶所有人由于自己的先行为而导致刑法所保护的水上交通公共安全法益处于高度危险的状态之下,便具有为或者不为一定行为而防止危害结果发生的义务。

总之,注意义务无论是产生于法律法规、职责要求,还是特殊情况下的业务惯例,都不应超出行为人注意能力的范围而对水上交通

---

① 参见赖云灵:《船舶瞭望浅析》,载《广州交通职业技术学院学报》2002 年第 1 期。

从业者提出近乎苛刻的要求。尤其是从事水上交通运输等作业的行为人,在合理限定其注意义务范围的同时,应当要求其能够秉承对社会和他人安全负责的心态完成本职工作。哪怕是超出法律法规、职责要求范围的未被明文规定的业务惯例,也仅仅是必要注意义务的来源,是在水上交通从业人员的注意能力范围之内提出的合理要求。海员的通常做法作为水上交通业务惯例的一种,也仅是一种通常概念上技艺和知识的要求,甚至可以说,这种通常做法的惯例对于水上交通从业人员所要求具备的意识集中和心理紧张的程度通常比规章制度明文规定的特别义务低。① 因此,这些要求并未超出水上交通从业者的注意能力要求范围之外,是可以期待一名水上交通领域的合格从业者能够遵循的。从设定注意义务的目的上来看,以海员的通常做法等业务惯例作为注意义务的根据确实有利于避免水上交通事故的发生甚至是构成要件结果的出现。因此,包括业务惯例在内的注意义务根据的设定并不是无限制地对水上交通从业人员施加过多的注意义务,耗费其不必要的注意力,相反,这些义务的设定对于保证水上交通从业人员的责任心和维护水上交通安全具有重要意义。

第二节　水上交通过失不同主体的注意义务履行

一、水上交通过失不同主体的注意义务履行内容

水上交通从业者具备注意能力而不履行或者不充分履行注意

---

① 参见胡鹰主编:《过失犯罪的定罪与量刑》,人民法院出版社2008年版,第259页。

义务,由此引起构成要件结果的行为将可能构成水上交通过失犯罪。由此,对行为人不履行或者不充分履行注意义务的判断便是从程度上对行为人违反注意义务的行为进行认定。那么,判断水上交通从业人员是否在心理上未注意便成为认定行为人是否违反注意义务的基础。下面将从心理学的角度对于"注意"这一基础概念进行阐述,以期明确违反注意义务这一犯罪过失本质的具体内涵。

根据心理学理论,注意是心理活动对外部世界的对象、现象以及主体自身的身体、行为和观念的指向和集中。① 其中,指向性和集中性可谓是注意的两个基本特征。所谓指向性是每一瞬间行为人的心理活动都选取某种刺激而忽略另外一些刺激。在这个过程中,被选取的某种刺激的反应逐渐清晰,而对其他刺激则反应模糊。这种指向性是行为人的心理活动具有选择性的体现。所谓注意的集中性,是指心理活动集中在具有选择性指向的刺激强度。例如,值班驾驶员在操纵船舶时,他的注意高度集中于船舶在所处水域的驾驶,与操纵无关的事务应当处于其注意范围之外。注意的集中性不仅保证心理活动对于其关注事项指向上的刺激,而且抑制干扰对象的其他刺激。可见,注意本身并非具有相对独立性的心理过程,而是伴随整个心理过程始终的一种内在的心理状态,它通过选择、维持、调节和监控的功能从而使心理活动具有积极状态。尽管注意是一种内部的心理状态,但却可以通过人的外部动作或者行为表现出来。这些外部的动作或者行为就是履行结果避免义务的来源。

---

① 参见程正方、高玉祥、郑日昌编著:《心理学》,北京师范大学出版社 2009 年版,第 110 页。

根据注意的产生有无预定目的以及维持注意是否需要必要的意志上的努力两个方面，注意分为无意注意、有意注意和有意后注意。[①] 无意注意是指由于刺激物的特点和个体本身状态引起的无预定目的和无意志努力的注意。如在油轮爆炸翻沉事故中，焊补检修时发现团团白烟并发出巨响引起注意。有意注意是指基于明确合理的组织活动而引起的有预定目的并需要作出意志努力的注意。正是这种意志性特征，使水上交通从业者能够在完成职责任务时，排除外界的干扰。这些干扰不仅来自机舱环境的噪声等外界的刺激物、水上交通从业者的大脑疲劳等有机体的某些状态，而且包括长期处于船舶封闭孤立环境中的情绪低落、心情烦躁等。有意后注意是集合无意注意和有意注意优点的高级形式的注意，是基于长期从事某种实践活动形成的不需要依赖外界刺激和主体的意志努力就可以形成的注意。一名富有航行经验的驾驶员航行通过渔船密集区，会习惯性地采用一切有效的手段包括视觉、听觉、雷达等进行瞭望，根据渔船的密集程度和气象情况充分评估本船的探测能力和操纵性能，结合周围船舶动态保持安全航速。可以说，基于对船舶驾驶和操纵的熟练也可以形成这种有意后注意。综上所述，上述三种注意的形式均构成注意的要求，不履行或者不充分履行注意均有可能构成水上交通过失犯罪。

可以说，过失是因懈怠了必要的注意而导致对构成要件结果没有认识或者充分的认识，而这种注意通过意识和意志的紧张和集中才能体现出来。而违反注意义务绝非简单地对不能预见、不能避免

---

① 参见俞国良、戴斌荣：《基础心理学》，武汉大学出版社2007年版，第239～242页。

的事实进行客观上的判断，注意的心理内容也应当成为其规范判断中的重要方面。心理学上对于注意这一具体内容的阐述有助于我们充实意识和意志上的紧张和集中的内容，从而正确认定注意义务的违反。从犯罪过失的基本内涵上说，无论是疏忽大意的过失还是过于自信的过失，如果水上交通的从业者已经履行符合注意义务要求的意识和意志上的紧张和集中，那么其就不能满足水上交通过失犯罪的主观构成要件要求。

二、水上交通过失不同主体违反注意义务的程度

所谓违反注意义务的程度，即行为人过失的程度，指根据行为人对于违反注意义务的过失轻重程度而应当承担刑事责任的程度。违反注意义务的程度对于水上交通过失犯的量刑具有十分重要的意义。总体来说，在航运实践中，判断水上交通过失主体违反注意义务的程度应当综合考察以下几个方面：(1)履行注意义务的难度。对此，日本刑法理论根据过失的轻重程度将过失分为重过失和轻过失，其中重过失是主客观具备足够预见或者避免的条件而未预见或者未避免的情形，而轻过失是需要履行高度的注意和努力才能预见和避免，而一般情况下不能预见和避免的情形。也就是说，水上交通从业者越容易履行注意义务的行为，其过失程度就越高，反之越低。从行为的危险性和可能耗费的精力角度来看，在通航密度大、航路交叉多的渔船密集水域驾驶船舶与在一般通航环境下驾驶船舶，前者所要求的注意程度明显高于后者；另外，渔船多以结伴而行、雾中摸航、冒险抢船头而且不愿使用助航设施为作业特征，在渔港水域驾驶商船与驾驶渔船相比，驾驶商船本身需要的注意义务也明显高于渔船。因此，同样是造成水上交通过失犯罪的构成要件结果，需要履行高度的注意才能避免结果行为的过失程度应当低于只

要一般注意便可以避免结果的行为。(2)履行注意义务的深度。这种情况是指水上交通运输等作业主体在履行注意义务的过程中，虽然根据要求预设了注意目的，但是由于缺乏必要的注意深度而最终造成构成要件结果，这就是注意义务的有效性问题。例如，在船舶避碰事故中，值班驾驶员在判断有碰撞危险之后，仅仅为防止碰撞对航向做了一连串的小的改动而未核查避碰行动的有效性直至驶过让清为止，以致最终未避免构成要件结果的发生。再如，航运管理者虽然依据注意义务的要求建立了水上交通安全管理体系，但其是在实际的管理中严重缺位，未对船舶安全配员和危险货物装载进行现实的注意，同时疏于强化岸基和船舶应急演习和训练，导致沉船事故的发生。从客观表现上来看，航运管理者虽然也进行了意识和意志上的努力，但是由于其注意的程度并未达到能够充分预见或者避免构成要件结果发生的程度，而仅仅关注到事物的表面现象，那么此时应当追究航运管理者管理过失的刑事责任。一般情况下，不履行注意义务的深度越深，违反注意义务的过失程度就越高，反之越低。(3)风险因素介入的异常情况。水上交通业务活动有别于其他业务活动的危险性主要体现在其受不确定介入因素的影响较大。航运实践中，不仅存在介入他人的过失行为导致危害结果发生的情形，以船舶条件和自然条件为主的客观因素也成为影响水上交通安全的风险因素。在对自然因素等风险因素缺乏预见可能性的情况下，对于危害结果的避免难度也随之加大。也就是说，一般情况下介入因素的异常程度决定水上交通行为人对构成要件结果的预见和避免程度。介入因素越异常，水上交通运输者履行注意义务的难度可能就越大。如果自然条件因素和船舶自身突发的危险因素是水上交通运输者尽到高度的注意义务也无法预见和避免的,那么水上交通从业者主观上并不具有过失。需要注意的是,在能够对介入因素的异常性有所认识的情形下,不能简单以介入因素具有高度异常性而否定主观过失。例如,在“大舜号”火灾沉没事故中,寒潮降温、大风和大潮共同作用使烟台沿海出现罕见的恶劣气象和海况,导致水上交通事故发生并致多人死亡。然而,“大舜号”开航前已收到气象台所发布的寒潮警报,船长在对于这一季节性恶劣气候可能产生的严重结果缺乏充分认识的情形下,盲目指挥船舶开航出港。尽管恶劣气象和海况作为介入因素出现本身具有相当程度的异常性,但是构成要件结果发生是由于行为人的未充分预见而导致,此时不能简单直接以介入因素的异常性认定行为人违反注意义务的程度较低。(4)违反注意义务的深层原因。大型船舶在长时间远洋航行时,周围环境的单一性会导致水上交通从业者缺乏大脑刺激进而产生普遍的疲劳现象,以致判断错误且动作失调造成碰撞事故引发构成要件结果。这种情况与一贯工作粗心大意、习惯性违章的值班人员相比,前者的过失程度要轻于后者。

综上所述,对水上交通过失行为人主观归责的根据在于其注意义务的违反,其中,注意义务的违反程度是认定行为人过失主观恶性的重要标准。对结果的实际认识能否成为违反注意义务程度的标准这一问题,刑法理论上存在争议。有学者持肯定意见,认为以通常的预见性为标准对避免结果的懈怠客观上造成重大损失的场合认为是重过失。① 还有学者持否定态度,认为如果行为是在相当慎重的情况下进行的,即便是有认识的过失也不能因为这种认识而

① [日]阿部纯二等编:《刑法基本讲座》第2卷,法学书院1994年版,第226页。转引自马克昌:《比较刑法原理》,武汉大学出版社2002年版,第267页。

理所当然地认为其是重过失。[①] 对此，本书支持否定说的观点。原因在于，无论是疏忽过失还是轻率过失，都是从认识因素和意志因素上对水上交通运输主体过失心理结构的判断，并不可以直接以此认定过失责任。也就是说，这种认识因素的差别并未表现为未履行或者未充分履行注意义务，即使在对危害结果有认识的情况下，只要违反注意义务的程度轻，也可能被认定为程度较轻的过失。相反，哪怕对于危害结果处于实际上的无认识状态，如果违反注意义务的程度重，也可能认定为重过失。正如我国有学者认为，疏忽大意的过失与过于自信的过失区分的意义并不在于主观恶性程度的差别，而在于揭示二者的心理结构在过失心理之中的差别。[②]

第三节　水上交通过失与信赖原则

船舶日益大型化和技术化，极大程度地提高社会经济效率，却也为置身其中的水上交通主体和其他社会公众带来前所未有的危险。由此而引发的水上交通事故也在不断刺激着社会公众敏感脆弱的神经，成为当今社会无法回避的问题。因此，通过刑事手段这一最具有强制力的方式威慑水上交通行为主体，使其能够在从事具体业务活动的过程中，保持充分的谨慎以维护水上交通领域的公共安全，业已成为刑法理论向刑事立法和司法不断呼吁的重要诉求。

① ［日］木村龟二主编：《刑法学词典》，上海翻译出版公司 1991 年版，第 288 页。转引自蔡曦蕾：《论犯罪过失类型与刑罚轻重的关联——从学说理论与司法实践两个纬度的展开》，载《中国刑事法杂志》2009 年第 4 期。

② 参见马克昌：《犯罪通论》，武汉大学出版社 1991 年版，第 336 页。

不难发现,通过刑法对水上交通领域的过失行为进行规制,从而保障水上交通公共安全法益的实现本身并不是棘手的问题。关键在于,如果仅仅从法益保护的角度对水上交通从业者施加过于苛刻的注意义务,一旦发生构成要件结果便认定注意义务的违反,将极易导致结果责任的倾向。如果水上交通行为主体的从业自由受限,正常业务行为萎缩,船舶也将丧失作为高速运输和作业工具所能发挥的高效性。因此,在对水上交通业务领域的主体自由以及主体的行为进行规制时,应当以一种理性的态度对待水上交通业务活动所带来的风险。不仅要防止为实现水上交通公共安全法益而对过失行为的过度处罚,而且要防止对水上交通从业者的过分放纵而使其懈怠履行必要的注意义务,从而导致整个水上交通公共安全法益的保护形同虚设。这便要求在水上交通领域达成一种平衡,即在能够保障法益安全的基础之上,相对缓和对水上交通主体的注意义务要求,防止鉴于危害结果的严重性而对水上交通行为人的合理举动归责,从而将其从过重的负担中解放出来,以最大限度地保障水上交通主体的从业自由和行动自由,促进水上交通业务作为社会必不可少的危险业务所能实现的航运经济的发展和运输效率的提高。这其实就是信赖原则在水上交通过失犯罪适用的过程中希望实现的理论内涵。通过对信赖原则的适用分析能够为水上交通领域内不同的过失构造提供一个重新审视的契机,从而为平衡分配水上交通过失责任提供理论依据。

值得注意的是,与其他业务领域不同,水上交通领域的信赖原则适用探讨并不能仅局限于以交通场域为范围的信赖原则适用可能性分析。以船舶为载体的组织体本身又是一个分工明确、需要协作的业务团体。随着司法实践中信赖原则适用范围不断从交通领域的个人模式到企业、医疗团队等明显具有分工的组织模式扩展，信赖原则合理限制过失范围的功能逐渐被探索激发。以船舶为载体的水上交通运输等作业活动也同样具有适用信赖原则的组织模式特征。那么，在探讨信赖原则在水上交通领域的适用之外，还需要对信赖原则能否适用于船舶组织体内部，进而如何限制其适用空间的问题进行明确。特别是，具有建立安全管理体系或制度的航运管理者在自身存在安全管理体制未建立或者落实的情况下，是否存在信赖原则的适用空间也是一个亟待阐明的问题。因此，船舶作为交通载体本身的环境需要、结构特点以及管理模式的特殊性决定对信赖原则的适用探讨是一个包括更广阔范围和层次特征的问题。基于此，笔者首先对信赖原则得以合理建构的理论基础予以明确。

一、信赖原则的一般理论

(一)信赖原则的缘起

信赖原则是指在多人参与行动内容的场合，参与该行动的一方具有充足的理由相信其他参与者会遵守行动领域的一般规则并采取适实行为，若他人有违反规则的不适当行为时，即便该行为和自身行为共同引起构成要件结果，也不能根据该结果而追究自己责任的原则。① 日本学者松原芳博认为，“行为人在实施某种行为之际，信赖被害人或者第三人会实施适当的行为，在这种信赖被认为是相当的场合，即便由被害人或者第三者的不当行为导致了结果的发生，行为人对此也不承担责任”②。信赖原则发轫于德国，首先适用

① 参见[日]大谷实:《刑法讲义总论》，黎宏译，中国人民大学出版社2008年版，第184页。

② [日]松原芳博:《刑法总论重要问题》，王昭武译，中国政法大学出版社2014年版，第228页。

在道路交通领域的过失犯罪中。为防止不允许地将危险提高,在交通活动中按照规则而为的行为人,只要并非存在对相反认识产生的具体依据时,便可以相信其他人也会像他一样行为。[①] 然而,信赖原则在德国刑法中也经历了呼吁适用—扩张适用—限制适用的阶段。20 世纪 30 年代以前,德国的机动车辆还是一种奢侈品,基于当时的交通环境,德国法院认为无法指望所有交通领域的参与人都采取适当行为,[②]进而在车与人的事故中对机动车辆分配较多的注意义务。在这个时期,交通领域的过失归责明显呈现结果责任的倾向,几乎由机动车驾驶者承担全部的风险防范义务。这种苛刻的责任分担模式是在旧过失论主导下结果无价值论的必然产物,其结论的公平合理性越来越受到质疑。随着德国经济的日益发展和交通环境的不断改善,机动车辆迅速增长,随之而来的交通事故也逐渐增多,司法实务中也认为车与车之间应当尊重优先通行权而逐步适用信赖原则,进而缓和了对机动车驾驶者过于严苛的态度。在这一时期,对道路交通环境的通畅以及效率的追求成为信赖原则适用的诱因。进入 20 世纪 40 年代,德国交通政策随之调整,司法实务也相应地认为,只要机动车的驾驶者一方能够将在一般交通状况中所能够预想到的,或者作为城市的驾驶者合理预见必需的交通规则考虑在内便足够了。[③] 这便为信赖原则的广泛适用提供了足够的空间。20 世纪 60 年代以后,德国司法实务一直信奉的遵守规则的现

---

① 参见[德]克劳斯·罗克辛:《德国刑法总论》第 1 卷,王世洲译,法律出版社 2005 年版,第 717 页。

② 参见程皓:《注意义务比较研究——以德日刑法理论和刑事判例为中心》,武汉大学出版社 2009 年版,第 167 页。

③ 参见程皓:《注意义务比较研究——以德日刑法理论和刑事判例为中心》,武汉大学出版社 2009 年版,第 172 页。

实基础被动摇,故意或者过失违反常规的交通规则的现象突出,此时的司法实务也开始逐步强调机动车驾驶者必要程度的注意以及生命这一法益侵害的最高价值,从而在利益平衡中逐步对信赖原则的适用附加限制因素。自信赖原则在德国司法实务中确立以来,其不断得到日本等国家刑法学者的支持,信赖原则作为限制注意义务的原理进而也相继通过司法判例的方式,在日本等国家的交通事故领域中确立。另外,在对信赖原则的理论内涵进行不断探索的过程中,其向具有组织模式特征的道路交通领域以外的领域扩展适用,这也充分体现了信赖原则在现代风险型社会的重要作用。

(二)信赖原则的法理依据

信赖原则的法理依据,也就是信赖原则得以建构和适用的理论基础。作为法理依据的各项理论,并非是信赖原则得以证成的起点,而是为了试图证明信赖原则在风险社会业务活动中作为功能性原则本身所具有的合理性而援引的内容。另外,信赖原则的成立之初便与危险分配理论、被允许的危险理论具有特别密切的联系。

1. 危险分配理论

所谓危险分配理论,是指为了防止危险的发生,在被害人与加害人之进行危险分担及注意义务分配进而认定加害人的过失责任的理论。① 危险分配法理是处于现代风险社会的主体,为追求共同的秩序、生活目的而提出的必然要求。尽管在危险分配的过程中,受到刑事政策、经济发展程度、利益衡量等多方面条件的制约,但这并不足以否定危险分配理论发挥其明确各个参与者责任比例的功

① 参见[日]大谷实:《刑法讲义总论》,黎宏译,中国人民大学出版社2008年版,第185页。

能。原因在于,每一项具体的业务或者活动的实现,都是由数个业务或者活动的参与者共同而为之的,若要维持这种安定有序局面,就要求每一个业务或者活动的参与者能够承担一定的风险,履行必要的注意义务,从而平衡业务以及活动主体之间利益以实现长远的社会共同合作。特别是在精细化分工的场合,行为主体不履行适当注意的行为将造成整个业务活动的恐慌。

危险分配理论是德日刑法理论中的重要理论,与信赖原则具有密切的关系。的确,信赖原则是建立在危险分配所建立的注意义务负担范围基础之上的限缩注意义务理论,只有对活动中参与者的负担范围进行合理分配,各参与者负担各自的注意义务,才有信赖其他业务或者活动的参与者将履行其分担的注意义务的基础。正如有学者从信赖原则适用目的的实质角度指出,与其说信赖原则的适用目的在于解除行为人的过失责任,毋宁说运用信赖原则是为确认与危害结果发生有因果关系的行为人所为之行为有无过失责任,从而进一步明确各方的责任分担。① 具体到水上交通领域,在一方船舶驾驶者已经履行水上交通安全法律规范所要求的相当注意义务的场合,可以信赖同处水上交通领域范围内的相对方船舶也能遵守共同的船舶通行或者避碰规则,并且能够为避免船舶碰撞或者紧迫危险的发生而做出适切的行为。一旦认定实质的信赖已经建立,那么船舶驾驶者基于该实质信赖而进行的行为正是符合法律规范所要求的,而且是被分配给船舶驾驶者本人的业务活动的当然性风险。相应地,水上交通领域范围内的相对方如果背离水上交通安全管理规范所要求的适切行为,也就从实质上违背基于"水上交通领

① 参见林亚刚:《犯罪过失研究》,武汉大学出版社2000年版,第196页。

域共同体”而遵守规则的信赖,由此而引起的水上交通公共安全法益侵害应当看作是相对方对已然分配给己方的注意义务的怠履行,船舶驾驶者基于已经履行的必要的注意义务,而应当免除过失责任。至此,危险分配法理为信赖原则进一步缓和注意义务范围、限制过失犯罪的成立范围的适用奠定基础。

通过将防止危险发生的义务适当地转移给相对方或者第三人,不仅可以减轻行为人过于苛刻沉重的负担,而且可以促进分工效率在业务领域的实现,有利于实现整个社会的效率。然而,业务活动所承担的注意义务范围总量是一定的,如果要求一方行为人承担较多的风险,其所附加的注意义务也就较多,那么相对方便负担较少的注意义务。概言之,两者之间的注意义务范围并非同进同退而是此消彼长的关系。将危险负担的义务转移给对方的部分越多,就意味着行为主体具有更多的行为自由,对法益造成侵害的可能性也随之越大。为防止危险分配被滥用,在进行危险领域的注意义务分配过程中,应平衡各方利益主体,合理制定参与者之间的分配规则。尽管危险分配理论的实现过程是风险社会所追求的利益实现的过程,在利益平衡下的胜出价值取向将成为危险分配的导向。但是,在分配过程中不仅要考量社会领域范围内的主要价值取向,保证刑法对法益进行有效且周全的保护,而且要对业务和活动中的参与行为主体所负担的义务进行权衡。过分苛刻和过分稀薄都将导致注意义务分配的不均衡,不利于整个社会和谐秩序的实现。无论是在多个需要分工的组织模式下进行注意义务分配还是行为人与被害人模式下的注意义务分配,都直接关系到对行为人过失责任的认定。事实上,我国目前的司法实践也已经确认危险分配法理的内涵并考虑其对过失犯罪认定的影响。①

2. 被允许的危险法理

被允许的危险行为,最早产生于德国刑法理论,一般将其界定为,"对社会有用且为了防止事故发生采取了一定的安全措施的危险活动"②。相比危险活动及其行为所带来的危险性,被允许的危险行为对社会生活所带来的福祉更加具有优越性。因此,即便发生危害法益的结果,基于其行为有用性和必要性的考量,仍然在一定范围内允许这种风险的发生。在社会生产生活相对单一的时期,业务活动的类型稀缺,纯粹由于人的疏忽而引起的法益侵害的情形也较为少见。根据传统过失理论对过失范围的限定,只要行为人对危害结果具有预见可能性就应当及时停止行为,否则将违反注意义务构成过失。然而,随着产业革命的发展和产业政策的变化,提高生产效率以及改善社会生活的多重危险的业务活动类型也应运而生。特别是在交通运输领域等大规模业务领域,法益侵害的潜在可能无时无刻不存在。而这些业务领域的从业者对于其所从事业务活动可能带来的法益侵害后果这一情况具有明显的认识,如果仍然依照旧过失论以结果预见可能性为中心认定过失范围,那么每一个从事危险业务活动恰好又造成法益侵害结果的从业者将难逃过失责任的承担。这样一来,无异于停止一切有用而又对社会发展必要的业务活动,必然造成整个社会的停滞不前。这种业务活动所具有的特

① 对此,张明楷教授认为,最高人民法院于2000年11月15日发布的《关于审理交通肇事刑事案件具体应用法律若干问题的解释》第2条就是考虑了被害人的责任对行为人责任的影响,而被害人的责任来源于他对危险的负担。参见张明楷:《刑法学》,法律出版社2016年版,第296页。

② [日]松宫孝明:《刑法总论讲义》,钱叶六译,中国人民大学出版社2013年版,第155页。

征,迫使刑法学者重新思考应当如何界定过失犯的处罚范围。对此,新过失论认为,对于从事危险业务的过失行为应采取一种更加宽容的态度,也就是说,不一定要求行为人只要对危害结果有预见就应当采取结果避免行为,只要行为人遵守以法规范为基础的行为准则,即使最终产生法益侵害的后果,也不能将行为人认定为过失犯。可以说,预见可能性已经不再是限定过失范围的唯一概念,社会和经济的有用性衡量已经与行为违反法规范这一标准不断融合而成为限定过失范围的重心。正如有学者所言,"结果回避义务是一种基准行为"①。也就是说,以一般人的通常标准为界限,只要实施对于一般人而言具有合理性的结果避免义务的行为,即便经过考察得出行为人具有预见可能性的结论,由此而出现的结果也属于被允许的危险范围,从而限制过失犯范围。至此,植根于新过失论的允许危险理论应运而生。

但是,被允许的危险理论也并未被完全接受,有学者就提出质疑,"法所允许的危险相关的问题点是,法官如果是漫无边际地对行为的危险性和有用性进行笼统的比较衡量,就会变成完全不能计量的利益衡量。其结果恐怕会是,预先设定了想得出的结论,以此为前提进行比较衡量,自然会得出预先设定的结论"②。需要明确的是,被允许的危险理论并不是毫无依据地在有用性、必要性与危险性之间进行抽象衡量。事实上,被允许的危险的理论尽管是解放行为人注意义务的理论,负担着缓和或者减轻其责任过重的任务,但其允许危险的范围也不是漫无边界的,其范围必须有所限制。就目

① 陈兴良:《教义刑法学》,中国人民出版社2010年版,第481页。

② [日]佐伯仁志:《刑法总论的思之道·乐之道》,于佳佳译,中国政法大学出版社2017年版,第263页。

前来看,我国学者已经对允许危险的限制进行了较为宏观的概述,①对此本书将以水上交通业务领域为例具体细化被允许的危险理论的适用限制。如果行为人不具备所从事的水上交通运输行为所要求的一般水上交通运输从业者所具备的航运知识和经验技能,不能主张通过被允许的危险理论免责。例如,行为人驾驶“三无船舶”②或者无证驾驶船舶从事非法采砂或者捕捞,造成水上交通事故引发构成要件结果,可能构成过失。从注意能力来看,行为人明知自己不具有水上交通运输业务所要求的注意能力却仍然行为,此时其承担的风险是不被允许的风险,应当对其自陷风险追究过失的刑事责任。另外,由于发生恶劣自然气象等客观原因导致船舶倾覆而引发严重危害后果的场合,也需要分情况考量被允许的风险理论的适用范围。一般来说,航运公司肩负着建立安全管理体制的义务,其中包括航运公司应当不断完善防范极端天气应急预案并开展船岸应急演练。基于此,如果航运公司未履行必要的注意义务,即使恶劣的自然因素是导致事故发生的主要原因,也应当追究其管理过失的刑事责任,此时不能主张通过允许的风险而免责。相反,如果航运公司遵守法规范要求建立安全体制的注意义务,但由于不能抗拒的原因(如超出预警范围的突发性极端恶劣天气)导致构成要件结果发生的,可以适用允许的危险理论免除过失责任。也就是说,在适用允许的危险理论对水上交通运输等业务过失行为进行认

① 如将允许危险的法理划定为不实施危险行为义务的界限、以危险行为中的谨慎义务为界限以及紧急情况下实质危险应当被允许的界限。参见程皓:《注意义务比较研究——以德日刑法理论和刑事判例为中心》,武汉大学出版社2009年版,第147~148页。

② 航运实践中所称“三无船舶”指无船名船号、无船舶证书(无有效渔业船舶检验证书、船舶登记证书、捕捞许可证)、无船籍港的船舶。

定时,其行为危险应当以具有预见可能性为前提,从而免除或者减轻其结果避免义务。例如,在“东方之星”客轮翻沉事故中,经认定是突发罕见的强对流天气带来的强风暴雨袭击而导致客轮翻沉,航运公司主要的安全管理责任人最终仅仅被追究领导责任。对此,就需要进一步探讨,航运公司是否履行了必要的注意义务确立安全管理体系并完善极端恶劣天气预警机制,从而防止船舶在此极端恶劣天气出航。如果得出由于其过失未履行结果避免义务进而造成危害结果的结论,那么应当追究其管理过失的刑事责任。

在肯定被允许的危险法理并明确其适用限制之后,方能进一步探讨其作为信赖原则法理依据的内涵。的确,被允许的危险理论、危险分配理论以及信赖原则三者是密切联系的,正如有学者所言,信赖原则与被允许的危险、危险分配原则互为表里。[①] 如果危险业务的从业者能够保持必要的谨慎,遵守相关领域的规则,即使造成法益侵害的结果也不能认为其行为不法。在此基础之上,如果危险业务的从业者信赖相同领域范围内的从业者,认为其无论是基于业务分工还是共同规范意识,都能够在采取适当行为时履行被分配的注意义务,在具备实质的信赖基础的场合,对于造成的构成要件结果应当否定行为人过失的存在。依据危险的分配法理来明确交通等领域各方参与者的注意义务分担时,其所为行为也必须是社会能允许的危险范围内的行为。[②] 质言之,能够适用信赖原则否定过失的行为就应当被认为是允许的危险,而允许的危险之限度是适用信

---

① 参见林亚刚:《试论危险分配与信赖原则在犯罪过失中的运用》,载《法律科学》1999 年第 2 期。

② 参见林亚刚:《试论危险分配与信赖原则在犯罪过失中的运用》,载《法律科学》1999 年第 2 期。

赖原则的基础。

3. 社会相当性法理

社会相当性法理，最早是由汉斯·韦尔策尔(Hans Welzel)发展起来的。他认为，即便人们能够根据文字进行归类，在历史中形成的基于共同生活而产生的社会道德制度的各种行为就是社会恰当的，而从不会隶属于一个行为构成。① 进而有学者认为，社会相当性说是以一般人为基准，进而判断行为人之行为在日常生活中是否具有一般通常性的理论。② 在社会相当性理论看来，违法的本质也并不在于法益侵害，在行为目的支配下的行为样态才是违法性的核心内容。这也就是说，并非所有造成法益侵害的行为都是刑法禁止的行为，只有当该行为不具有社会适当性时才可以肯定该行为的违法。这种理论以相当性或者通常性作为衡量行为不法的最重要标准，其在建构的过程中最受质疑的就是标准的明确问题，认为社会相当性的判断是集合"概括性、多义性和直觉性"的综合性概念而缺乏明确性，可能削弱刑法实现法益保护的目的。其实不然，在对信赖原则的适用条件和界限进行探讨的过程中，社会相当性理论这样一个抽象的指导性理论为具体案件中不同行为主体之间有无实质的信赖判断提供了适当的标准。只有通过组织体系内的业务分工以及具体领域范围内形成的共同秩序等判断要点不断充实社会相当

① 参见[德]克劳斯·罗克辛：《德国刑法总论》第1卷，王世洲译，法律出版社2005年版，第192页。

② 对于社会相当性这一概念，学者表述不尽相同，福田教授将相当性定义为"处于历史性形成的社会生活秩序的框架之内的行为样态"；而藤木认为，"因健全的社会一般观点而具有日常性、通常性，不会唤起任何处罚情感"；而大谷实认为，"由于行为具有日常性、通常性，为健全的社会一般观念所允许"。具体参见[日]西田典之：《日本刑法总论》，王昭武、刘明祥译，法律出版社2013年版，第114页。

性的内容,才能得出较为合理的结论。事实上,信赖原则的法理依据并不需要达到犯罪判断基准要求的明确程度,正是社会相当性标准本身具有相对的模糊抽象性,才为信赖原则的适用创造空间。因此,针对标准本身的确定性问题而展开的质疑和担忧是没有必要的。

实际上,社会相当性的判断是一个集合事实判断和规范判断的概念,而且更加侧重于价值判断这一层面。它不仅需要考察行为是否违反法规范行为的事实,而且要对行为本身的社会适当性进行权衡。为使适用刑法的过程体现为一个合目的性的过程,在这个衡量的过程中,终归涉及社会伦理框架的限制。这也导致社会相当性理论受到来自标准内容的质疑,认为社会相当性理论很大程度上纳入行为的反伦理性余地。① 的确,社会相当性概念本身在适用过程中很难不涉及伦理性思考,社会伦理本身又具有多元层次性和复杂性。但是,社会伦理相当性仅仅是相当性思考的一个部分,在将社会相当性理论作为信赖原则法理依据的过程中应更加关注行为目的指导下的行为样态本身的相当性。从这个意义上理解社会相当性理论作为信赖原则的法理依据才具有合理性。正如有学者在探讨交通事故领域内信赖原则的适用时指出,信赖原则的适用不仅需要考虑交通领域的弱者身份,周边环境情状也是判断有无信赖的相当性的考察因素。②

二、信赖原则在水上交通领域中的适用分析

正如上文所述,信赖原则最初主要适用于道路交通领域。一般

---

① 参见[日]西田典之:《日本刑法总论》,王昭武、刘明祥译,法律出版社2013年版,第114页。

② 参见[日]西田典之:《日本刑法总论》,王昭武、刘明祥译,法律出版社2013年版,第244页。

情况下，交通运输作业的从业者，在遵守交通规则而行为时，一般情形下可以信赖其他有关人员也会遵守交通规则。然而，我国刑法理论界对于信赖原则能否适用于交通运输领域曾经产生过争议，有学者以我国当时的交通条件为具体考察内容，得出不赞同将信赖原则完全适用于我国的交通运输业的结论。① 也有学者认为，随着社会发展和人类文明推进，只要适用信赖原则的各种条件齐备将自然尊重这一原则并配置主体之注意义务。② 的确，信赖原则在交通领域的适用，很大程度上取决于交通环境、必要设施的完善、交通规则的建立以及行为主体对法规范的遵守意识。在这些基础条件不健全的情况下将很难进一步考察行为主体之间是否具有实质的信赖进而判断注意义务的界限。事实上，这也为探讨信赖原则能否在水上交通领域的适用以及具体的适用限制提供明确的方向。对信赖原则在水上交通领域的适用情况分析，需要建立在当下水上交通领域客观基础条件完备的基础之上，这样才能得出符合水上交通实践的结论。

（一）信赖原则在水上交通领域的适用条件

长期以来，关于信赖原则能否在水上交通领域适用并未得到刑法学者的系统性关注，他们仅仅对海洋水域这一水上交通的典型代表有所探讨。对于信赖原则能否在海上交通领域适用这一问题，日本有学者主张，基于航行路线、助航设备以及自然因素的影响，海上发生冲突事故的大多数场合难以适用信赖原则。其一，不同于陆地轨道或公路，一般海域航行线路未划定，船只的行动方向存在差别，难以具体预测；其二，船舶雷达等助航设备为发现对方异常船舶提

① 参见姜伟：《犯罪故意与犯罪过失》，群众出版社 1992 年版，第 383 页。

② 参见周光权：《注意义务研究》，中国政法大学出版社 1998 年版，第 167 页。

供便利;其三,易受到自然因素影响,并且船舶性能和吨位具有显著差异。① 针对第二点质疑,也有学者认为,在距离较远、辨认相对方的动向困难、船舶不能非常机敏地转向甚至是停止的场合也很多。② 的确,水上交通运输业务与陆路交通运输业务的特征有显著性的差异,水上交通运输业务不可避免地受到气象等自然环境的不确定性限制,但并不能因此完全地排除信赖原则在水上交通领域的适用。对此,我国学者从信赖相当性的角度对信赖原则在海上交通领域的适用进行了肯定,认为在海上冲突防范法规、港口安全通行法规等基本安全规则已经深入人心的情形下,期待相对方为防止海上冲突事故而采取措施并没有不相当性可言。③ 应当说,综合我国水上交通领域的现状来看,信赖原则作为平衡水上交通运输效率和水上交通运输安全的重要理论,在水上交通领域的适用是具有一定基础的。从客观条件来看,随着水上交通业务的日益繁荣,船舶的数量激增并且逐渐呈现大型化、技术化的趋势,与此同时,包括航道和港口设施在内的基础设施建设以及水上交通运输装备也日益完善。④

---

① 参见[日]北川佳世子:《交通事故和过失论》,载高铭暄、赵秉志主编:《过失犯罪的基础理论》,法律出版社2002年版,第81页。

② 参见[日]米田泰邦:《机能性刑法与过失》,日本成文堂1994年版,第156页。转引自王海涛:《过失犯罪中信赖原则的适用及界限》,中国人民公安大学出版社2011年版,第182页。

③ 参见王海涛:《过失犯罪中信赖原则的适用及界限》,中国人民公安大学出版社2011年版,第182页。

④ “在基础设施方面,2020年末全国内河航道通航里程12.77万公里,等级航道里程6.73万公里,占总里程52.7%。全国港口拥有生产用码头泊位22,142个。在运输装备方面,全国拥有水上运输船舶12.68万艘,净载重量27,060.16万吨,载客量85.99万客位,集装箱箱位293.03万标准箱。”参见《2020年交通运输行业发展统计公报》,载交通运输部网,http://www.gov.cn/xinwen/2021-05/19/content_5608523.htm。

可以说,良好的交通环境和相对完备的基础设施建设是信赖原则得以在水上交通领域适用的重要保证。从信赖原则得以适用的主观条件来看,水上交通领域从业者需要充分的理由相信处于同一水域范围内的从业者能够采取适当的行动。对此,产生这种实质信赖的前提是从业者处于水上交通安全管理法律规范以及具体航行规则能够得以普遍遵守的水域范围内,这种规范意识是水上交通从业者信赖他人也能够遵守法律规范的现实基础。尽管目前在我国内河水域也仍然存在"三无船舶"非法采砂等情形,但这并不足以全盘否定信赖原则在水上交通领域的适用。应当说,对信赖原则在水上交通领域的可适用性考察需要以运输等作业行为时的具体水上交通环境情况、水上交通从业者的业务内容和履职能力等方面作为判断其行为是否具有社会相当性的基础。只有确认水上交通从业者之行为能够为具体业务领域范围内一般行为人所接受,才能肯定其行为具有相当性,从而适用信赖原则排除其过失责任。

不能否认的是,相比道路交通环境,水上交通运输及其他作业受多重风险因素的制约更为明显,大风、大雾等恶劣的气象因素可能加速或者改变整个因果进程,而且水上交通领域的相关设施建设以及安全监管尚不如道路交通领域,但这并非意味着信赖原则在水上交通领域的适用条件将有所松懈甚至是完全丧失适用空间,反而应当结合信赖原则的理论内涵进一步探索其在水上交通领域的适用限制。只有合理限制信赖原则的适用范围,才能充分发挥其作为限制过失犯成立的重要理论的功能。因此,首先应当肯定信赖原则作为限制过失犯成立范围的重要理论在水上交通领域的适用,在肯定其理论地位和考察我国水上交通情况的同时进一步分析其适用条件。就目前的航运情况来看,信赖原则在水上交通领域虽然能够适用,但并不是没有条件的。从适用的范围来看,仅仅界定于内河和海洋这种单纯水域范围来讨论信赖原则的适用空间并未考虑我国水上交通领域的实践情况,也不具有全面性。条件基础才应当是考察信赖原则适用的重要内容。从目前我国水上交通的实际情况来看,在以下情形可以考虑适用信赖原则从而确定过失责任及分配:(1)应当将信赖原则的适用限定于实施船舶定线制的水域。长期以来,船舶在水上航行通常自由选择航路,这将不可避免地发生船舶之间频繁交叉相遇的局面,航行风险不言而喻。另外,“上行走缓流,下行走主流”的简单行船规则也导致水上交通领域并不具备适用信赖原则的客观基础。而船舶定线制是经由主管机关以法律规定或者指定的形式,规定船舶在某区域航行时所遵循或采用的一条或数条航路的制度或定线措施。① 实施船舶定线制的水域,可以通过分道通航制等定线系统确保船舶交通流规范化和船舶航行安全,进而简化航路并且易于确认避让关系。另外,根据船舶定线制的规定,不使用分道制区域的船舶应尽可能远离该区域。自船舶定线制实施以来,船舶通航秩序逐步规范化,通航效率也相应提高。最为关键的是,定线制的确立导致航行中的船舶必须遵循严格的航行规则,按照规定的交通流航行。具有普遍性的航行规则是遵守规范的意识产生的基础,这正是将信赖原则的适用范围首先限制在船舶定线制的实施水域的重要原因之一。另外,从目前我国沿海船舶的定线制的实施情况来看,船舶定线制也有一定的实施

① 参见郝勇:《水上交通工程》,武汉理工大学出版社2015年版,第146页。

范围。[①] 根据我国目前沿海船舶定线制的总体规划,“自 1984 年在大连港大三山水道船舶定线制实施以来,目前沿海和内河已实施船舶定线制的水域共有 18 处”[②]。至 2019 年 3 月 1 日,长江干线船舶定线制打通最后一公里,2700 公里的长江干线水域实现了分道航行和定线制全覆盖。[③] 这可谓是信赖原则在水上交通领域适用的现实基础。(2)导助航、通信设备以及相关设施完备。导助航、通信设备以及相关设施是全面掌握船舶动态并确保船舶安全航行的重要客观条件。一方面相关设备设施的良好是船舶载体具备完善功能的体现,可以为船舶在航行过程中进行有效定位和提供航路指引;另一方面也是船舶之间进行实时通信的重要介质。这是信赖原则得以在水上交通领域适用的重要保障。航运实践中,部分内河采砂船通信设施以及导航系统较为落后,这在极大程度上影响船舶作为载体的完整功能实现,导致信赖原则的适用丧失客观基础。(3)交通环境状况良好。水域的具体交通状况可以通过船舶密度、交通量和交通秩序等方面进行衡量。如果交通环境状况达不到能够保证船舶顺利通行的条件,如一些复杂水域,受大风、寒潮等恶劣气象以及高密度船舶流量影响,通航环境较为复杂,安全通航的风险较大,那么不存在信赖原则适用的相当性基础。(4)行为人需要

---

① 其中,我国沿海船舶的定线制可以分为干线船舶定线制和支线船舶定线制两类,支线船舶定线制又可以分为重要水域船舶定线制和港口船舶定线制两种,目前全国共 26 处船舶定线制规划布局,即 6 处干线航路船舶定线制,5 处港口(区)船舶定线制,15 处支线航路重要水域船舶定线制。

② 参见《全国沿海船舶定线制总体规划》,载海南海事局网,http://www.hnmsa.gov.cn/hkhs_fzj_hsfw_3/20121219/20244.html。

③ 参见《长江干线船舶全面实施分道航行和定线制》,载新华网,http://www.xinhuanet.com/fortune/2019-03/02/c_1124184806.htm。

实际相信其他水上交通领域的参与人会采取适当的行动。行为人之所以如此行为，是基于对其他参与人实质的内心确信。在其内心状态中，“是以信赖其他参与人发生结果的危险会相应减少的实态为背景”①。这是信赖原则得以实现的最关键条件，缺乏实质信赖的场合不具有适用信赖原则的基础。

（二）信赖原则在水上交通领域的适用限制

当然，信赖原则在水上交通领域的适用也应当是在不存在特定排除相当性事由的前提之下，换句话说，信赖原则的适用是有具体限制的。在以下情形中，应排除信赖原则的适用：第一，相对方存在缺乏规范认识和遵守能力的情况。尽管根据海上避碰规则的要求，从事捕鱼的船舶、帆船或者长度小于20米的船舶负有不应妨碍按照通航分道行驶的船舶的义务，但是不能以此为产生信赖的理由而认为这些船舶能够及早地采取不妨碍船舶行驶的行动，从而为本船留出足够的水域供应本船通过或者安全通过。相反，特别是在存在碰撞危险的情况下船舶应当积极地履行避碰义务。具体来看，以渔船为例，其载体形式和作业特征均具有一定的风险性。渔船一般船型较小，而且木质渔船雷达回波不明显，在大风浪的气象条件下不易被发现。同时，其作业时通常只由一人负责值班瞭望，部分渔船喜欢抢越商船船头以获得丰收，其不规律的动态不易被预测。另外，部分渔民不仅缺少航行经验和船舶管理能力，而且对于水上交通作业的法律法规等知之甚少，只凭水上航行经验指挥渔船。而一旦发生和商船的碰撞事故，渔船可能会快速沉没，出现群死群伤的

① 参见［日］大谷实：《刑法讲义总论》，黎宏译，中国人民大学出版社2008年版，第185页。

重大伤亡情况。因此,在渔船活动频繁的水域,从大型商船的角度来看,可以推定其信赖对象存在缺乏规范认识和遵守能力的情况。在此种不能期待渔船的驾驶者能够采取适当行动的特别情况时不能适用信赖原则。第二,对方船舶背离避碰规则的不适切举动已经特别明显。目前,我国水上航行的船舶基本都装有电子海图显示与信息系统、雷达或者电子定位仪等助航仪器及任何其他保障船舶安全航行的设备,使其无论白天黑夜均能较容易探测远距离的目标。当行为人已经发现对方存在违反水上航行规则、对规则不尊重或者冒险航行等轻率的行为时,行为人应当认识到相对方可能会采取不适当的异常行动,此时不能主张适用信赖原则。水上交通相比陆上交通,不确定性因素更大,一旦已经发现对方船舶存在不适当行为,不能适用信赖原则相信其能恢复正常航行状态。也就是说,在信赖明显不能正当化的场合,不能允许行为人在信赖的“权利”中继续行为。第三,水上交通气象条件极其恶劣的情况。不难发现,一旦水上环境中的气象条件发生超出预测范围内的骤然极端变幻,将对能见度范围甚至是导助航设施的正常使用等方面产生不同范围和程度的制约,特别是台风、气旋等恶劣天气本身极其容易引发事故。因此,考虑到水上的气象条件是影响通航安全与效率最主要的自然因素,在遭遇恶劣自然气象的客观条件下则丧失信赖原则适用的空间。

另外,在水上交通领域较为常见的情形是双方船舶互有过失引发构成要件结果。在此情形下值得探讨的是,当行为人自身存在违规行为时能否适用信赖原则这一问题。对此,刑法理论界和司法实务界存在不同观点:一种观点主张在行为人自身存在违规行为的场合应否定信赖原则的适用。然而,在其观点内部出现不同的否定缘由。其中,台湾学者从其地区司法实务主张的交通规则所规定的概括性注意义务出发,主张“就台湾实务运用而言,信赖原则几乎都是否定型的运用,亦即个案中几乎都是以行为人因自身违反交通规则故不得主张信赖原则,实际上几乎鲜见成功主张信赖原则的案例”①。而日本学者立足于新过失论指出,在自己也违反了交通法规上的注意义务的场合,基于清白原则②应否定适用信赖原则。我国学者林亚刚教授则从期待可能和引诱违规的角度出发认为,行为人自己违反注意义务,意味着失去期待他人会采取适当行为的根据,而且行为人自己违反注意义务的行为也会诱发他人的反应错误,由此不能信赖他人会采取慎重适当行为而允许行为人自己的不注意。③ 另一种观点则是肯定信赖原则的适用。对此,日本学者西田典之通过援引判例进行说明。其在行为人驾驶轻便摩托车准备右拐之时,被害人违章跨越中线从反向车道强行高速驶入,并准备从右边超车,结果发生两车相撞的案件中认为,尽管行为人行为当时有违《道路交通安全法》第 34 条第 3 款的规定,在右拐之时并未实现将车辆靠向左边,并沿着交叉路口的侧端缓慢行驶,但这与是否存在注意义务并无关系,行为人相信后面的其他车辆会遵守交通法规放慢车速安全行驶,并根据此信赖驾车即可,因而并无避免事故的注意义务。从而支持行为人即使自己有违规的行为但仍可适

---

① 林钰雄:《新刑法总则》,中国人民大学出版社 2009 年版,第 380 页。

② 清白原则,又称“洁净的手”原则,是衡平法上的一项原则,即能够得到衡平法救济的应当是没有实施不法行为的人。参见[日]佐久间修:《过失犯》,王昭武译,载《河南省政法管理干部学院学报》2010 年第 5 期。

③ 参见林亚刚:《犯罪过失研究》,武汉大学出版社 2000 年版,第 198 页。

用信赖原则。[①] 不难发现,争议产生的根本原因在于法规范性质本身的不明确。因此,围绕行为人自身存在违规行为时能否适用信赖原则这一问题,分歧焦点集中于行为人自身违规行为的性质判断以及此行为对对方行为人采取适切行为的影响程度。对此,不应当将违反规则的行为一概而论。水上交通领域的违反规则的行为应当明确区分为违反的是行政管理性规定还是安全管理性规定,具体的规范保护目的是审查的重点。在具体的安全性规定中,还需要进一步结合个案审查判断违规行为人的违反注意义务行为是否具有紧迫危险性。特别是,要明确行为人违反交通规则的行为与水上交通事故发生甚至是构成要件结果发生是否具有刑法上的因果关系。"事实上,交通规则各有其规范目的,有些固然在于防免交通事故并避免死伤风险,但有些明显指向行政管理目的。据此,应该不能得出驾驶人一旦有任何违反交通规则情形皆不得主张信赖原则的泛泛结论。"[②]而将不具有相同规范保护目的或者不具有直接因果关系的行为以丧失信赖为由予以刑事惩罚,"本来就会是对一种停留在不允许事务上进行的不允许的惩罚"[③]。

三、信赖原则在水上交通监督过失中的适用分析

刑法理论上对于"信赖原则能否适用于具有监督关系的组织体模式之中"这一问题存在不同观点。除少数学者以在具有分工合作的领域适用信赖原则似有放纵之嫌为由否定信赖原则的适用范围

① 参见[日]西田典之:《日本刑法总论》,王昭武、刘明祥译,法律出版社2013年版,第243页。

② 林钰雄:《新刑法总则》,中国人民大学出版社2009年版,第381页。

③ [德]克劳斯·罗克辛:《德国刑法总论》第1卷,王世洲译,法律出版社2005年版,第718页。

扩大化之外,多数学者认为将信赖原则适用于组织分工体系模式中具有合理性。尽管信赖原则向交通、企业等其他领域外进行扩张的广阔性范围尚不明确,但多数学者原则上承认信赖原则可以扩展到由多个参与人共同参与行动的情形之中。[①] 事实上,在日本司法实践中,信赖原则已逐步扩展到医疗组织分工体系以及企业组织分工体系等领域,其在较为典型案例中的适用如日本幌高等法院对"北大电气刀误接事件"判决、日本最高法院对"Aerozir 工厂氯气外泄事故"的判决等。对此,我国学者也表示支持信赖原则在具有组织分工特征的体系中适用。[②] 因此,在肯定信赖原则的适用逐渐从交通领域向企业活动、医疗领域等明显组织性领域进行扩展的基础上,对于船舶组织体这种为保障水上交通运输安全、提高作业效率的共同目标而形成的分工体制明确的组织形式,其能否对共同承担水上交通业务的其他从业者产生信赖的基础,并进一步适用信赖原则处理行为人的有无过失责任以及过失责任的分担问题需要进一步展开探讨。

(一)船舶组织体系内部的信赖适用特征

水上交通运输等作业是以船舶为组织体的典型联合作业项目。正如本书第五章对船舶组织体系内部行为主体的介绍,船舶组织体在船长的指挥领导下完成水上交通运输和其他作业内容。一个能

---

① 参见[德]克劳斯·罗克辛:《德国刑法总论》第1卷,王世洲译,法律出版社2005年版,第718页。

② 例如,有学者认为,信赖原则在交通领域以外领域的适用主要体现在存在监督过失领域,不仅包括上对下之信赖,也包括下对上之信赖。在肯定具有监督关系的行为人之间信赖具有相当性,同时不存在否定监督过失的情形时便可以适用信赖原则。参见谈在详:《刑法上信赖原则的中国处遇及其适用展开》,载《中国刑事法杂志》2012年第4期。

够适用信赖原则的船舶组织体系应当具备以下要素:(1)较为明确的组织分工体制。经过明确定义的组织分工是实现专业化和效率化的重要途径。船舶操纵是一项需要紧密配合的联合作业项目,需要甲板部和轮机部的共同配合,复杂的工作特点决定在组织体内部进行明确的组织分工的必要性。较为明确完善的分工体系在船舶组织体内的建立不仅意味着每一个参与水上交通运输业务的从业者能够依照其职责内容具体履行业务,而且意味着船舶组织体基于组织分工而产生的管理者具有命令的权力。无论航行值班还是港内的停泊、锚泊、靠泊以及货物作业值班,船长会结合具体情形进行妥善的值班安排,值班人员作为具体业务内容的负责人在船长的领导下执行具体的安全管理任务,而每一个具体执行业务的水上交通从业者都需要接受上级的控制和监督。基于此,船舶组织体中的上下级方才具备产生信赖的空间,也是信赖原则得以在船舶组织体内部适用的最重要基础。如果缺乏这种明确定义的分工体系,相互之间的信赖则无从实现。例如,一些从事水上交通运输作业的船舶,在航行过程中值班不规范,以轮流驾驶、一人驾驶代替有序的值班安排。在这种情况下,由于组织分工没有确立或者分工体制不完备,水上交通业务领域的多个作业参与者无法各司其职,缺乏信赖原则的适用空间。(2)船舶组织体内具体岗位的从业者具备适任证书和适任能力。水上交通从业者具备适任证书并且具备具体业务内容所必需的专业技能是船舶组织分工得以安全运行的重要保障。其中,专业技能包括航行经验、对航路以及航行设备的熟悉程度以及对具体避碰规则、分道航行规则、定线制等航路规范的知识掌握。只有具体岗位的从业者符合航行要求,才具备信赖相当性的基础。航运实践中,船舶所有人或者船舶管理人出于侥幸心理,未为船舶配备满足最低安全配员要求的船员便命令船舶出航。这种情况下船舶航行的组织分工根本未从实质上落实到位，不满足信赖原则适用的制度基础。上述两点便是在船舶组织体内部适用信赖原则的客观基础。(3)船舶组织体内的监督者必须实际相信被监督者能够采取适当的行为。这是从实质信赖的角度对信赖原则在船舶组织体内的适用提出的要求。正如甲斐克则教授所言，“在确立分工与业务分担人具有专业能力为前提之基础上，必须存在监督人与被监督人之间的实质信赖关系。这并不是把信赖的相当性这一规范性判断结果放到了前面，而是以两者之间是否具有迈向结果回避的日常信赖的积累为中心进行衡量”①。这也就是说，只有对船舶组织体内的被监督者经过一定时间的观察和判断，监督者才能信赖其能适当行为从而完成指定具体业务内容，也只有在具备这种实质信赖的基础之上，才能从心理层面缓和监督者作为非直接行为人而回避结果的意志力，也因此推出监督者预见危害水上交通安全法益结果的可能性很低甚至缺乏预见结果的可能性。在船舶组织体内，虽然没有必要完全明确意识到这种信赖，但是在明知被监督者不具有业务分担的能力或者对此产生疑虑的场合，应当否定信赖原则的适用。总体来说，信赖原则在船舶组织体系内适用需要具有充足的理由。

(二)信赖原则在水上交通监督过失中的适用限制

在船舶组织体系内部，基于监督者与被监督者之间的关系，如果简单适用以上原则轻易排除监督者的监督过失责任，将导致过失

① [日]甲斐克则：《责任原理与过失犯论》，谢佳君译，中国政法大学出版社2016年版，第95页。

责任不当地转嫁给最末端从事具体业务的从业者,牺牲弱者利益。这是过失责任稀薄化的重要表现,也是有失公允的。因此,对于信赖原则在水上交通监督过失中的适用应当进行合理的限制,将不具有信赖相当性的情形排除在适用的合理范围之内,从而避免上述弊端。需要明确的是,从船舶组织体内部的分工实践来看,处于监督主体地位且具有指挥、命令等职能的人包括并不限于船长。甲板部的负责人大副和轮机部的负责人大管轮也都是具有监督职能的主体。在值班期间,值班人员作为具体业务内容的安全负责人也具有一定程度的监督义务。为方便论述,本节将以船长这一船舶组织体系内部地位最高的监督者为例,明确信赖原则在水上交通监督过失中适用的限制情形。

在船舶组织体系内除了应当将不符合信赖存在特征的情形排除之外,还应当明确以下阻碍实质的信赖关系建立的事由。(1)被监督者作为水上交通从业者的业务资质明显欠缺。其中,无证上船是水上交通领域较为常见的行为。与道路交通领域的无证驾驶机动车行为范围不同,水上交通领域的无证驾驶不仅包括未取得、伪造船员职务证书的行为,水上交通从业者所服务的船舶航区、种类和等级或者所任职务超越其所持证书限定的范围也是无证驾驶的表现之一。例如,海上交通从业者的培训发证要求明显高于内河交通从业者,而内河交通从业者驾驶内河船舶参与海上交通运输属于典型的无证上船行为。此时,船长作为船舶组织体系内部地位最高的指挥者,具备对在船的水上交通从业者密切关注的条件。在船长明知具体从事业务内容的从业者不具备适任资格而未加制止其继续从事危险业务内容的场合下,难以适用信赖原则阻却其监督过失责任的承担。(2)被监督者是初次执行或者仅短期执行过所在领域的业务内容。水上交通运输和作业是具有高风险的业务内容,这便要求水上交通从业者不仅是具有适任证书的合格主体,航行经验等业务能力也是防范水上交通风险必须具备的重要方面。在注意义务和注意程度方面,尽管新加坡法院的判例认为,即使是一个见习驾驶员,也必须遵照与一个相当称职和合格的驾驶员相同的标准,而以任何其他方法来认定见习驾驶员的注意义务以及应当达到的注意程度都过于含糊和不确定,而且这也是一个政策问题。① 但不能否认的是,良好船艺的实现是长期航行经验积累的产物。因此,当被监督者初次执行或仅短期执行业务内容时,船长应当意识到其在操纵和避让船舶方面缺乏必要的经验,而应将其适任能力的考察纳入具体的预见范围,密切关注其行为形态,有效履行对其监督指导的职责。特别是在一些能见度不良、通航环境复杂的水域更应当跟踪指导。因此,在水上交通从业者是初次执行具体业务或者经验尚不足以独自完成业务内容时,船长与具体从业人员之间无法产生实质的信赖,因而应当阻却信赖原则的适用空间。(3)被监督者处于明显超过其负荷的状态。疲劳状态是从事海上交通运输的从业者无法避免的生理现象。特别是从事远洋航行的水上交通从业者,长时间处于工作地点和生活地点合一的封闭场所,极易出现疲劳的状态。一旦出现疲劳状态,将增加不安全行为发生的风险。对此,为了保障值班工作的顺利进行,海船船员值班规则中对值班人员的休息时间进行明确规定。② 而船长负有采取有效措施防止船员疲劳作业的监督义务。在这种情形下,作为船长无法寄希望于

① See Ng Keng Yong v. Public Prosecutor and another appeal, 4 Singapore law reports (reissue) 109(2004).

② 参见交通运输部2020年7月6日发布的《海船船员值班规则》第120条。

一个处于不良生理状态的从业者能够谨慎认真地完成水上交通驾驶任务,船长与工作时间明显超过规定的水上交通从业者之间缺乏建立信赖关系的实质理由。尽管水上交通事故的发生是由于该从业者的不当操作行为而致,也不能基于信赖原则免除船长的监督过失责任。(4)被监督者屡次发生违规行为。在水上交通领域,频繁发生违章行为是水上交通从业者异常举动的重要表现,将严重影响船长对该水上交通从业者能够谨慎认真完成水上交通具体业务的信赖。在此缺乏实质信赖的场合下信赖原则必须退居次要地位。正如日本学者所述,"在认识到表明不能信赖他人的具体征兆时,行为人具有监督他人的义务时,科处给行为人的独立于他人的注意义务时"不能适用信赖原则。① 总之,为保证信赖原则在水上交通领域监督过失中的适用,作为监督者的船长等必须切实履行其职责范围所要求的监督义务。特别是船长其本身负担着确保船舶适航、船员适任的监督义务,即使适用信赖原则也无法将这种监督义务排除在外。② 从严格意义上来看,在船长违反这一基础的监督义务时,信赖原则的适用空间几近于零。

(三)船长与引航员之间的信赖原则适用分析

正如上文所述,引航员作为具有适任资格的专业航海技术人员,具备独立承担刑事责任的主体地位。那么,从船长的角度来看,船长能否基于对引航员的信赖而免除其监督过失的刑事责任?换句话说,船长与引航员之间是否存在信赖空间?以"长赐号"搁浅

① 参见[日]佐伯仁志:《刑法总论的思之道·乐之道》,于佳佳译,中国政法大学出版社2017年版,第262页。

② 参见庞婧、赵微:《论海上交通事故类犯罪中的信赖原则的适用——以船舶纵向组织分工为视角》,载《辽宁大学学报(哲学社会科学版)》2019年第5期。

事故为例,案例中船长与引航员的法律责任界分问题一度成为关注的热点。2021 年 3 月,全球最大营运船舶之一的“长赐号”满载 20,000 标箱货物在交通要道苏伊士运河发生搁浅事故,导致各大陆间的航运一度陷入停滞状态。初步调查结果显示,事故是由于船长的“错误操作碰巧遇上了沙尘暴和强风”,导致该船在完全驶入苏伊士运河航道前船首严重偏离航向并产生剧烈摇摆,船舶在能见度下降的情况下搁浅。对此,苏伊士运河管理局主席拉比表示,“长赐号”的船长应该对船只搁浅事故负责,而不是引航员。[①] 如果是埃及引航员的责任,则最终还是要归为印度船长的总体责任。[②] 可以发现,由于船长和引航员之间的责任界分不清晰而导致的引航操作事故甚至是碰撞事故并不少见。那么,能否基于我国《海商法》第 39 条“船长管理船舶和驾驶船舶的责任,不因引航员引领船舶而解除”这一规定就完全否定信赖原则在船长和引航员中的适用?事实上,航运实践中也有观点认为,尽管引航员在船执行引航任务,但是只要发生事故绝不会因为引航员在船而降低或者免除船长和当值驾驶员指挥和操纵船舶的责任,换句话说,也就意味着船长与引航员之间完全没有信赖适用空间。基于此,需要结合船长与引航员的义务范围以及具体情形进行信赖基础有无的具体判断。

船舶航行于世界各大港口,很多航区需要引航员指引船舶安全航行、进出港和靠离泊操作。尽管从接管事实上来看,船舶进出港

① 参见《长赐号将接受检查,船长背锅》,载腾讯网,https://xw.qq.com/amphtml/20210330A0EWIJ00。

② 参见《引航员吵不停,或为长赐号搁浅元凶》,载网易新闻网,https://www.163.com/dy/article/GDJHEUL70552572E.html。

的过程是由引航员根据引航经验与港口状况实现船舶操纵，引航员对船舶具有指挥权。但是，这种权利是有限制的，引航员并不具有独立的指挥和操纵船舶的权利。船长作为船舶的最高指挥和管理者对船舶的安全航行具有最终指挥权。具体表现为，一方面，船长有权要求引航员对其操作指令作出解释。另一方面，船长如果发现引航员下达的引航指令可能对船舶的安全航行造成威胁时，是可以要求引航员更改航行指令的，甚至可以向港口当局提出要求更换引航员。

首先，船长与引航员之间并未完全丧失信赖原则的适用空间。从监督关系上来看，船长与引航员之间是独立的监督与被监督主体。引航员是具备一定的引航技能的适格水上交通从业者。船长虽然对船舶具有最终的操控指挥权，但是应当承认，引航员是对所处港口水文、气象、航道等环境以及当地习惯航法较为熟悉的专业人员，船长一定程度下要服从引航员的引航决定或者听从引航员的建议性引航方案。因此，从航行经验上来看，船长与引航员之间又存在紧密配合的合作关系，需要尊重引航员的操作方法，对正确的指挥船舶的操作行为给予密切配合。这种合作关系的辅助性一定程度上削弱了监督关系的制约性和制约力度。

其次，基于船长与引航员之间的临时合作关系，信赖原则的适用空间较小。原因在于，引航员虽然是驾驶台资源的组成人员，但其仅仅是“短暂的”加入船舶组织体系中，其对于船舶的特性以及驾驶台环境并不熟悉，甚至可能是第一次接触所需引航的船舶。航运实践中，一些船长过分信赖引航员，将船舶的操纵指挥权完全移转给引航员，对于引航员的行为并未监督、戒备甚至是监控，这种未尽到合理的监督注意义务的行为可能会被追究其刑事责任。

最后,信赖原则在船长与引航员之间的适用前提是船长合理履行监督义务。具体来看,监督义务的履行应该涵盖以下内容:其一,必要的告知义务。例如,船长应向引航员告知船舶操纵限制以及机械设备等安全隐患。其二,密切关注的义务。船长不仅需要跟踪引航员下达的每一个舵令,随时核对船舶动态,而且需要密切关注引航员的状态,对于其操纵船舶的能力、判断局面的能力以及健康工作状态进行准确判断。其三,及时指正的义务。对于引航员的错误操作进行提醒、纠正,必要时提出异议要求引航员进行解释。如果有充分的证据证明船长已妥善履行对引航员的必要注意义务并且对于引航员的过失行为并不具有监督过失,那么应当免除其刑事责任。因此,尽管"船长管理和驾驶船舶的责任并不因引航员在船而解除",但是这并不意味着船长需要对引航员的所有失范行为负责。如果引航员盲目自信,经过船长多次提醒而不更改引航指令或者降速,在船长接过指挥权后已经丧失危害结果的避免可能性时那么船长不应当承担监督过失责任。如果船长虽然全程对引航员进行操作监控,但是由于船长自身经验或者操纵技能的局限,在接管指挥权后并未充分采取有效避让措施导致事故发生,那么船长也将承担监督过失的刑事责任。

四、信赖原则在水上交通管理过失中的适用分析

目前,刑法学界对于在管理过失当中能否适用信赖原则的问题出现截然相反的代表性意见:一种观点否定信赖原则在管理过失场合的适用。其主张在管理过失中,管理者确立安全体制的义务包括其不能从极其抽象的意义上信赖他人不会为不法行为,因此否定信赖原则的适用。信赖原则得以适用的基本前提在于,并不存在成为导致事故发生原因的违反规则行为,故而管理者并不能以简单的信赖存在为由主张免除责任。① 另一种观点则肯定信赖原则在管理过失场合的适用,并进一步认为,在管理过失的场合,在管理者事先已经建立有效的安全管理体制以及已然建立预防危险的相关安全设施,并且对业务领域中人员的选任、培训以及预防危险的业务能力进行合理安排的场合才可以主张信赖原则的适用而免除自身过失责任。② 不难发现,尽管学者们看似对于信赖原则在管理过失中的适用表达了不同的态度,但从实质上看,这两种观点是从不同侧面对信赖原则在管理过失中的适用进行表述。具体到水上交通管理过失中的信赖适用分析,首先应当明确的是,与船舶组织体内的船长具有确保安全管理体制在船舶内进行顺利运行和对船舶安全监控的业务内容不同,航运管理者具有建立安全管理体系或制度的义务。事实上,作为航运管理者的航运公司建立安全管理体系或制度的义务内容不仅要求其在岸基方面落实安全管理体系或者安全管理制度,而且确保对船舶和船员能够有效管理,而后者属于我们将探讨的信赖原则能否在水上交通管理过失中适用的范畴。原因在于,一起水上交通事故的发生通常是多个过失行为竞合的结果。航运管理者建立安全管理体制或者制度的最主要目的即是实施船舶的有效管理,从而防止水上交通安全事故的发生。因此,对于船舶组织体系来说,航运管理者建立安全管理体系或者制度的基础就体现为保证所管理的船舶载体具有适航性、船舶组织体内水上交通从业者具有适任性以及包括危险货物在内的货物具有适运性等相

① 参见吕英杰:《监督过失研究》,中国人民大学2004年硕士学位论文,第37~38页。转引自刘丁炳:《监督管理过失犯罪研究》,中国人民公安大学出版社2009年版,第171页。

② 参见赵慧:《刑法上的信赖原则研究》,武汉大学出版社2007年版,第208页。

关安全管理义务。也就是说,在管理过失的场合,只有在航运管理者事先建立了安全管理体系或者安全管理制度,对其管理范围内从事水上交通运输或者作业的船舶进行维护并保证船体、结构、设备等处于安全状态,并对参加业务活动的水上交通从业者的选任、培训、配备、考核严格把关以及应急演习及操练等合理安排的场合,即通过完善的系统化、体系化的流程消除船舶存在的潜在风险时,管理者才可能主张适用信赖原则免除自身的管理过失责任。正如日本法院在论述“拌酱事件”涉及的管理过失中信赖原则适用问题时所言的,如果先前能够贯彻安全教育或指导培训,就可以肯定地说,能够合理地期待具有熟练业务技能的从业者会遵守这些规定。① 因此,在建立并落实相关预防事故风险的船舶安全管理体系或者制度的基础之上是可以考虑适用信赖原则免除过失责任的,而并不要求航运管理者对于水上交通从业者的每一个具体业务行为进行监督和检查。因为这不仅不符合航运实践的情况,而且对航运管理者的注意事项要求过于严苛。相反,当航运管理者未及时制止出现严重缺陷的船舶出航以及不具有相应航区适任证书和适任能力的水上交通从业者从事具体业务等制造不允许风险的场合,将直接否定信赖原则的适用。

① 参见[日]大塚裕史:《企业灾害和过失论》,载高铭暄、赵秉志主编:《过失犯罪的基础理论》,法律出版社2002年版,第100页。

第七章　水上交通过失犯罪主观特征之注意能力判断

水上交通过失主体的注意能力，即水上交通过失主体对特定对象保持意志上紧张和集中的能力。在不同的过失类型中，注意能力具有不同的内容：在疏忽大意的过失中，水上交通过失责任主体虽然具备这种注意能力但是未发挥或者未充分发挥注意能力，以致对构成要件结果缺乏一定程度的预见；在过于自信的过失中，水上交通过失责任主体尽管已经预见到构成要件结果可能发生，但却未发挥或未充分发挥这种注意能力而确实地认识到危害结果的实际发生机制以致最终未能避免危害结果的发生。所以，水上交通过失主体的注意能力是对危害结果的预见能力和避免能力的统一。也就是说，这种注意能力并不限于预见的认识能力，而是以不同犯罪过失形态下的不同注意内容为依据的资格或者可能性。可以说，水上交通从业者是否具备注意能力对于判断其是否构成过失犯罪至关重要。只有当水上交通过失主体负有注意义务且具备注意能力时,才应当履行注意义务要求的行动措施。如果水上交通过失主体负有注意义务,但是缺乏注意能力,那么其也不应当得到刑法上的否定评价。原因在于,水上交通运输的风险性来源不仅体现为水上交通运输者违反注意义务的危险行为,其业务环境本身也是风险的重要方面。尽管目前恶劣气象、海况的预警预控制度已经相当完备,预警实效逐步增加,且海事部门推行恶劣天气海况义务通报制度,但是作为预测科学,其自身无法实现百分之百的精准。如船舶在航行时遭遇突发的恶劣气象情况,此时无法期待船舶经营者或者船长能够预见而在开航前作出不出航的行动。也正是基于此,我国刑法中对于意外事件进行了明确的规定:虽然行为在客观上造成严重的损害结果,但是由于不能预见的原因所引起的,不是犯罪。这一规定不仅揭示了意外事件与过失犯罪的区别要点,而且体现了注意能力在过失犯罪中的重要地位。

另外,注意义务和注意能力虽然都是认定过失罪过的规范评价要素,但是两者是各自独立的因素。具体来看,注意义务是从法规范层面提出的一种应当保持注意上的集中和紧张而预见或避免结果的要求。而注意能力则是从主体实际情况出发,对应当预见或者避免的结果是否具有现实性而进行的考察。因此,从具有预见能力进而推定注意义务存在的说法并不可取。如在航运实践中,船长基于紧急情况上驾驶台后,明确表示其承担责任,值班驾驶员随之按照船长的错误指示没有及早地采取避让行动,造成严重的人员伤亡。这种情况下,虽然值班驾驶员具有注意能力,但是按照现代过失犯理论中的信赖原则,其对船长能够作出指令的适当性、合规性以及合理性给予充分的信赖,而不负有对指令错误与否的审查义务。由此可见,注意能力的存在并非能够必然产生注意义务,还需要进一步通过规范判断进行注意义务有无的考察。

第一节　水上交通过失不同主体注意能力的影响因素

影响水上交通从业者注意能力的要素分为内部和外部因素。从外部影响因素来看,包括驾驶台结构、信息显示、自动化程度等船舶因素和气象、航道等环境因素以及船舶管理、配员等组织因素。相对于水上交通从业者的个体影响因素,源自外部环境的影响因素繁多而且具有间接性。因此,从水上交通从业者自身方面来探求影响水上交通从业者人员注意能力的因素并使之作为违反注意义务的直接原因更加具有合理性。从航运实践来看,主要从心理状态和生理状态两个方面对水上交通过失主体的注意能力影响因素进行探讨。

一、心理状态对水上交通业务过失主体的注意能力影响

在水上交通从业者的心理状态层面,意志因素的欠缺首先影响注意力的集中。在船员长期从事水上交通运输业务的过程中,往往是有意后注意在心理状态中占据主导地位,那么,在其未通过意志努力保持注意的稳定或者未随着水上交通的周边环境变化及时实现注意的分配和转移时容易发生水上交通事故。其次,规则意识的薄弱也影响注意力的集中。例如,避碰规则作为维护水上交通秩序的基本规则,是防止碰撞事故发生的重要行为准则。如果水上交通

从业者规则意识薄弱,对周围船舶动向缺乏注意,自身未保持瞭望和船舶的安全航速就极易违反注意义务。再次,心理压力也在一定程度上影响注意力的集中。工作在趋于自动化、大型化的现代化远洋船舶上的船员,不仅长时间处于封闭的船舶环境之中,而且进行高负荷的工作。对此,关于海员心理压力的研究显示,工作场所、长工作日、家庭分离、工作单调、高职位人群的安全与经济压力是水上交通运输主体业务中的最重要的五项压力。① 当船员处于这种不良的心理状态时,就容易对态势的感知、判断或者行动出现错误,对事物的预见和避免能力降低。最后,焦虑等不稳定情绪也是影响注意集中的重要因素。情绪,是随着人的认知和意志过程而产生的对外界事物的体验,它不仅是一种来自主观的感受,而且是一种具有目的性的社会表达。从心理进程来看,情绪是在认知的基础之上形成的,并对实践活动产生影响。水上交通业务的工作场所和业务角色具有固定化的特点,如果从业者不能积极运用意志因素调节情绪,任由焦虑、烦躁等负面情绪萦绕甚至产生职业倦怠,那么相应地船员的认知灵活性和注意范围将受到不同程度的限制,极易出现违反注意义务的相关行为。

二、生理状态对水上交通业务过失主体的注意能力影响

在水上交通从业者的生理状态方面,疲劳状态作为水上交通从业者在经过连续工作后身体能力下降的一种不适状态,是船舶通航过程中潜在的不安全因素。对此,《海员船员值班规则》中明确对船员的休息时间进行了规定,并要求航运公司和船长采取有效措施

① 参见黄应邦、林锡坤、杨北胜、毕修颖:《海船船员心理压力因素分析》,载《中国水运》2015 年第 8 期。

防止船员疲劳操作。① 然而，水上交通运输作业具有特殊性，即使不值班，遇到频繁靠港或者应急作业也容易导致休息方案被打乱。船舶机舱的噪声再加上大风浪下船舶随之大幅度的摇摆更加剧船员的身体疲劳，不仅使他们反应速度减慢、行动的协调性和准确性降低，而且相应的无意注意能力和选择注意能力也会随之降低，容易出现违反注意义务的行为。“实践中，因三副在3000总吨以下的船上任职，不能取得晋升3000总吨以上船舶二副的资历，造成3000总吨以下船舶很难聘请到三副，船长不得不代三副值班，导致其值班时间过长。部分碰撞事故中，船长连续工作超过9个小时，长时间在船舶密集水域和狭水道航行值班，身体处于极度疲劳状态难免会出现判断能力下降，反应迟钝和操作失误。”②另外，生理性醉酒也在生理层面影响水上交通从业者的注意能力。总体来说，醉酒分为生理性醉酒和病理性醉酒两种情形，其中病理性醉酒由于属于精神疾病的一种，通常不负刑事责任。韩国“世越号”沉没事故和中国太湖“苏苏快299”快艇碰撞事故，都是值班人员醉酒引起的事故。因此，水上交通运输业务中较为值得关注的是我国《刑法》规定的需要负刑事责任的生理性醉酒。生理性醉酒承担刑事责任的根据在于，这一行为本身是可以通过意志进行控制的，水上交通从业者应当预见或者已经对自己醉酒的行为可能发生严重危害水上交通公共安全法益的结果有所预见，却疏忽或者轻率地未预见或者未采取结果避免措施防止自己过度饮酒后因精神过度兴奋或者神志不清、注意能力下降进而判断或者行动失误导

---

① 参见交通运输部2020年7月6日发布的《海船船员值班规则》第12、120条。

② 《上海海事法院船舶碰撞案件审判与航行安全情况分析》，载搜狐网，https://www.sohu.com/a/318457631_100017141。

致水上交通事故的发生。因此,在认定水上交通从业者的注意能力时,应当结合水上交通环境的特殊性以及以船舶为载体本身的局限性,具体分析影响其注意能力的因素,从而对其过失进行合理认定。

第二节　水上交通过失不同主体注意能力的判断标准

根据社会实践生活的性质不同,注意能力可分为一般注意能力和特殊注意能力。有别于基于日常生活实践而对一般社会成员的普遍注意能力的要求,特殊注意能力是以具有危险性的业务活动实践为背景,要求受过专门的训练,具有专门知识、经验、技术的从业者在业务活动中所具备的注意能力。因此,从事水上交通运输业务的主体应当具备的就是特殊的注意能力。

一、注意能力判断标准的学说争鸣

那么,对如何判断水上交通过失主体对其危害行为所发生的构成要件结果是否具有注意能力,存在不同的学说:第一种观点是以道义责任论为基础的主观说,[①]这种观点注重行为个体的心理事实和实际能力,认为应当以行为人个体的认识能力作为基础确定其是否具有注意能力的标准。第二种观点是以社会范围内一般人为标准的客观说。[②] 具体到水上交通领域,也就是以从事水上交通运输业务领域的一般人的注意能力为标准进行注意能力有无的判断。

① 参见周光权:《注意义务研究》,中国政法大学出版社 1998 年版,第 104 页。

② 参见林亚刚:《刑法学教义》,北京大学出版社 2017 年版,第 232 页。

客观说以社会责任论为其理论基点，首先预设了一个合格而又谨慎的水上交通业务主体所应具备的注意能力作为衡量标准，如果具体的行为人未能发挥这一程度的注意能力，由此产生构成要件结果，就应当承担过失的刑事责任。[①] 第三种观点是折中说，这种观点是根据社会相当性而形成的具有一定抽象性的类型标准。[②] 该学说认为，能否预见属于个体的认识因素，而个体的认识不能脱离个人和周围环境的具体情况，也就是说现实的预见和预见可能性是两个有所区别的概念，因而不能超过个体的认识能力而对其提出过高的标准方才具有合理性。同时，认可主观标准也并不意味着对客观标准的绝对否定，在具体的认定中还需要考虑客观标准这一限制。

二、水上交通从业者的注意能力判断标准选择

尽管折中说看似为业务活动中特殊注意能力的认定提供了一个具有全面性、合理性的标准，且兼顾了主客观事实，但是一旦将其运用到解决水上交通运输业务领域具体行为人的注意能力判断问题中，就会发现其不具有可行性。何时应当关注个体的注意能力以及何时应当以业务领域所客观要求的注意能力为标准，折中说并未给出明确的回答。因此，最终还是需要从主观说和客观说之中寻求答案。目前，对于客观说的质疑主要集中在其忽视业务活动中个体的差异，过分将业务领域的多数人应当具备的注意能力等同于行为人在具体的每一次业务活动中所应具备的能力，有客观归罪之嫌。

---

① 对此，理论上也有学者提出运用"专家模式"对行为人的特别注意能力进行推定的判断标准。从实质上看，这种观点是以客观说为基础的衍生品。原因在于，这种专家模式的含义也是以业务领域所要求的注意能力作为认定行为人注意能力的标准，并没有对行为人提出过高的要求。参见姜伟：《犯罪故意与犯罪过失》，群众出版社1992年版，第352页。

② 参见陈兴良：《刑法哲学》，中国政法大学出版社2004年版，第192页。

法律制度在主观因素的问题上所作的最关键的妥协包括采纳客观标准这一概念,这将极易造成为了实现定罪和惩罚的需要,而认定一个人具有他实际并不具备的能力,尽管某一正常、有理智的人具备并且能发挥出这种控制行为的能力。[①] 的确,当客观说用来处理水上交通过失主体的注意能力判断问题时,这种缺陷就更为明显。

不能否认的是,水上交通从业者所从事的是关系到人身和财产安全的高度危险性业务,因此要求其具备专业的知识和技能才能从事业务活动。一名合格的水上交通从业者取得等级适任证书不仅需要符合任职岗位的健康标准,而且需要完成适任培训通过适任考试,具备一定的任职资历海事机关才会为其签发与任职船舶种类、主机功率、航区和职务要求相对应的适任证书,并且从业者只能在适任证书所呈现的类别、职务资格、航区范围内进行水上交通业务活动。这一从业要求就在于确保从事水上交通运输的主体具备水上交通运输业务活动所要求的行业知识和基础能力,可以说资格准入制度为从事水上交通业务活动的主体的注意能力判断提供了依据,而且可以说这种资格的要求应当是水上交通行为主体所应当达到的最低注意能力标准。基于此,我们可以合理地认为,一名从事水上交通运输业务的专业人员是具备其适任证书中所记载的职位资格所需要的特殊注意能力的。因此,客观说所倡导的水上交通业务领域的一般人标准,可以为具体行为人注意能力的高低判断提供具有可参考性的水平线,从而为注意能力有无的判断以及是否应当承担过失责任奠定了探讨的基础。然而,客观说在具体适用的过程中,由于其忽略不同环境、个体特质以及具有差异性的具体业务内

① 参见[英]哈特:《惩罚与责任》,王勇等译,华夏出版社1989年版,第146页。

容,故可能无法得出一个正确而又合理的结论。特别是在处理水上交通具体行为人的注意能力高于水上交通所在业务领域一般人注意能力的情形时,简单以一般标准作为认定其注意能力的“最高注意能力”从而否定过失责任,极易纵容犯罪;而当处理具体行为人的注意能力低于水上交通所在业务领域一般人注意能力的情形又将有客观归罪之嫌。一般来讲,只要是从事水上交通业务的主体便可以期待他是一个经过培训的合格从业者,并期待其能独立完成业务活动要求。尽管绝大多数水上交通从业者也都具备符合航运业务要求的客观注意能力,但实践中不得不承认水上交通运输从业者的注意能力也是参差不齐的。在我国,依据船舶通航水域的差异将船舶分为海船和内河船舶,由于海船的航行能力和结构、性能以及配备的通信导航设备等优于内河船舶,故对其从事业务的水上交通运输主体的注意程度的要求也相应地高于内河船舶。另外,即使被认为具有专业知识、经验和技术,不同的水上交通业务主体在面对不同局面时也是存在不同反应的。正如研究表明,海员注意力的显著差异不仅存在于不同的年龄、工龄和海龄之中,而且有差别的职务内容和文化程度也导致海员注意力出现明显区别。① 承认个体的主观能力存在差异是正确认识水上交通运输主体注意能力的基础。

因此,对于水上交通业务过失主体的注意能力判断标准的选择问题,应当充分考察行为人进行水上交通业务活动具体行为时的环境条件,在此基础之上采用以实际行为人的注意能力为标准的相对主观说。当行为人的注意能力高于水上交通运输业务中所处职位、

---

① 参见朱国锋、余浩、何存道:《海员注意力研究》,载《中国航海》2004 年第 1 期。

级别所客观要求的注意能力时,在注意能力的判断标准上就应当以行为人的实际注意能力为认定标准,如其虽依照平均注意能力履行注意义务而未尽自身最大的注意能力防止构成要件结果发生,则不排除过失的成立。水上交通从业者从事的活动类型是关系到人身与财产安全的高风险业务类型。随着工业现代化程度不断提高,船舶不断大型化和技术化,水上交通从业者也不能仅仅固守进入"门槛"时的知识和技术。以实操能力为主要衡量标准,要求从事业务的主体不断研究学习先进通信设备的使用方式和维修方式,充分总结、积累操船经验,进行与职务相适应的知识更新培训以达到其能力范围内最大的注意能力。另外,反应所需要的时间长短也是衡量水上交通从业者操纵技能动作熟练程度的重要指标之一。[①] 船舶驾驶、操纵技能的熟练程度也应当是基于水上交通运输等作业行为的性质,为防止危险发生对水上交通从业者的必然要求。因此,水上交通从业者的注意能力亦应随之提高,若因缺乏学习和技术上的欠缺导致其在具体行为时注意能力低于所处业务领域的一般人,也应当追究其过失责任。

航运实践中也常常发生水上交通从业者明知自己的实际注意能力低于水上交通运输业务中所处职位、级别所要求的一般注意能力而冒险行为,甚至引起构成要件结果发生的情形。这种现象的出现可能是由于行为人缺乏对航运相关业务知识的学习或者对于水上交通领域的专门规则理解或者领悟有误,对此应当借鉴德日刑法理论中的超越承担过失理论来处理是否应当追究其过失刑事责任

① 参见冯鸿滔主编:《普通心理学》,中国人民公安大学出版社2006年版,第472页。

的难题。所谓超越承担过失,是明知自己无法胜任业务内容,而仍然超越个人注意能力而行事,因而发生严重侵害法益结果的过失。依据超越承担过失理论,虽然水上交通从业者引发人员伤亡或者财产损失是因特殊注意能力不足,如因上述心理、生理上的原因导致其注意能力降低,从而欠缺从事特定水上交通业务所必需的技能,但是行为人如果明知自己主观能力不足以胜任业务需要仍冒险承担,则应当自负过失责任。这是具有一定合理性的。原因在于,行为人从事水上交通运输具体业务是经过海事机关发证允许的,只有具备特殊注意能力的人才能执行水上交通业务活动。水上交通从业者一旦开始做出业务要求的具体行为便可认为其已经作出谨慎认真、勤勉尽责的承诺,同时负有不违反水上交通运输业务要求的危害他人人身和财产安全的注意义务。而那些缺乏注意能力或者注意能力降低的水上交通从业者一旦实施具体的业务行为,就已经违反了注意义务。可以说,这种注意义务的违反并不因行为人已尽其最大的注意能力而抵消,反而因为行为人能够作出不从事业务的意志选择而未进行选择,所以应当对其轻率行为下的危害结果负责。当行为人明知自陷注意能力降低或者对水上交通运输业务领域的技术知识缺乏钻研和经验的积累而在具体业务活动中造成危害结果时,应当认定其违反了注意义务,从而追究其过失责任。

在水上交通业务领域中,可能构成超越承担过失的还包括在紧急情况下值班驾驶员的转指挥义务和值班轮机员的转操纵义务,值班驾驶员或者值班轮机员一旦违反转指挥义务和转操纵义务将构成超越承担的过失。所谓转指挥义务,是指值班驾驶员对能见度不良或者怀疑他船动态和引航员意图、难以保持航向等紧急情况或者其他情况产生疑虑时应当及时报告船长并由船长进行指挥的义务。

转操纵义务是指值班轮机员在机器故障或者推进机械、监视系统、调节系统失常损坏等紧急情况或者对此产生疑虑时，应当及时报告轮机长并由轮机长组织抢修的义务。值班驾驶员和值班轮机员负有转指挥义务和转操纵义务的原因在于，值班驾驶员和值班轮机员的自身能力不足以应对紧急情况下的指挥操作。值班驾驶员和值班轮机员履行转指挥义务和转操纵义务与其指挥、操纵义务均是水上交通运输业务活动所要求的法律义务，尽管两者同是作为义务，然而并不能因为值班驾驶员和值班轮机员紧急情况下的指挥、操纵义务而免除其转指挥和转操纵的义务。当值班驾驶员或者值班轮机员遇到值班规则中的紧急情况或者疑虑情况时即应当履行转指挥、转操纵义务，这是转指挥、转操纵义务发生的条件限制。若值班驾驶员或者轮机员因逞强或者轻率而未及时报告船长、轮机长，错过防止构成要件结果的最佳时机，则不得不承担过失的法律责任。需要明确的是，紧急情况下值班驾驶员、值班轮机员履行转指挥、转操纵义务是以报告的形式，报告的目的不限于通知船长、轮机长船舶和设备遭遇的危难情形，也具有请求船长、轮机长准备接替其职责的内容。因此，尽管值班的无线电操作人员在收到报警预警时也负有报告船长的义务，但是却不负有转指挥、转操纵的义务。就船长、轮机长而言，当其接到值班驾驶员、值班轮机员的转指挥、转操纵报告义务后，其具有立即上驾驶台或者组织抢修的义务。

三、航运管理者的注意能力判断标准选择

需要明确的是，由于业务性质本身的风险程度以及资格取得方式的明显的差别，对航运管理者的注意能力判断标准选择也应当区别于水上交通从业者。在对航运管理者的注意能力判断标准进行选择时应当坚持客观说，即以航运业一般管理主体的注意能力为标

准进行注意能力有无的判断。原因在于,从航运管理者的从业地点来看,其是从岸基对船舶和公司进行安全管理。这种工作地点决定影响其注意能力的因素相比船舶组织体内水上交通从业者要少许多,不仅应激水平不会遭遇极端状态,而且水上交通自然环境和船舶载体的固有特征也不会成为导致其器官敏感性、动作协调性甚至注意能力降低的重要因素。从航运管理者的工作内容来看,其从事的是以确保船舶安全适航、船员安全适任、货物安全适运等活动为基础的管理活动。这种管理活动本身要求管理者具备一定安全管理和培训知识以及协调人、船、货等资源配置的管理能力。因此,以航运业一般管理主体的注意能力严格要求具体行为人履行安全管理义务,不仅可以防止部分航运管理者以不具有管理能力为由出罪,而且可以从根本上减少水上交通事故的发生。

第八章　我国水上交通过失犯罪的刑法完善思考

惩治严重危害水上交通公共安全法益的过失犯罪行为，不仅需要刑事立法层面提供具有明确性的定罪量刑标准，而且刑事司法层面也需要提供具有可操作性的规则。只有从实体法层面逐步进行完善，才能从根本上消除涉水行政机关对水上交通涉罪案件不予移送的顾虑，及时移送涉罪案件，防止应当刑事追责的涉罪案件止步于行政违法阶段，从而真正地发挥刑法手段作为最严厉的社会控制手段在维护水上交通公共安全法益中的重要作用。

第一节　我国水上交通过失犯罪的立法完善

当前，适用于水上交通过失犯罪的刑事法律

规范已经明显无法满足水上交通公共安全法益保护的实践需要。无论从罪状表述还是罪刑设置来看,现行刑事法律规范都并未充分考虑水上交通领域可能出现的行为方式、结果形态并作出与水上交通事故等级标准相适应的入罪标准设置。这直接导致对于水上交通相关责任人的刑事责任追究无法达到一般预防的刑法目的。因此,完善水上交通领域的刑事立法是实现对行为人刑事追责的首要任务。

一、增设"水上重大航行事故罪"

(一)现行刑法规制水上交通过失犯罪罪刑失衡之现状

从规制水上交通过失犯罪的三个罪名来看,当前司法实践中适用最广泛的两个罪名即第133条交通肇事罪与第134条重大责任事故罪。在内河交通运输中发生水上交通碰撞、自沉事故等,相关的责任人员可能同时涉嫌交通肇事罪与重大责任事故罪。原因在于,在业务场所的功能层面,公共交通运输的业务场所与其生产经营活动出现重合;在违反的法律规范性质层面,行为人违反的"水上交通运输管理法规"本身被包含在"有关安全管理"的规定中。这就导致各地在认定水上交通事故致人死亡时极易出现此罪与彼罪的适用差异。对此,尽管最高人民检察院在第97号指导性案例夏某某等人重大责任事故案件中对如何准确适用交通肇事罪与重大责任事故罪提出指导意见①,但是依旧没有对内河运输中常见的直

① "具有营运性质的交通运输活动中,行为人既违反交通运输法规,也违反其他安全管理规定(如未取得安全许可证、经营资质、不配备安全设施等),发生重大事故的,由于该类运输活动主要是一种生产经营活动,并非单纯的交通运输行为,为全面准确评价行为人的行为,一般可按照重大责任事故罪认定。交通运输活动的负责人、投资人等负有安全监管职责的人员违反有关安全管理规定,造成重大事故发生,应认定为重大责任事故罪;驾驶人员等一线运输人员违反交通运输法规造成事故发生的,应认定为交通肇事罪。"

接操作者即船舶所有者如何进行罪名适用予以明确。根据笔者在中国裁判文书网上收集的2005～2021年审判的案件，对于直接操作者即船舶所有人造成水上交通事故造成人员伤亡的案件，出现不同法院适用交通肇事罪和重大责任事故罪不同罪名的情形。如何在水上交通领域明确区分此罪与彼罪成为水上交通过失犯罪司法实践中难解的问题之一。

另外，水上交通运输具有高风险性，适用当前的规制模式将导致处罚过重的情形出现。正如上文所述，水上交通运输具有异于道路交通运输的典型特征，无论从操作载体运行方式到操作人员业务模式，还是从因果关系进程到危害结果样态，水上交通运输事故都展示出与道路交通事故的异质性。对不同类型的行为以及其引起的结果适用一套共同的标准将引起对公众对罪刑设置的合理质疑。

（二）增设水上重大航行事故罪之理论意义与实践需要

首先，增设水上重大航行事故罪是立足于刑法体系整体性思维的必然结果。我国刑事立法现状，针对水上交通领域以外的其他空间场域如航空范围、铁路范围都有专门明确的罪名规制，如第131条重大飞行事故罪、第132条铁路运营安全事故罪，而唯独对水上交通领域缺乏关注。也正是基于这种立法现状，水上交通领域过失犯罪不得不与道路交通领域的过失犯罪适用同一罪名。这便导致在这种规制模式下，水上交通领域的实行行为、结果形态、因果关系判断等问题也无法脱离道路交通领域法律适用的“束缚”，始终要面临标准统一化问题的持续困扰。这也是本书试图在现行刑事立法体系下脱离道路交通领域的一般罪名独立建构我国水上交通领域专有罪名的重要原因。刑法作为广泛参与社会治理的功能性工具①,应当积极干预现有罪名无法妥善规制的水域空间。将水上交通领域的实行行为与结果形态进行分解、细化,这个过程本身并非纯粹犯罪化的过程,而是基于规制水上交通过失行为的实践需要进行精细化立法的必然要求,从我国的刑事立法层面构建独立的水上重大航行事故罪势在必行。

其次,增设水上重大航行事故罪是惩治水上交通过失犯罪的实践需要。水上交通领域的过失犯罪引发的群死群伤结果显著严重于道路交通领域,而且影响水上交通事故发生因果进程的介入因素也具有复杂性。这些突出特征决定水上交通领域的过失行为认定与因果关系判断等问题不能与道路交通领域同质化,特别是水上交通事故中较为常见的结果形态,是道路交通领域的现有刑事立法未顾及的。如果与道路交通领域共用罪名规制其过失行为,适用现有罪刑标准,不仅导致一些不应追究刑事责任的行为被追究刑事责任,而且由此得出的刑罚结论也有失公平合理性。因此,为对水上交通过失行为进行规范治理,也应当增设水上重大航行事故罪。

最后,增设水上重大航行事故罪是保障水上交通从业者一定限度业务自由的必然选择。只有设立水上重大航行事故罪,才能将水上交通事故与道路交通事故、水上交通过失与道路交通过失的认定区别开来,从根本上杜绝一体化思维的影响。对此,有学者认为我国当前刑事立法中情绪性立法的现象较为严重,与刑事法律严厉性

---

① 参见周光权:《转型时期刑法立法的思路与方法》,载《中国社会科学》2016 年第 3 期。

所要求的立法严谨和理性相冲突，违反刑法的谦抑性原则。① 事实上，水上交通领域专门罪名的增设，不仅并未违反刑法谦抑性原则的实现，反而是谦抑性原则的体现，将不应认定为犯罪的行为隔离在归责的范围之外，从而实现国家司法资源的合理配置，增强社会公众的刑法认同。不难发现，适用现有刑事立法的罪名规制水上交通领域的过失行为并适用与道路交通领域相同的入罪标准，将导致水上交通事故中违反相关管理法规的行为极易被认定为犯罪，从而导致过度刑罚化在水上交通领域的发生。正如有学者指出，在刑法的观念日益向功能主义转型并考虑与刑事政策紧密关联的当今社会，适时增设新罪并不与刑法的谦抑性原则相冲突。② 基于此，只有刑事立法对水上交通领域的过失犯罪行为进行积极的回应，才能使整个航运业更加规范化，减少由于人的过失行为而引起的水上交通事故，从而实现其他法律规范难以实现的社会控制目标。只有为水上交通领域设置合理的罪刑标准，才能保障水上交通从业者合理的业务自由。故而，设立水上重大航行事故罪，是基于追求积极的一般预防以实现刑法目的，而并非为打击水上交通从业者和航运管理者的业务行动自由。

（三）水上重大航行事故罪之立法设计

具体来看，所谓水上重大航行事故罪是指违反水上交通运输安全管理规定，导致发生水上交通重大事故，引起人员伤亡、公共财产损失和水域污染，应当追究刑事责任的行为。所谓水上交通运输管

---

① 参见刘宪权：《刑事立法应力戒情绪——以刑法修正案（九）为视角》，载《法学评论》2016 年第 1 期。

② 参见周光权：《积极刑法立法观在中国的确立》，载《法学研究》2016 年第 4 期。

理法规,是指保障水上交通安全与管理秩序的相关行政法规规范,如《海上交通安全法》、《内河交通安全管理条例》以及内河、海上避碰规则等。首先,需要明确的是水上重大航行事故罪以公共安全为保护法益。由于公共安全法益的包容性,因此事实上这里的公共安全通常包括人身、财产和环境的法益内容。随着社会治理方式转型与生态目标转型,在建构水上重大航行事故罪时应当转变传统的人类中心主义的立场,认识到无论因何种水上交通事故引起水域污染,只要结果达到构罪程度都应当认定为对生态环境造成了法益侵害,明确水上重大航行事故的危害结果可能具有多元特征,既包括人身损害、财产损害,也包括独立的引起水域污染的损害结果,从而关注海洋生态平衡,实现人与自然和谐相处的可持续发展环境伦理观。对此,《海上交通安全法》第 11 条也赋予船舶所有人、经营人或者管理人建立并运行安全营运和防治船舶污染管理体系的义务。其次,本罪应在《刑法》第 132 条之后单列一条并明确其罪状与法定刑。这既是基于避免将道路交通与水上交通"同日而语"的考量,同时也是刑事立法增设条文类型性和协调性原则的贯彻。[①] 根据我国当前按照行业类型设置责任事故罪的立法方式,增设的水上重大航行事故罪与已有的重大飞行事故罪、铁路运营安全事故罪等之间必须保持协调关系,法定刑可以按照三年以下、三年以上七年以下进行设置,实现罪刑设置的科学性,保持刑事立法机制的理性。最后,在增设水上重大航行事故罪时应体现刑罚手段的多元与灵活性。传统道路交通领域与其他行业的责任事故罪名的处罚方式以判处监禁刑为主,现有规制模式下水上交通领域的

---

① 参见张明楷:《增设新罪的原则》,载《社会科学文摘》2021 年第 2 期。

过失犯罪案件也同样如此。根据笔者对近十年水上交通过失犯罪案件进行整理得出的数据，46%的案件是根据犯罪情节、悔罪表现等适用缓刑的。这种刑罚执行方式能否真正起到减少水上交通危险行为甚至是预防水上交通事故发生的效果值得反思。对此，从业禁止在水上重大航行事故罪中的设立和适用是必要的。《刑法修正案(九)》在《刑法》第37条之后增设"从业禁止"的非刑罚处罚措施，标志着我国刑法在处置措施类型化方面的日益规范完善。反过来说，刑事从业禁止的设立，也适应了水上重大航行事故罪的职业和作业特点，对实施违背业务要求的特定安全管理义务行为而被判处刑罚的水上交通运输业务从业者和航运管理者予以职业禁止，不仅强化了我国刑法在犯罪预防层面的功能，而且促进刑法与安全生产法律法规的准确衔接。因此，尽管《刑法》总则对刑事法层面的从业禁止进行规定，但是该制度在适用过程中还需要考察具体安全生产事故作业类型。因此，应当考虑在分则的具体罪名下设定适用条款，不仅对水上交通从业者设置期限为3~5年禁止其从事水上交通运输职业从而防止再犯的规定，而且对于违反安全管理义务的船舶管理者也应当限制其在刑罚执行完毕之日起一定时间范围内从事水上交通运输经营管理等相关安全生产活动。

二、由附属刑法规范配合刑事立法进行规制

长期以来，我国刑事立法以法典化为单一路径选择。然而，与社会生活变化同时而来的是对新领域法益进行保护的期待。如果仍然坚持这种传统的单一路径选择，刑事立法可能不仅无法应对法益保护的需求，而且容易造成"因刑法立法不及时而导致犯罪预防中的破窗现象”。[①] 的确,“朝令夕改式的法律难以得到人们内心真正的遵守和认同”[②],法律之所以具有权威性正是基于其自身的不易变动性。只有将设置罪刑规范的条款规定在非刑事法律规范中才能避免社会多个领域的变化性和刑事立法稳定性之间的矛盾。尤其是水上交通领域的过失犯罪行为,一般是以违反水上交通领域的相关行政法律规范为前提的犯罪类别。从形式上来看,刑法典应当是行为规范和裁判规范的统一。然而,受制于刑事立法广泛的规制范围以及立法技术,刑法典在对现行水上交通过失犯罪体系中的相关罪名进行描述时无法对罪状详细列举,致其作为行为规范的功能无法发挥充分,只能以违反水上交通管理法规或者违反水上交通安全生产管理规定等的空白罪状形式进行概括性地说明。实际上,这种空白罪状的表述方式不仅没有指明水上环境中相关规定的具体内容,反而极易造成处罚范围的模糊性,影响刑法在规制水上交通犯罪行为过程中的适用效果。

形形色色的犯罪类别需要由不同的法律文件采用不同的形式分工规定。[③] 针对水上交通领域过失犯这一典型的行政犯类型,有必要通过附属刑法这一立法模式进行水上交通过失犯罪相关罪刑规范的设置,在水上交通相关行政法律规范中进一步落实刑事责任。一方面,水上交通领域的过失涉罪案件具有关联性。海事管理机关作为最先接触水上交通事故现场的行政机关,其对于行为内容

① 童德华:《刑法再法典化的知识路径及其现实展开》,载《财经法学》2019 年第 1 期。

② 杨柳:《释法抑或造法:由刑法历次修正引发的思考》,载《中国法学》2015 年第 5 期。

③ 参见张明楷:《刑事立法的发展方向》,载《中国法学》2006 年第 4 期。

和性质的判断决定涉罪案件能否进入刑事追责的范围。通过附属刑法的立法形式对罪状进行明确并规定刑事责任，不仅为海上管理机关在进行案件性质判断时提供便利，而且可以防止应当予以移送司法机关的涉罪案件止步于行政处罚阶段。另一方面，行为性质的可预测性要求应当以附属刑法的立法模式对水上交通领域的涉罪行为进行具有直观性的规定。通过附属刑法中的罪刑规范配合刑事立法进行规制，可以使水上交通从业者以及航运管理者在了解行为是否违反行政法律规范的同时，能够预测自己的行为是否可能构成犯罪，从而遵守行为规范，防止犯罪行为的发生。因此，水上交通过失涉罪案件的关联性以及行为性质的可预测性要求以附属刑法的立法模式对水上交通过失涉罪案件进行罪刑规范设置。基于立法者的喜好，由于不相干的法领域被刑法规定，附属刑法法规也逐渐成为一种不可忽视的刑法渊源，①解法典化已经成为一种新的路径选择②。因此，笔者认为，在明确刑法典的主要渊源并维护其中心地位的前提下，应发挥附属刑法的独特作用，在水上交通领域行政法律规范这种非刑事法律规范中设置具有明确性的真正罪刑规范，并允许其发挥对刑法进行解释、补充乃至修改的实质机能。

---

① 参见［德］汉斯·海恩里希·耶塞克、托马斯·魏根特：《德国刑法教科书》，徐久生译，中国法制出版社2001年版，第154页。

② 参见童德华：《刑法再法典化的知识路径及其现实展开》，载《财经法学》2019年第1期。

第二节 我国水上交通过失犯罪的司法完善

仅从刑事立法层面对水上交通领域过失犯罪行为进行关注尚且不足以保证其规制功能的发挥,也应当针对水上交通领域的实际情况在刑事司法层面制定具有可操作性的法律适用规则。总体来说,制定针对水上交通领域专门罪名的配套司法解释是确保罪刑法定原则得以实现的重要方面。正如上文所述,根据形式逻辑的推理,水上交通领域的过失犯罪与道路交通领域的过失犯罪应当适用同一罪刑标准。但是,具体的犯罪情节设定并未考虑水上交通领域的实践需要,尚且不论以道路交通领域过失犯罪的罪刑标准适用于水上交通领域是否具有合理性,水上交通事故通常引起的复杂危害后果如水上交通事故致人员失踪、致船舶溢油污染,道路交通领域均未涉及。现行司法解释对水上交通领域过失犯罪中所涉问题的法律适用的规定是模糊不清的,这严重违反罪刑法定原则的实质侧面。根据罪刑法定原则的要求,指导水上交通领域过失犯罪具体应用的司法解释应当是能够将水上交通领域刑事追责过程中可能涉及的问题进行明确规定的。司法解释作为明确法律适用的规范性文件,具有法律效力。从裁判规范的角度来看,如果未专门制定针对水上交通领域过失犯罪的司法解释或者并未对水上交通领域的特殊情形有所涉及,不仅将导致涉水行政机关在移送案件的过程中以缺乏适用规范为由不予移送,而且会导致下级具体司法机关在案件的审判过程中产生困惑。从行为规范的角度来看,具有明确性的司法解释也为水上交通主体的行动提供预测可能性。因此,无论是基于刑法规范的明确性要求还是刑事司法的可操作性要求，都亟待制定专门针对水上交通领域刑事犯罪的配套司法解释，这也是保证司法适用具有合理性的明智之举。

一、水上交通过失犯罪的入罪标准完善

（一）提高人员伤亡的入罪标准

习近平同志在党的十九大报告中指出："坚持陆海统筹，加快建设海洋强国。"海洋强国的建设需要充分发挥陆海统筹的推进和战略引领作用。那么，坚持陆海统筹，关键是要转变"以陆看海""以陆定海"的传统观念。[①] 水上交通领域的罪刑标准设置问题，即水上交通过失犯罪的犯罪圈划定范围，不仅关乎我国刑法惩治水上交通过失犯罪的力度，而且关涉社会大众对刑法的认同。正如上文所述，在进行船舶与车辆的基础配员、自身价值等多方面的比较之后，极易得出水上交通领域与道路交通领域并不具有同质性的结论，适用道路交通领域的罪刑标准对水上交通从业者进行刑罚必然有失公正。此时若以刑法中的平等原则进行辩解恰恰容易摧毁平等原则的实质意义。对此，由最高人民法院中国应用法学研究所编著的《人民法院案例选》也通过黄某某水上交通肇事一案提出应当结合水上交通事故等级进行定罪标准考量的建议，认为死亡、重伤人数应符合水上交通的实际情况。[②] 通过在海事部门的调研走访，笔者得知各省的海事机构对提高水上交通过失涉罪行为的罪刑标准的

① 参见史有龙：《充分发挥陆海统筹的战略引领作用》，载《人民日报》2018 年 7 月 1 日，第 5 版。

② 参见最高人民法院中国应用法学研究所编：《人民法院案例选》，人民法院出版社 2012 年版，第 36 页。

呼声很高。[①] 鉴于水上交通领域的实践情况，本书认为应当适当提高水上交通领域过失犯罪人员伤亡的罪刑标准。一方面，水上交通运输和作业的高风险特征决定过失的程度与危害结果的严重程度有时并不成正比。水上交通运输和作业不仅受到气象因素、事发水域通航秩序等通航环境的制约，以船舶为载体本身也受到操纵性能的限制，这些客观因素都具有导致危险扩大的可能。特别是发生水上交通事故致使人员落水的情况时，冷水失温和水下缺氧将直接影响落水人员的存活概率。单纯以道路交通领域的罪刑标准直接适用于水上交通领域并不符合水上交通领域的实践情况。另一方面，为保障水上交通领域从业者一定程度上的业务自由也应当适当提高水上交通领域的罪刑标准。依据现行以道路交通环境为设置背景的司法解释，符合水上交通一般事故等级标准的情形就有可能被处以三年以下有期徒刑，这与道路交通领域以重大事故等级标准进行入罪标准的设置产生严重矛盾，难以实现公众的刑法认同。因此，结合我国目前船舶配员情况，同时考虑到我国水上交通领域的水域划分结构兼顾海洋水域和内河水域，应当以专门指导水上交通安全管理的《水上交通事故统计办法》中“水上交通重大事故等级”为标准进行入罪标准考量，即对致死亡10人或者重伤50人以上的行为人，处三年以下有期徒刑或者拘役。而致死亡30人或者重伤100人以上的行为人，属于“有其他特别恶劣情节”，应当处三年以上七年以下有期徒刑。正如张明楷教授所言，刑罚与社会危害性相

① 笔者对各省海事机构关于船舶碰撞交通肇事最低入刑标准问题的意见总结：福建省海事局、辽宁省海事局、浙江海事局建议以最少以《水上交通事故统计办法》中的较大事故标准为入刑依据；深圳海事局、天津海事局、江苏海事局建议以水上重大事故标准为入刑依据。

适应所展示出的必然联系，现在甚至将来也无法通过贝卡里亚(Beccaria-Marchesedi)所设想的“精确的、普遍的犯罪与刑罚的阶梯”来实现，但是，在对不同犯罪的惩罚力度上，应当考虑罚与罪的标度与所犯之罪的恶或严重性相当，在恶与更恶的犯罪之间应当用相应的惩罚标度来表明这种依次的关系。[①] 对于水上交通过失行为的规制更应当如此，这样才能实现罪刑相适应的原则。

(二)转变现有财产损失认定模式

尽管水上交通过失犯罪与道路交通领域的过失犯罪使用相同的罪名规制，依据罪名概念的涵射范围，水上交通领域的过失行为规制也确实在其射程范围之内。但是，简单适用道路交通领域的入罪标准，将极易导致水上交通领域出现泛罪化的倾向，这不仅不会保障水上交通从业者的必要自由，反而可能在极大程度上引发水上交通从业者的正常业务行为萎缩。因此，针对水上交通实际情况，应当制定直观反应水上交通公共安全中财产法益侵害的标准。对此，以直接财产损失作为财产法益侵害程度的标准不仅具有直观性，而且能够避免“无力赔偿 + 具体数额”模式带来的质疑。另外，通过在海事部门的走访，笔者发现以直接经济损失的数额为标准衡量水上交通事故的财产法益侵害程度符合海事实务的共识。特别是 2021 年 4 月 29 日发布的《海上交通安全法》要求以造成的损害后果为依据将海上交通事故划分为四个等级。对此，作为事故等级划分重要指标的直接经济损失标准在 2021 年 9 月 1 日修正实施的《水上交通事故统计办法》中进一步具体和完善：对于引起水域污染的事故类型，区分海洋和内河水域规定直接经济损失标准；对于

① 参见张明楷：《刑法的基本立场》，中国法制出版社 2008 年版，第 360 页。

未引起水域污染的事故类型,则不区分水域类型进行统一规定。其中,除引起水域污染结果的一般水上交通事故中,重大事故等级是指“5000 万元以上 1 亿元以下直接经济损失的事故”。特别重大事故等级是指“1 亿元以上的直接经济损失的事故”,这里的规定可以为我们当前设置财产法益的侵害标准提供具体依据。

应当注意的是,目前实践中对于直接经济损失的认定标准尚不明确。根据 2021 年 9 月 1 日实施的《海上交通安全法》的规定,海上交通事故等级划分的直接经济损失标准,由国务院交通运输主管部门会同国务院有关部门根据海上交通事故中的特殊情况确定,报国务院批准后公布施行。那么应当如何认定水上交通事故致直接经济损失以及直接经济损失的涵盖范围成为亟待解决的问题。

首先,需要明确直接经济损失的涵盖要素。根据《水上交通事故统计办法》第 8 条对直接经济损失的基本计算方法来看,直接经济损失是围绕水上交通事故对船舶、货物以及其他财产造成的损失进行计算。其中列举的费用事项较为详细,包括船舶救助费、打捞费、清污费以及除原油、成品油以外的其他污染危害性物质泄漏污染造成的财产损失、货物损失等,当船舶沉没灭失或者严重损害致完全丧失航行能力时,直接经济损失包括船舶价值。然而,此标准是以船舶为主体造成的水上交通事故为对象来进行计算,船舶与桥梁、码头等设施之间发生的碰触事故所造成的直接经济损失等并未明确纳入其考量范围。另外,此标准中对于船舶方面的直接经济损失所关联的事故等级在认定标准上缺少有力依据,导致适用过程中存在局限性,最为关键的就是在进行船舶的直接损失的数额设定时忽略船舶的容积吨位以及主推进动力装置瓦数的标准。原因在于,随着航运技术的不断发展以及低碳经济的必然要求,船舶大型化的趋势日益明显,相应地船舶造价也不断提高。如果不考量具体事故船舶的规模而直接进行财产法益侵害的对标,将导致危害结果的认定缺失公平合理性。因此,在船舶直接经济损失的认定过程中应结合船舶容积吨位以及主推进动力装置瓦数科学合理制定水上交通事故等级划分的直接经济损失标准,以便与刑事责任的认定标准合理衔接。

其次,直接经济损失的具体数额应当随着航运实践的发展进行调整,从而保持刑事法律条文的稳定性。正如上文所述,船舶的大型化趋势明显,未来智能船舶的出现更可能导致船舶作为水上交通运输载体的造价不断升高。因此,船舶方面的直接经济损失标准应当以动态的形式适用于航运实践,并与水上重大航行事故罪中的财产法益侵害认定标准进行对接,从而合理圈定水上交通事故造成的财产损失侵害程度。

基于航运的高风险性与船舶的操作性能,对于单纯造成重大财产法益侵害的水上交通事故责任人不建议追究刑事责任,只有在造成人身伤亡的前提下,才应当考量追究其刑事责任。原因在于,以船舶为载体的水上交通事故中,可能船舶稍微一碰撞就发生重大财产损失,这种财产损失情况是以船舶、设施的载体性质为基础的,与过失程度并不成正比。另外,尽管水上重大航行事故罪的侵害法益是水上交通公共安全,财产法益是水上交通公共安全法益侵害的具体内容,但是人身法益侵害应当为其主要侵害法益。因此,单纯的财产法益侵害在水上交通领域应当依赖于民事责任的分摊或者保险制度进行缓解。

二、水上交通过失犯罪中特殊结果形态的法律适用完善

(一)以宣告死亡方式明确致人落水失踪结果的法律适用

道路交通领域的罪刑标准未涉及水上交通领域的一些特殊结果形态如人员失踪等,而这些情形恰恰是水上交通领域最为高发的情形。在适用法律不明确的情形下,不但涉水行政机关会以"失踪结果不是法定构成要件"为由不予移送,而且司法机关也可能出现适用不同法律规范进而得出差别较大判决结果的情形。同案不同判,将极大削弱公众的刑法认同。因此,在司法解释的形成过程中,首先要明确的问题就是水上交通事故致人落水失踪的法律适用问题。笔者认为,将宣告死亡的裁判结果作为定罪量刑的依据,可以避免水上交通事故致人落水失踪,因找不到尸体而难以追究行为人刑事责任的困境。在水上交通司法实践中,如果没有尸体,很难证明落水失踪人员已经死亡。然而,水域范围不仅具有开阔而且具有流动性,打捞成本巨大。有些案件所依赖的物证,处于永远不能获取的状态。倘若因此而放弃追究刑事责任,将导致造成严重危害结果的行为人逃脱刑事法律的制裁。而适用推定规则宣告死亡,可以通过较为容易证明的基础事实,经由高度盖然性的经验法则,推导出死亡的推断事实。这不仅可以有效缓解证明僵局,而且满足刑事追责的实践需要。① 对此,2020 年 5 月 28 日发布的《中华人民共和国民法典》第 46 条的规定,对于因意外事件下落不明而经有关机关证明该自然人不可能生存的情形,打破原有宣告死亡的期限限制。实践中,海事管理机构以 7 天时间为衡量限度,综合考虑失踪水域

---

① 事实上,近年来我国司法实践中已经出现以宣告死亡的方式推定落水失踪人员死亡,与事实死亡的人数一并作为定罪量刑标准的情形。参见辽宁省东港市人民法院(2017)辽 0681 刑初 183 号判决书。

情况、离岸距离、事故发生的气象因素等多方面因素，证明落水人员是否具有生还可能性。也就是说，当证据能够证明水上交通事故致落水失踪人员在现有水上交通环境和时间条件下难以生还时，不能仅仅以人权保障的需要来阻止水上交通公共安全法益保护的实现，因为这将导致整个社会陷入无序的状态。因而，通过“宣告死亡”来处理落水人员下落不明的刑事法律责任问题更加能够实现诉讼的效率价值。另外，宣告死亡是在人员落水失踪这一基础事实得到证明之后才得出其死亡的推定。通过宣告死亡的推定，可以把基础事实和推定事实之间的关系规范化。从结论上来看，宣告死亡论也比直接将致人落水失踪作为独立构成要件结果更加严谨。

（二）以溢油吨数明确衡量致溢油污染结果的法律适用

刑法的法益保护原则不仅对水上交通过失犯罪的刑事立法提出要求，刑事司法也必须贯彻这一原则。唯有明确具体犯罪中含有实际内容的法益，方能将法益的机能发挥充分。① 在肯定水域环境作为水上交通过失犯罪的直接侵害对象的基础之上，从水上交通事故结果形态的独立性来看，笔者认为应当将经济门槛转变为更加容易确定的溢油吨数，以便与水上交通事故等级的认定挂钩。具体来看，应当以实际流入水体的油类数量作为计算溢油吨数的标准，从而衡量水域环境法益受侵害程度，这种方式不仅具有直观性，而且能够体现水上交通事故的典型特征。在船舶溢油吨数的计量方面，不仅《防治船舶污染海洋环境管理条例》中船舶污染事故等级与《水上交通事故统计办法》中水上交通事故等级的划分程度

① 参见张明楷：《刑法学》，法律出版社2016年版，第66页。

和标准相当,[①]而且航运实践中也认为原油成品油类造成的水域污染与其他污染危害物质泄漏造成的污染不能一概而论。正如我国《水上交通事故统计办法》中明确规定涉及原油、成品油的事故等级按照致水域污染的溢油吨数进行等级划分,将原油、成品油以外的其他污染危害性物质泄漏作为财产法益侵害的具体内容,通过直接经济损失+具体数额的衡量方式划分事故等级。故而,为从整体上协调人员伤亡与财产损失的损害程度,考虑以水上交通事故中的“重大事故等级”所要求的溢油数量与水上交通重大航行事故罪的入罪标准进行对接具有合理性。

三、水上交通过失犯罪中逃逸行为的司法认定完善

航运实践中,水上交通从业者肇事后逃逸的情形较为常见。考察其肇事后逃逸的原因,一方面在于保险,另一方面水上交通环境的限制性导致其监控覆盖率无法像城镇道路交通环境那样做到“全覆盖、无死角”。其中,VTS 系统作为能够对所覆盖水域范围内的船只进行监控的系统,其数据交换和数据共享的时间相对滞后。[②] 特别是其子系统 CCTV(闭路电视系统)极易受气象因素的影响,导致视频和图像的清晰度不佳。另外,GPS(全球定位系统)也面临安装范围受限以及自身数据能否有效兼容的问题。可以说,除对于处罚和赔偿的逃避心理和侥幸心理是逃逸行为的深层心理原因之外,这种客观条件上的限制也一定程度上促使水上交通从业者在肇事后选择逃逸。

---

① 参见国务院 2018 年 3 月 19 日发布的《防治船舶污染海洋环境管理条例》第 35 条和交通运输部 2021 年 9 月 1 日发布的《水上交通事故统计办法》第 6 条。

② 参见陈珺、常德化:《船舶交通管理系统(VTS)概况及进展》,载《中国水运》2019 年第 9 期。

道路交通领域以机动车辆为载体的肇事逃逸行为所产生的公共安全法益侵害,与水上交通领域的肇事逃逸行为的法益侵害的严重程度和紧迫程度具有显著的差异。一方面,以船舶为载体的肇事逃逸行为可能导致船上人员在落水后,因冷水失温和水下缺氧降低存活概率。特别是渔船与商船的碰撞事故中,由于渔船自身的结构特征以及配备的导助航设施简单,一旦肇事船舶逃逸,极易导致渔船方的人员群死群伤。另一方面,由于水域环境具有不稳定性,人员落水后能否在最佳时机内被救助很大程度上也取决于事故险情本身的报送速度、救助救援速度以及事发水域距离岸岛的距离等因素。事实上,在茫茫大海中,水上交通事故致人落水后能够被过路船只救助的可能性微乎其微。因此,这种危险紧迫程度也较道路交通环境下的一般肇事后逃逸行为更为严重。可以说,一旦船舶肇事后选择逃逸,危险将延续并逐步呈现扩大化趋势,在这种情况下构成要件结果的发生具有高度盖然性。另外,从证据的获取角度来看,水上交通肇事后的逃逸行为也为后续的水上交通事故的责任界分和证据收集增加难度。

长期以来受制于水陆一体化的思维惯性的影响,目前刑法理论界对于肇事后逃逸行为的研究大多集中于道路交通领域,并且对于水上交通事故发生后的逃逸行为认定鲜有学者关注,认为水上交通领域的肇事后逃逸行为趋同于道路交通领域的肇事后逃逸行为。因此,对于水上交通肇事后逃逸行为的特征也并未进行深入探究。事实上,我国目前司法实践中真正认定水上交通肇事后逃逸的案件相对较少。①

① 特别在一些案件中,在造成 1 人以上死亡的情形下即使认定肇事船舶的逃逸情节,也并未根据逃逸情节在 3 ~7 年的法定刑幅度进行量刑。参见(2018)苏 0509 刑初 558 号判决书、(2018)苏 0509 刑初 554 号判决书、(2018)苏 1102 刑初 346 号判决书。

一方面是由于我国司法实践中对于水上交通肇事逃逸行为的认定趋于谨慎化的态度体现,另一方面是基于水域环境和载体类别所产生的客观限制而导致水上交通肇事逃逸行为在认定过程中遭遇的困境。具体来看,这不仅表现为水上交通肇事逃逸行为规范保护目的究竟为何的学理争论,还体现为对肇事逃逸者“主观明知”的证明困境以及“因逃逸致人死亡”中的因果关系证明困境。实践中对水上交通肇事逃逸行为的认定过于简单化甚至是与道路交通领域的交通肇事逃逸行为趋同化。于是,这也从刑法规则创设的角度提醒我们,在对发生在水上交通领域的肇事后逃逸行为进行认定的过程中应当更加关注水域环境的特殊性以及船舶吨位不同所带来的客观条件限制,而不能单纯将道路交通领域肇事后的逃逸行为认定条件套用在水上交通领域中直接进行适用。

(一)水上交通肇事逃逸行为司法认定的理论障碍

水上交通肇事逃逸行为司法认定的理论障碍集中表现在水上交通事故逃逸行为的规范保护目的争论。司法实践中,33 号解释作为指导水陆交通领域肇事行为以及肇事后逃逸行为的重要依据,在适用水上交通领域的过程中也面临司法困境。根据该解释的规定,逃逸是指事故发生后为逃避法律追究而逃离现场的行为。那么,由此认定逃逸至少应当从形式上满足逃离事故现场的行为特征。然而,在水上交通领域,如果仅仅以逃离事故现场作为逃逸行为认定的规范目的则缺乏实质性内容。对此,《海上交通安全法》第 72、73 条以及《内河交通安全管理条例》第 46 条,对发生事故的船舶以及设施所要求履行的救助义务进行了明确规定①。不履行这些具体的救助义务应当成为水上交通肇事逃逸行为加重追究刑事责任的扩展内容。具体来看，其救助义务内容应当包括不危及自身安全情形下的具体救助行为和向海事行政机关报告的行为。因此，发生水上交通事故后的逃逸行为就不能仅仅局限在形式上的逃离现场的事实行为，还需要结合海上安全局势判断肇事者的自身安全情况以及是否及时履行报告相关管理部门的义务。

（二）水上交通肇事逃逸行为司法认定的实践障碍

水上交通肇事逃逸行为在司法认定中的实践障碍之一，表现在逃逸行为与人员死亡的因果关系认定上的障碍。在水上交通事故中，当出现水上交通肇事逃逸行为同时又发生人员死亡的法益侵害结果时，“因逃逸致人死亡”条款中的因果关系难以证明。除非有确切证据证明船舶肇事逃逸后船舶才发生沉没或者在船人员落水后并未死亡才有可能证明逃逸行为与致人死亡之间的因果关系，因此，这导致在水上交通实践中“因逃逸致人死亡的，处七年以上有期

---

① 《海上交通安全法》第72条规定，船舶、海上设施、航空器及人员在海上遇险的，应当立即报告海上搜救中心，不得瞒报、谎报海上险情。船舶、海上设施、航空器及人员误发遇险报警信号的，除立即向海上搜救中心报告外，还应当采取必要措施消除影响。其他任何单位、个人发现或者获悉海上险情的，应当立即报告海上搜救中心。第73条规定，发生碰撞事故的船舶、海上设施，应当互通名称、国籍和登记港，在不严重危及自身安全的情况下尽力救助对方人员，不得擅自离开事故现场水域或者逃逸。根据《内河交通安全管理条例》第46条的规定，船舶、浮动设施遇险，应当采取一切有效措施进行自救。船舶、浮动设施发生碰撞等事故，任何一方应当在不危及自身安全的情况下，积极救助遇险的他方，不得逃逸。船舶、浮动设施遇险，必须迅速将遇险的时间、地点、遇险状况、遇险原因、救助要求，向遇险地海事管理机构以及船舶、浮动设施所有人、经营人报告。

徒刑”这一条款的适用率极低,司法实践中适用此条款极其谨慎。另外,水上交通肇事逃逸行为在司法认定的实践障碍还表现为对“主观明知”的认定缺乏相关具体规则的指导。实践中,肇事者通常以不知道与他船碰撞事故的发生或者不知道人员落水为由否定其离开事故现场的逃逸性质。因此,很多法院在认定船舶交通肇事时尽管遇到肇事者离开事故现场而不履行救助义务的行为,也并未将其认定为定罪情节的逃逸行为或者加重处罚情节的“因逃逸致人死亡”行为。

(三)水上交通过失犯罪中逃逸行为的司法应对

首先,需要明确以救助义务的履行为实质内容和规范保护目的的船舶肇事后逃逸行为的内涵。究其原因,其一,船舶肇事后的逃逸行为对于因碰撞事故而落水的人员具有紧迫的危险,这种紧迫危险要求对逃逸行为的规范保护目的应当更加严格。从构成要件危害结果来看,将船舶碰撞导致的人员伤亡结果完全归因于逃逸行为并不具有全面性。事实上,逃逸行为本身并不必然导致法定危害结果的发生,是制造水上交通碰撞事故危险的行为导致他人的安全陷入危险,这种先行为进而产生需要以作为方式履行的救助义务。此时如果不履行救助义务,就有可能加剧法益侵害的紧迫性。也就是说,水上交通肇事船舶的逃逸行为背后反映的是不予救助的情节。事实上,在我国司法实践中对于履行了救助义务后逃离水上交通事故现场的行为也并没有认定为刑法意义上的逃逸,甚至是行政法意义上的逃逸。其二,若简单以逃避法律追究为规范目的,必然应以积极的作为定性逃逸行为,那么行为人从表面上呈现出来的行为形式将成为定性逃逸行为的关键因素,这也将背离逃逸行为作为法定刑升格情节的初衷。其三，在船舶发生碰撞事故后，应当予以施救的肇事船舶可能由于航道环境和气象环境出现自身船舶严重受损的情形。在这种情况下，应当允许本船通过除亲自履行救助义务以外的向海事管理机构进行报告的方式来履行对落水人员的救助，而不能期待肇事船舶不顾自身船上人员安全而停留在现场进行施救。相应地，此时也不能直接以其离开水上交通事故现场为由，就直接认定其具有逃逸情节。不难发现，来自航运实践的需要也要求对救助义务的履行从实质层面进行理解。

其次，在逃逸行为与人员死亡结果之间的因果关系不明的情形下，应当坚持存疑有利于被告的原则。存疑有利于被告原则作为刑事诉讼法上的一项重要的原则，主要解决是证据与证明之间的纠葛关系问题。从刑罚解释所应具有的谦抑性来看，这一原则可以适用于水上交通人员逃逸行为与人员死亡之间的因果关系事实认定存在疑问的情况。航运实践中，发生船舶碰撞或者自沉事故后，落水人员究竟是由于违反注意义务规范的先行为死亡还是由于船舶和船上人员不履行救助义务而死亡，通常缺乏确切的证据证明。除非有直接证据或者间接证据证明落水人员在落水后有过求救或者向机关报告的事实等，否则对于引起人员伤亡的最直接行为难以像道路交通领域那样通过更加直观的证明方式进行证明。这也是司法实践中认定船舶肇事行为时较为谨慎适用“因逃逸致人死亡”条款的主要原因。哪怕已经确证船舶肇事者存在肇事后逃逸的行为，甚至已经出现法定构成要件结果，但是只要逃逸行为与构成要件结果的人员死亡之间作为定罪量刑的因果关系存在疑问，便不应当认定其存在因逃逸致人死亡的情节而予以加重处罚。但是需要注意的是，在此过程中，需要穷尽所有事实推定或者经验法则的证明方法之后仍然无法证明的,才能够认定为逃逸行为与人员死亡的因果关系存疑。

最后,明确逃逸行为之明知的认定规则。以船舶为载体的肇事后逃逸行为的认定需要以主观上的“明知”作为重要条件。[①] 的确,危险紧迫性和延续性是水上交通过失犯罪中的逃逸行为区别于陆地范围内一般肇事逃逸行为的显著特征。但是不能否认的是,环境类别异质性和载体的差异化决定以船舶和设施为载体的水上交通事故逃逸与以机动车辆为载体的道路交通事故逃逸在“是否明知事故发生”这一方面也具有显著差别。在道路交通领域的一般情况下,行为人对自己肇事行为所造成的交通事故很难说是不知情的,无论是车辆之间的碰撞还是车辆与行人之间的碰撞。然而,在水上交通领域,船舶之间受不同吨位类型的限制,一些情形下未明确体察到事故的发生是符合船舶实际情况的,特别是水上交通从业者的实际航行经验也影响其对水上交通事故发生的感知。航运实践中,由于船舶的类型多样化,吨位也具有较为明显的差异,一些大型船舶在空载航行时干弦过高,而小渔船处于大船的视觉盲区,大型船舶获知渔船的动态及位置时受到一定限制,而且部分渔船是船型较小的木质船,在大风浪下雷达回波也不明显。况且,一些渔船自身尽管已经配备自动识别系统等定位系统,但是在编队航行或者禁渔期航行时通常擅自将系统关闭,这种航行陋习导致其更加不易被大型船舶发现,而大型船舶在碰撞事故发生后又因为冲击轻微无法察觉便继续行驶。另外,不同航行区的值班驾驶员所具备的技能和经

① 对于主观明知认定中所面对的障碍以及推定规则设置,参见赵微、庞婧:《船舶肇事逃逸刑事追责的困惑与出路》,载《人民检察》2018 年第 19 期。

验也存在差异,有些值班驾驶员的资历长、技术能力相对较好,对涉及海上交通安全事件的感知度较强,能够准确预测事故的发生并及时采取结果避免措施。而有些驾驶员在这方面的感知能力就差一些,发生与小型渔船的碰撞事故后并不自知。因而,综合行为的社会危害性和刑事违法性来看,需要予以刑事制裁的逃逸行为应当是明知发生水上交通事故而有意不履行救助义务的行为。因此,需要排除值班人员或者船长等获知发生碰撞事故的可能性。另外,对于逃逸行为主观明知的认定应考虑未履行现场义务的判断和辅助航行设备使用情况,通过 AIS、VHF 等设备异常关闭的情况和发现船员篡改或毁灭船舶法定记录的情况设定主观明知的推定规则。

正是由于水上交通肇事逃逸不同于道路交通环境下的逃逸行为,目前司法实践在处理水上交通肇事后逃逸造成人身伤亡的情形时,既有认定为因逃逸而致人死亡的,①也有认定为不作为的故意杀人罪的。② 由此,对于水上交通肇事逃逸的认定应当持更为谨慎的态度,需要从主观明知和规范保护目的两个层面分别进行限定。因此,在相关司法解释中应当对水上交通肇事后逃逸的行为进行界定,即水上交通肇事逃逸是指行为人明知发生水上交通事故,在能够对被碰撞船舶以及船上人员履行救助义务的情况下而不履行的行为。

四、水上交通过失共同犯罪的责任认定完善

船舶交通肇事是典型的过失犯罪形态,船舶组织体的多任务分工协作性和运营模式决定这种过失犯罪类型通常情况下以共同犯

① 参见《黄浦江撞船逃逸致六人死亡两船员被判刑》,载腾讯新闻网,https://news.qq.com/a/20040812/000293.htm。

② 参见宁波北仑区人民法院(2013)甬仑刑初字第158号判决书。

罪的形态出现。然而,我国的传统刑法理论对于共同过失是否成立共同犯罪一直存在分歧,因此有必要研究水上交通过失共同犯罪中的特殊组织分工形式并完善责任认定。

(一)过失共同犯罪的性质论争

1.关于过失共同犯罪的理论分歧

大陆刑法理论在共同过失能否成立共同犯罪这一问题上出现肯定说和否定说的争论,共同犯罪的本质以及共同过失犯罪的责任依据等理论纷争也由此展开。其中,否定过失共同犯罪成立的观点主要以刑事古典学派倡导的犯罪共同说为立场展开,其认为共同犯罪的本质是数个犯罪人共同实行特定构成要件行为的犯罪。根据这一理论,犯罪人必须对于所实施的具体犯罪类型具有明确的认识。这样一来,共同犯罪便仅存在于以故意为主观要素的相同构成要件之中,缺乏相互补充以及联合行动决心的过失犯罪则被否定成立共同犯罪。与犯罪共同说有所不同,刑事近代学派则主张共同犯罪是基于共同数方构成要件行为之共同,是否具有共犯的故意则并不是共同犯罪的本质特征,只要能够在单纯的行为上保持共同,就没有理由否定过失的共同犯罪问题。正如意大利学者将过失犯罪中的共同行为解释为一种对结果发生具有原因力的过失行为的竞合。事实上,在肯定说的观点内部,对共犯本质之关键的行为应当如何界定存在不同的理由:一是基于德国刑法学家汉斯·威尔哲尔的目的行为理论,认为应当从行为本身所应当具有的目的特性出发,过失行为之共同也是一种违反必要行为目的的意思行为,由此将犯罪共同说所要求的“行为的有意性”和过失行为潜在的目的性相区分;二是共同注意义务理论,日本刑法学者大塚仁教授认为,如果可以通过共同行为人违反其注意义务的这种客观事实进而认为存在过失犯罪共同正犯的构成要件符合性,那么在承认共同过失行为人责任过失的情况时就可以认为过失的共同正犯成立。① 日本刑法判例中曾经认为总则中的共犯规定不适用于过失犯罪,从而否定过失犯成立共同正犯,但是此后则转变态度,原判决和最高院的裁决均肯定过失共同正犯的成立。例如,A、B 两人酒后出于好奇驾驶游览船,一人负责掌舵,另一人负责驾驶操作。在此案件中,由于双方共同驾驶船舶的过失而出现操作行为的失误,进而导致船舶触礁损坏。在类似的案件中,下级审判决的案件中逐步肯定了过失犯罪可以成立共同正犯。②

2. 过失共同犯罪在我国的立法现状与司法困境

我国《刑法》第 25 条第 2 款已经明确规定共同过失犯罪的处罚原则,即不以共同犯罪论且分别处罚的原则。我国刑事立法否定共同过失犯罪的缘由,主要是基于对共同犯罪的本质认识,即认为共同犯罪相比个体单独犯罪具有更加严重的社会危害性,但是过失犯罪由于缺乏形成一个统一整体的相互配合特征,因此从社会危害严重程度的角度来看,共同过失犯罪难以达到共同故意犯罪的社会危害性。③ 这样一来,在我国刑事立法中对于共同犯罪仅仅承认故意一种罪过形式。对此,我国也有学者认为,"在现行刑法理论之下,对于所谓的共同过失犯罪行为,即便不作为共同正犯,也能作出恰

① 参见[日]大塚仁:《刑法概说(总论)》,冯军译,中国人民大学出版社 2003 年版,第 253 页。

② 参见[日]山口厚:《刑法总论》,付立庆译,中国人民大学出版社 2018 年版,第 379 页。

③ 参见张明楷:《共同过失与共同犯罪》,载《吉林大学社会科学学报》2003 年第 2 期;李光灿、马克昌、罗平:《论共同犯罪》,中国政法大学出版社 1987 年版,第 29 ~ 39 页。

当的处理”①。但是,司法实践中存在一些双方甚至数方对水上交通事故的发生都有共同的注意义务,却又无法判明因果关系的场合,如果否定共同过失犯罪形态的存在则难以适用“部分实行全部责任”的共同犯罪原则,但此时若分别追究其过失犯罪责任,在犯罪构成的说理根据上却也稍显薄弱。2013 年 10 月,被告人常某某、李某某驾驶货船至淮河 21 标段,将货船与采砂船捆绑。常某某、李某某驾驶货船拖行采砂船,被告人陈某乙等人则在采砂船上负责驾驶操作。当常某某、李某某驾驶货船拖着陈某甲、陈某乙等人的采砂船行驶至田家庵电厂附近淮河跨越点时,采砂船导泵杆支架将跨越淮河的两条 110 千伏线路的两根导线挂断,造成淮河河道断航 43 小时,直接经济损失 424,677 元。在内河航运中,运砂船傍拖采砂船是较为常见的违反内河安全管理的行为。在该案件中,常某某和李某某共同驾驶货船拖行采砂船,陈某乙等人在采砂船上负责驾驶操作。② 从客观行为来看,两船在通过田常 152 线、洛平 138 线跨河高压线水域时,均未保持正规瞭望,错误选择航路,对高压线下净空高度和傍拖的采砂船导泵杆支架的实际高度判断错误,盲目冒险航行且应急处置不当,在能够回避结果发生的前提下均未履行共同的结果回避义务,此时完全可以认为在不法层面两船构成共同犯罪。但是,究竟是两船中哪一船的行为对法益侵害具有更加直接的因果性很难依据客观的因果关系法则进行判断。此时,如果不追究双方船舶行为人的刑事责任或者仅仅追究一方船舶行为人的刑事责任,都将有悖于刑事责任的追责原则。因此,在双方船舶共同实施了违

① 参见黎宏:《“过失共同正犯”质疑》,载《人民检察》2007 年第 14 期。

② 参见安徽省淮南市田家庵区人民法院(2014)田刑初字第 00345 号判决书。

反注意义务行为，并且对法益侵害均具有过失时应当认定成立过失共同犯罪从而适用“部分实行全部责任”原则。事实上，本案的判决也是默认过失共同犯罪的成立，认定双方船舶均构成犯罪。类似的案件还有，2015 年 11 月，被告人夏某、程某各自无证驾驶一艘运输船，两人相约去运砂，被告人夏某因自己的船无法发动，于是将自己的船与被告人程某的船绑在一起航行，两船航行一段距离后，被告人夏某的船发动成功。当两船并排行驶至赣江南昌县冈上河段老洲头水域时，因未注意航行安全，相绑的两船撞上万某驾驶的一艘渔船，致渔船上的被害人万某落水后溺水死亡。法院认定夏某和程某违反交通运输管理法规的行为构成交通肇事罪，判处二人有期徒刑七个月。[①] 正如许乃曼教授指出的，“在大多数情形中，人们能够证明疏忽大意行为的实施，但却不能在众多的成员中发现实际导致过错的人”[②]。夏某与程某在共同实施具有危险性的非法采砂行为时，不仅负有防止自己的行为产生严重危害结果的义务，而且负有提醒和确认与之共同行为的人员防止结果发生的义务。两人在共同实施驾驶行为中所达成的一般意思联络在事实上已经从心理层面起到相互促进甚至是强化对方注意的作用，而且一方对于另一方所实施的驾驶行为所造成的结果具有预见可能性。因此，在船舶交通肇事的场合，当数名驾驶者共同实施肇事行为时，其中每个行为人都应当认定为过失犯罪的正犯从而保障刑事处罚的均衡。

刑事立法中仅规定故意一种责任形式内的共同犯罪，是基于对共同犯罪与过失犯罪危害程度的传统认识。从刑法理论看来，过失

---

① 参见江西省南昌县人民法院(2016)赣 0121 刑初 66 号判决书。

② ［德］Bernd SCHUNEMANN、王秀梅：《传统过失刑事责任观念在当代社会中的弊病——新的趋势与展望》，载《法学家》2001 年第 3 期。

共同犯罪的行为之间由于缺少相互配合和支持，所以其难以达到故意共同犯罪可能产生的危害程度。① 然而，随着航运经济的日益发展与船舶吨位的大型化趋势，以船舶为载体的作业形式承载更多社会主体对生命和财产安全的需求。因此，以刑法规范为重要研究内容的注释刑法学需要以社会现象为基础，从刑法理论层面寻求理性依据和基础，并在应然的层面论证法律条文的合理性。因此，无论从因果关系的层面抑或是危害程度的层面，具有共同过失的行为人都有必要作为一个整体来对法益造成的侵害负责，从而施行"部分实行全部责任"的共同犯罪原则。

虽然刑事立法对过失共同犯罪关了一扇门，但是司法解释中却对过失共同犯罪开了一扇窗。最高人民法院《关于审理交通肇事刑事案件具体应用法律若干问题的解释》第5条第2款将指使肇事者逃逸致使被害人丧失救助机会而死亡的单位主管人员、机动车辆所有人、承包人以及乘车人规定为交通肇事罪的共犯，恰恰从司法解释的层面肯定了过失共同犯罪的成立。从刑事政策上来看，随着水上交通运输业务的日益频繁，船舶设备日益智能化，水上交通过失犯罪案件在责任事故类犯罪体系中的占比提升。承认过失责任形式层面的共同犯罪，不仅有利于各个职能部门、业务职级之间的相互协作，赋予同一职级层次的水上交通从业者相互提醒的义务，而且当不同职级层次的船舶组织体系内外管理者违反监督义务共同导致构成要件结果时，追究其共同过失的刑事责任，也是从犯罪预防的角度遏制水上交通监管过失犯罪的重要举措。从解释论的层

① 参见张明楷：《共同过失与共同犯罪》，载《吉林大学社会科学学报》2003年第2期。

面来看，以船舶为载体的水上交通运输运营方式的特殊性决定在适用该解释第 5 条第 2 款时，需要将单位的主管人员进行扩大解释，包括以企业为主体的船舶所有人、船舶经营者、船舶管理者以及以个人形式的船东、航道运营管理者等。因此，从刑法理论还是司法实践两个层面来看，都有必要承认过失共同犯罪。

（二）水上交通共同过失行为人的心理联结形式

根据犯罪共同说的理论，缺乏意思联络甚至是犯意联络导致难以形成一个相互配合的整体是对刑法理论承认过失的共同犯罪的根本质疑，因此过失犯罪不能构成共同犯罪。事实上，对于意思联络的解释不应当仅仅局限在故意这一单一责任形式中，只要数方具有共同违反结果规避义务的一般意思联络便可以承认数方之间的意思联结。虽然从事水上交通运输业务的个体之间并未像共同故意犯罪中那样进行明确言语上的意思联络，但是其都存在怠于履行共同注意义务所要求的必要的注意的主观心理联结。无论是过失心理内容还是心理联结的内容，这种潜意识都是心理活动的基础和执行业务活动的内驱力，决定着水上交通从业者的所有意识性活动。无论这种心理是自发的还是相互感染的，其实际上已经达成共同不注意的默契，这种懈怠默契也可以实现意思联络所能实现的心理影响，同时也正是这种相互补充、相互巩固的关系为每个具有共同注意义务的行为人提供心理支撑。因此，“意思联络”在共同过失责任中的内涵需要进行扩张，基础程度的意思联络完全能够通过形成、强化他方不履行结果避免义务的心理，从而使一方和他方的行为对构成要件结果的发生具有因果关联，在这种情况下，只要双方对结果的发生具有预见的可能就应当共同承担过失责任。

(三)水上交通过失共同犯罪的定罪根据与责任认定

传统刑法理论认为,主客观相统一的原则是我国刑法中的基础性刑事原则。认定水上交通共同过失犯罪也同样需要坚持主观与客观相统一的刑事责任原则,既要求行为人在主观上对于违反注意义务的行为及其构成要件结果具有过失,同时也要求行为人在此过失心理的支配下实施严重危害水上交通公共安全法益的行为。

1. 水上交通过失共同犯罪的主观定罪根据

在船舶驾驶以及操纵的过程中,数人共同过失造成法益侵害的情况下,行为人违反主观形态的注意义务是共同过失的心理内容,也是水上交通共同过失犯罪定罪的主观根据。其包括以下三种具体形态:第一,共同疏忽过失。在此情形下,数方行为人都应当对自己以及共同行为人的行为会发生法益侵害结果这一情形有所预见,但是却违反这一主观的注意义务,产生疏忽的心理状态。如甲乙饮酒后共同驾驶船舶,均未保持正规瞭望导致与他船发生碰撞造成多人伤亡。在本案中甲乙对疏于瞭望可能导致船舶碰撞甚至人员伤亡都是应当预见的,但是因为不良航运习惯的影响而疏于预见,具有共同的疏忽过失,应当追究二人构成共同过失犯罪的刑事责任。第二,共同轻率过失。在此情况下,各行为人在实施危害公共安全法益行为时因未能保持精神紧张而未履行结果避免的主观义务。被告人于某、丁某于2013年8月以来,在如东县洋口外闸从事海上快艇旅游服务。二人先后接纳了12名游客乘坐其80马力的快艇(该快艇设有10个座位,未经组装检验且未办理任何登记手续)。其间,二人未按照有关安全管理规定让游客穿戴救生衣并进行相关安全教育。在游客提出超载的情况下,二人表示“没关系,一会儿就到”后,仍驾驶该艇出海。该艇向海中行驶约数分钟后发生倾覆,艇上六人落水死亡。在本案中，二人已经预见到超载可能引起水上交通事故，但是轻信能够避免而冒险航行以致造成严重的人员伤亡。第三，一方疏忽过失与另一方轻率过失。如在船舶驾驶的过程中，值班水手因犯困或者意识模糊而未能保持正规瞭望，而值班驾驶员未及时收集航行安全信息在明知是施工水域禁止通航的情况下仍然冒险航行，并且未能对船舶触碰桥梁危险作出充分的估计，导致船艏左侧触碰大桥南岸非通航孔桥墩，造成桥墩多个部位受损，直接经济损失高达1000万元。

2. 水上交通过失共同犯罪的客观定罪根据

水上交通领域的共同违反注意义务规范的行为、水上交通公共安全的法益侵害结果是水上交通共同过失犯罪定罪的重要客观根据。如果缺乏共同的结果避免义务且未造成法益结果遭受侵害的事实，那么就不能对双方或者多方当事人以共同过失犯罪论处。因此，从船舶组织体系中不同角色职能、不同时间顺序的差异，区分参与船舶驾驶和操纵的从业者的共同过失分工形式，有助于对共同过失行为进行更加充分的认识。

根据水上交通从业者参与水上交通具体驾驶或者操纵活动的时间顺序，可以将水上交通共同过失犯罪细化为同步共同过失与交接共同过失。其中，水上交通过失犯罪中涉及的同步共同过失指数个水上交通从业者在同一时间实施了具有共同过失内容的行为而引起法益侵害结果的情形。例如，根据海船船员的值班规则，通常情况下在白天能够有合适人员立即协助以及排除影响航行安全因素的情况下，值班驾驶员可以是唯一的履行瞭望职能的人员，但是，在夜间航行时需要至少一名值班水手协助瞭望。在值班水手与值班驾驶员共同履行夜间航行的瞭望职能时，如果双方均疏于瞭望导致未能及时发现来船引起法益侵害，那么可能构成同步共同过失犯。而水上交通过失犯罪中涉及的交接共同过失一般是指在值班交接的过程中，接班的驾驶员或者轮机员与交班的驾驶员或者轮机员之间先后实施违反避碰规则或者操作规程的过失行为而引起法益侵害结果的情形。2006年2月，香港福晖祥船务有限公司所有的"EVERBRIGHT"（"恒晖"）轮由担任二副的被告人林某甲和担任船长的被告人陈某某先后驾驶航经马祖列岛东北部海域时，未对来船"闽连渔1028"船保持正常瞭望，也未能尽到让路船责任，因而发生两船碰撞，致使"闽连渔1028"船当场翻覆的海上交通事故，肇事后，被告人陈某某、林某甲组织人员施救未果，"闽连渔1028"船7人死亡、1人下落不明。① 根据事故调查报告，"恒晖"轮为让路船，未尽到让路船的责任，负事故主要责任。在本案中，林某甲与陈某某的行为共同引起法益侵害，林某甲未能保持正规瞭望，未能及早发现来船，也未能"早、大、宽、清"地避让渔船，陈某某上驾驶台后后续避让措施不当造成碰撞，双方作为船舶驾驶员具有共同的结果回避义务以防止法益侵害结果的发生，但是二人却先后违反注意义务规范所要求的回避义务构成交接的共同过失犯罪。

在职责分工对危害结果的作用层面，可以将水上交通共同过失分为同一角色层次共同过失与多层次角色共同过失。其中，多层次角色的共同过失是指在船舶组织体系内部，处于不同决策职能、指挥职能以及执行职能分工的水上交通从业者二人或者多人的违反结果避免义务行为而导致法益侵害结果发生的过失。这种情形通常发生在船长、大副以及值班的驾驶员之间，在判断过失程度时需

① 参见福建省连江县人民法院（2013）连刑初字第333号判决书。

要结合不同层次的原因力进行过失程度的区分。航运实践中，不同层次特征的共同过失组合具有多样性。2014 年 2 月 7 日 11 时许，“浙岭渔冷 90058”船在海域航行时，由于该船机舱尾部底舱一盏直流照明灯与底座脱落，掉落底舱中部的驱动轴槽内，灯泡玻璃外壳碎裂，灯丝直接接触底舱油污和杂物，使油污分解发热，油气蒸发，引起燃烧从而发生火灾，造成船员 6 人死亡、1 人烧伤的严重后果。经查，戴某甲系该船的聘用船长，其安全意识淡薄，对船上职务船员的缺配和大量无证上岗人员现象没有制止也没有建议整改，对船舶的管理也存在疏忽，对机舱监控探头的损坏没有及时修复，航行值班时存在对驾驶室可视监控系统的观察瞭望上的疏忽责任；季某系该船的轮机长，未检查到机舱底舱照明灯底座的两枚螺丝脱落，对机舱的安全隐患排查不力，存在岗位管理上的疏忽。本案正是处于决策层的船长与处于指挥层的轮机长之间的共同过失犯犯罪。另外，还有处于指挥层的大副和处于操作层的水手长之间的共同过失。2016 年 10 月，丰海海运有限公司名下的“丰盛油 8”轮停靠在东方市八所港第二作业区码头内装载石脑油。被告人殷某系“丰盛油 8”轮大副、船舶安全员，负责全船的安全工作，被告人陈某系“丰盛油 8”轮水手长，在大副的领导下，对分管业务范围内的安全生产负责，指挥和监督其下属的工作。“丰盛油 8”轮在码头作业过程中，大副殷某未能严格按照安全管理体系的要求履行安全管理职责，水手长陈某未将应关闭的泵舱右货油泵滤器前进口阀门关闭，导致石脑油流入泵舱右货油泵滤器，经右货油泵滤器压盖垫片处泄漏至泵舱。泵舱内的石脑油液位累积到一定高度时，经缺失一根螺柱的右压载泵穿舱法兰螺柱孔和密封不严的左穿舱电缆管流入机舱，石脑油在机舱内挥发扩散，与空气混合达到爆炸极限，在机舱非防爆环境下遇到点火源先后发生两次爆炸，导致2人死亡、3人重伤、2人轻伤，船舶机舱、生活区、驾驶台严重损坏，船体局部着火，造成直接经济损失达4,907,015元。从客观行为来看，在这两起案件中行为人的行为共同引起了法益侵害，其中一方行为与法益侵害结果的发生具有因果关系，另一方能够预见到一方行为可能造成法益侵害结果，在安全生产的注意义务范围内具有共同的结果避免义务却都没有回避，因此形成不同层次特征的共同过失类型。而同一角色层次的共同过失是指处于决策、指挥或者执行中的某一职能的二人或者多人的违反结果避免义务行为而导致法益侵害结果发生的过失，也就是多个行为人处于相同层次注意义务的场合，由于违反同一层次的注意义务而引起构成要件结果的主观过失形式。例如，同是从事具体操作业务的驾驶员共同违反安全驾驶的注意义务，造成水上交通事故的行为。2013年3月30日上午，桂林某国际旅游有限公司导游刘某带领33名游客到景区进行游览。由被告人陈某甲、蒋某驾驶无任何证照且没有设置明显安全警示标志的电动铁皮船，违章搭乘16名游客（该船限额搭载12人）在景区游览，由于水流湍急，游船失控发生侧翻沉没，导致16名游客全部落水，游客许某某落水后溺水死亡的重大安全事故。①

3. 水上交通共同过失犯罪的责任认定

当水上交通从业者的违反结果避免义务的行为共同引起法益侵害，并且对于所引发的公共安全法益侵害结果具有过失时，应当适用“部分实行全部责任”的原则，对各行为人进行归责，从而解决

① 参见广西壮族自治区桂林市雁山区人民法院（2014）雁刑初字第18号判决书。

航运实践中的共同过失犯罪的追责困境。那么在责任追究内部需要注意的是,在对水上交通共同过失犯罪进行定罪量刑时,需要结合案件情况,区分不同层次特征的行为人的违反法规范行为对构成要件结果的原因力以及行为人在共同过失犯罪中的过失程度,从而进行区别化的定罪量刑。

一方面,船舶组织体系内部的共同过失行为人的责任程度大小取决于过失程度。原因在于,就违法性大小而言,由于是违反结果避免义务造成共同的法益侵害结果,那么行为人之间在法益侵害及其程度、犯罪结果的轻重以及社会影响方面是一致的。因此,包括责任能力的程度、过失的程度以及期待可能性等有关责任大小的判断因素应当成为刑罚量定的主要考察因素。其中,过失程度便成为水上交通共同过失犯罪中衡量各个行为人罪责程度的关键因素。在上文提及的"浙岭渔冷9××××"船火灾事故一案中,余某作为该船船东未按照渔船安全生产有关规定配备船上职务船员,擅自雇用16位无上岗资质人员出海作业造成该船轮机值班无法到位;戴某甲作为该船的聘用船长对船舶的安全管理存在疏忽;季某作为该船的轮机长对机舱的安全隐患排查不力也存在岗位管理上的疏忽。台州市海洋与渔业局关于"温岭2·07""浙岭渔冷9××××"船事故的调查报告认定,被告人余某对本次事故负主要责任,被告人戴某甲对本次事故负次要责任,被告人季某对本次事故负一定责任。浙江省温岭市人民法院判处被告人余某有期徒刑3年;戴某甲有期徒刑2年9个月,缓刑3年;季某有期徒刑2年6个月,缓刑3年。原审被告人不服,提出上诉。最终浙江省台州市中级人民法院裁定驳回上诉,维持原判。在本案中,余某、戴某甲和季某的共同过失行为造成了船舶火灾事故,属于水上交通共同过失犯罪。但是,从过失程度来看,戴某甲作为该船的聘用船长的过失程度大于作为该船轮机长的季某,因此法院判决戴某甲的刑期高于季某,这是具有合理性的。

另一方面,水上交通共同过失行为人的罪责程度还取决于违反结果回避义务的共同过失行为与法益侵害结果之间的原因力大小,特别是在船舶管理者存在管理过失的情形下,原因力的大小成为衡量罪责程度的主要因素。在这种情形下,由于行为人之间并不处于一个组织体系内部,而是一个出现相对外部的管理关系,所以行为人之间的过失程度很难通过船舶组织分工的内部职位和职责进行比较。过失行为对于结果产生的原因力大的相对罪责程度也应当大。林某作为"粤台渔运043××"船的船东,2016年年底开始聘请不具备驾驶资格的被告人吴某洪作为该船的驾驶员。2017年12月20日,被告人林某在未按规定配备足额、适任的海洋渔业船舶职务船员,未取得渔船进出港签证的情况下,违法组织、安排没有上岗资格的被告人吴某洪和梁某1、陈某1、陈某2、张某、胡某、李某、孙某(核载5人,实载8人)出海生产作业,该船出海前,其没有进行自查自纠工作,对船上人员未经安全技能培训、携带汽油等危险品上船等安全隐患未予以重视并进行整改。2017年12月20日至22日,吴某洪在其本人未持有适任资格证书,没有开展生产安全事故隐患排查工作和保证渔船正常值班的情况下,接受被告人林某的委托,驾驶"粤台渔运043××"船搭载梁某1、陈某1、陈某2、张某、胡某、李某、孙某从台山市渔塘港出发,前往台山、珠海附近海域收鱼货并到珠海市赤鱼头停泊区将鱼货运上岸。同月22日2时许,被告人吴某洪再次驾驶上述船舶(其他7人在睡觉)从赤鱼头停泊区出发,到凌晨3时许,在经过珠海市锚地时,被告人吴某洪突然闻到烧焦异味,发现有浓烟,马上叫醒其他船员,船上人员醒来后,发现船艉已有明火并已烧至驾驶楼尾部,全体船员直接用水灭火,最终火势迅猛,无法扑灭。随后,8 名船员在没有穿戴任何救生设备的情况下从渔船左舷慌忙跳海致 5 人死亡、1 人失踪,“粤台渔运 043 × ×”船烧毁沉没。[①] 在本案中,林某与朱某的共同违反渔船安全生产法规范的行为是船舶沉没与人员死亡的原因,但是林某在未按照规定配备足额、适任海员的情况下擅自出海作业且应急处置不当是事故发生和伤亡扩大的主要原因,吴某洪在其本人未持有适任资格证书,没有开展生产安全事故隐患排查工作和保证渔船正常值班的情况下承接林某委托进行海上作业是事故发生和伤亡扩大的次要原因。对此,尽管判决中没有明确说明林、吴二人在水上交通监管过失与业务过失责任方面的区分,但是在量刑上体现了对二人责任的区别化处理,经广东省台山市人民法院审理,林某被判处有期徒刑二年六个月,吴某洪被判处有期徒刑一年六个月。

---

① 参见广东省台山市人民法院(2019)粤 0781 刑初 70 号判决书。

结 语

党的十九大报告提出,坚持陆海统筹,加快建设海洋强国。这一战略目标的实现,不仅需要以繁荣的水运经济作为坚实基础,而且需要不断强化刑事法治功能在水上交通领域的实现。我国国际海事司法中心的建设以及海事法院"三审合一"制度的推进,对涉水案件的刑事审判提出更高的要求。然而目前,水上交通过失行为与道路交通过失行为进行统一规制,完全依赖以道路场域为设置背景的相关司法解释以应对水上交通过失行为,理论的偏差和实践的疑难成为阻碍刑事追责的重要方面。因此,除从刑法理论层面对水上交通过失犯罪重要构成要素进行理论上的研究以外,刑事立法和司法层面也亟待跟进。首先便是水上交通领域专门罪名的设立问题。目前水上交通领域刑事立法严重缺位,导致水上交通领域过失犯罪不得不与道路交通领域适用相同的罪名,在司法实践中出现罪名适用混乱的局面。作为配合刑法典适用的附属刑法在规制水上交通领域过失行为时也仅仅起到以“构成犯罪的,依法追究刑事责任”的宣示机能,尚未发挥其真正规范罪刑的实质机能并展现其地位。因而,在建立水上重大航行事故罪名的基础之上,通过水上交通非刑事法律规范规定具体罪状与法定刑的罪刑规范实属必要。另外,要从根本上保证刑事立法在惩治水上交通过失犯罪中一般预防作用的发挥,还需要在司法层面明确水上交通领域典型问题的法律适用。其一,结合水上交通领域的环境特征和落水后的生还可能性,对于水上交通事故致人落水失踪的结果形态应当以宣告死亡制度为路径选择,进而将得出的死亡人数结论作为定罪量刑的标准。同时,对于水上交通事故致溢油污染这种特殊结果形态,应当以溢油吨数作为衡量环境法益所受侵害程度的标准。其二,水上交通环境与道路交通环境并不具有同质性,两者的事故等级认定标准也存在显著差异。因此,提高水上交通过失犯罪的人员伤亡标准尤为必要,具体应当以水上交通事故“重大事故等级”中的人员伤亡标准完成对接。而财产损失的入罪标准,则需要转变其衡量模式,在以直接财产损失模式代替无力赔偿模式的基础之上,进一步与水上交通重大事故等级进行对接。其三,由于水上交通肇事逃逸行为所具有的危害程度和紧迫性显著高于道路交通领域,司法实践中可能以不作为的故意杀人罪论处。因此,应当以“救助义务的履行”限制其规范保护目的并进一步明确水上交通责任主体的主观明知认定。

参考文献

一、中文文献

(一)专著类

1. 陈兴良:《规范刑法学》,中国人民大学出版社 2015 年版。

2. 程皓:《注意义务比较研究——以德日刑法理论和刑事判例为中心》,武汉大学出版社 2009 年版。

3. 曹菲:《管理监督过失研究——多角度的审视与重构》,法律出版社 2013 年版。

4. 陈兴良:《本体刑法学》,中国人民大学出版社 2011 年版。

5. 陈光中:《证据法学》,法律出版社 2011 年版。

6. 陈兴良:《刑法哲学》,中国政法大学出版社 2009 年版。

7. 陈子平:《刑法总论》,中国人民大学出版社 2009 年版。

8. 陈兴良、周光权:《刑法学的现代展开Ⅱ》,中国人民大学出版社 2015 年版。

9. 陈兴良:《刑法总论精释》,人民法院出版社 2015 年版。

10. 程正方、高玉祥、郑日昌编著:《心理学》,北京师范大学出版社 2009 年版。

11. 冯鸿滔主编:《普通心理学》,中国人民公安大学出版社 2006 年版。

12. 樊崇义:《证据法学》,法律出版社 2017 年版。

13. 高铭暄、赵秉志主编:《过失犯罪的基础理论》,法律出版社 2002 年版。

14. 顾维国、胡甚平编:《海事安全调查与案例分析》,上海浦江教育出版社 2017 年版。

15. 侯国云:《刑法因果关系新论》,中国人民公安大学出版社 2012 年版。

16. 黄荣坚:《基础刑法学》(上),中国人民大学出版社 2009 年版。

17. 胡鹰主编:《过失犯罪的定罪与量刑》,人民法院出版社 2008 年版。

18. 侯国云:《过失犯罪论》,人民出版社 1996 年版。

19. 郝勇:《水上交通工程》,武汉理工大学出版社 2015 年版。

20. 韩雪峰主编:《船舶机舱资源管理》,人民交通出版社 2018 年版。

21. 姜伟:《犯罪故意与犯罪过失》,群众出版社 1992 年版。

22. 黎宏:《刑法学》,法律出版社 2012 年版。

23. 李海东:《刑法原理入门(犯罪论基础)》,法律出版社 1998

年版。

24. 黎宏:《日本刑法精义》,中国检察出版社2004年版。

25. 刘志伟、周国良主编:《刑法因果关系专题整理》,中国人民公安大学出版社2007年版。

26. 刘明祥主编:《过失犯研究:以交通过失和医疗过失为中心》,北京大学出版社2010年版。

27. 林亚刚:《犯罪过失研究》,武汉大学出版社2000年版。

28. 吕英杰:《客观归责下的监督、管理过失》,法律出版社2013年版。

29. 黎宏:《刑法学总论》,法律出版社2016年版。

30. 林亚刚:《刑法学教义(总论)》,北京大学出版社2017年版。

31. 林东茂:《一个知识论上的刑法学思考》,中国人民大学出版社2009年版。

32. 刘艳红:《走向实质的刑法解释》,北京大学出版社2009年版。

33. 刘仁文:《刑法的结构与视野》,北京大学出版社2010年版。

34. 林钰雄:《新刑法总则》,中国人民大学出版社2009年版。

35. 刘丁炳:《监督管理过失犯罪研究》,中国人民公安大学出版社2009年版。

36. 林东茂:《刑法综览》,中国人民大学出版社2009年版。

37. 马克昌:《比较刑法原理》,武汉大学出版社2002年版。

38. 马克昌:《犯罪通论》,武汉大学出版社1991年版。

39. 司玉琢主编:《海商法专题研究》,大连海事大学出版社2002年版。

40. 吴玉梅:《德国刑法中的客观归责研究》,中国人民公安大学出版社 2007 年版。

41. 吴兆麟、赵月林主编:《船舶避碰与值班》,大连海事大学出版社 2008 年版。

42. 翁建军、刘明俊主编:《船舶值班与避碰》,武汉理工大学出版社 2016 年版。

43. 王作富主编:《刑法分则实务研究》,中国方正出版社 2006 年版。

44. 王海涛:《过失犯罪中信赖原则的适用及界限》,中国人民公安大学出版社 2011 年版。

45. 尹静波:《海事安全管理中的量化风险评估》,上海交通大学出版社 2015 年版。

46. 俞国良、戴斌荣:《基础心理学》,武汉大学出版社 2007 年版。

47. 易益典:《风险社会中监督过失犯罪的刑法治理》,中国社会科学出版社 2014 年版。

48. 严新平主编:《水上交通安全导论》,人民交通出版社 2010 年版。

49. 赵微主编:《水上交通犯罪的理论与实务》,黑龙江大学出版社 2012 年版。

50. 最高人民法院中国应用法学研究所编:《人民法院案例选》,人民法院出版社 2012 年版。

51. 张明楷:《刑法的私塾》,北京大学出版社 2014 年版。

52. 赵秉志主编:《刑法评论》第 11 卷,法律出版社 2006 年版。

53. 赵慧:《刑法上的信赖原则研究》,武汉大学出版社 2007

年版。

54. 张明楷:《外国刑法纲要》,清华大学出版社 2007 年版。

55. 张维俊主编:《避碰与信号》,武汉理工大学出版社 2015 年版。

56. 张明楷:《刑法格言的展开》,北京大学出版社 2013 年版。

57. 周光权:《注意义务研究》,中国政法大学出版社 1998 年版。

58. 张明楷:《刑法学》,法律出版社 2016 年版。

59. 张明楷:《刑法的基本立场》,中国法制出版社 2008 年版。

(二)译著类

1. [德]埃里克·希尔根多夫:《德国刑法学:从传统到现代》,江溯等译,北京大学出版社 2015 年版。

2. [日]大谷实:《刑法讲义总论》,黎宏译,中国人民大学出版社 2008 年版。

3. [日]大塚仁:《犯罪论的基本问题》,冯军译,中国政法大学出版社 1993 年版。

4. [意]杜里奥·帕多瓦尼:《意大利刑法学原理》,陈忠林译,法律出版社 1998 年版。

5. [英]哈特:《惩罚与责任》,王勇等译,华夏出版社 1989 年版。

6. [德]汉斯·海因里希·耶赛克、托马斯·魏根特:《德国刑法教科书》(上),徐久生译,中国法制出版社 2001 年版。

7. [德]冈特·施特拉腾韦特、洛塔尔·库伦:《刑法总论Ⅰ——犯罪论》,杨萌译,法律出版社 2006 年版。

8. [日]甲斐克则:《责任原理与过失犯论》,谢佳君译,中国政法大学出版社 2016 年版。

9. [德]克劳斯·罗克辛:《德国刑法总论》第1卷,王世洲译,法律出版社2005年版。

10. [德]李斯特:《德国刑法教科书》,徐久生译,法律出版社2006年版。

11. [日]平野龙一:《刑法的基础》,黎宏译,中国政法大学出版社2016年版。

12. [日]前田雅英:《刑法讲义总论》,曾文科译,北京大学出版社2017年版。

13. [日]山口厚:《刑法总论》,付立庆译,中国人民大学出版社2011年版。

14. [日]松原芳博:《刑法总论重要问题》,王昭武译,中国政法大学出版社2014年版。

15. [日]松宫孝明:《刑法总论讲义》,钱叶六译,中国人民大学出版社2013年版。

16. [日]西原春夫:《犯罪实行行为论》,戴波、江溯译,北京大学出版社2006年版。

17. [日]西田典之:《日本刑法总论》,王昭武、刘明祥译,法律出版社2013年版。

18. [日]佐伯仁志:《刑法总论的思之道·乐之道》,于佳佳译,中国政法大学出版社2017年版。

(三)期刊论文类

1. 陈伟:《监督过失理论及其对过失主体的限定——以法释〔2007〕5号为中心》,载《中国刑事法杂志》2007年第5期。

2. 蔡仙:《过失犯中风险升高理论的内在逻辑及其反思》,载《清华法学》2019年第4期。

3. 陈兴良:《刑法因果关系:从哲学回归刑法学——一个学说史的考察》,载《法学》2009 年第 7 期。

4. 陈兴良:《阶层理论在过失犯认定中的司法适用》,载《华东政法大学学报》2018 年第 6 期。

5. 曹雪雅、刘爱民:《水上交通肇事逃逸犯罪的法律探析》,载《上海公安高等专科学校学报》2006 年第 1 期。

6. 车浩:《假定因果关系、结果避免可能性与客观归责》,载《法学研究》2009 年第 5 期。

7. 蔡仙:《反思交通肇事罪认定的结果责任》,载《政治与法律》2016 年第 11 期。

8. 韩玉胜、沈玉忠:《监督过失论略》,载《法学论坛》2007 年第 1 期。

9. 贺恒扬:《渎职犯罪刑法偶然因果关系的认定(下)》,载《中国检察官》2006 年第 11 期。

10. 韩玉胜、刘崇亮:《论过失犯实行行为的界定》,载《河北学刊》2010 年第 1 期。

11. 何涛:《水路交通肇事犯罪初探》,载《人民检察》2006 年第 3 期。

12. 姜伟:《犯罪过失与免责理论》,载《中国法学》1994 年第 2 期。

13. 康均心、赵波:《海峡两岸交通犯罪比较研究》,载《昆明理工大学学报(社会科学版)》2011 年第 3 期。

14. 劳东燕:《风险分配与刑法归责:因果关系理论的反思》,载《政法论坛》2010 年第 6 期。

15. 刘宪权:《刑事立法应力戒情绪——以刑法修正案(九)为

视角》,载《法学评论》2016 年第 1 期。

16. 劳东燕:《责任主义与过失犯中的预见可能性》,载《比较法研究》2018 年第 3 期。

17. 刘艳红:《过失犯的构成要件构造及其适用》,载《政治与法律》2003 年第 1 期。

18. 赖云灵:《船舶瞭望浅析》,载《广州交通职业技术学院学报》2002 年第 1 期。

19. 林亚刚:《试论危险分配与信赖原则在犯罪过失中的运用》,载《法律科学》1999 年第 2 期。

20. 冷正珍:《海上交通肇事逃逸的刑事责任探析——以首例涉外海上交通肇事逃逸案为例》,载《世界海运》2013 年第 8 期。

21. 利子平:《风险社会中传统刑法立法的困境与出路》,载《法学论坛》2011 年第 4 期。

22. 梁鹏:《关于对水上交通事故责任人进行刑事追究的探讨》,载《中国海事》2014 年第 12 期。

23. 林亚刚:《犯罪过失的理论中分类若干问题的探讨》,载《法学评论》1999 年第 3 期。

24. 苏雄华:《论宣告死亡结果在刑事法中的效力》,载《福建公安高等专科学报》2005 年第 4 期。

25. 孙运梁:《刑法中信赖原则基本问题研究——新过失论语境下过失犯的限缩》,载《刑事法评论》2011 年第 1 期。

26. 童德华:《刑法再法典化的知识路径及其现实展开》,载《财经法学》2019 年第 1 期。

27. 邬振悦、汤春晓、庄优芳:《涉外海上交通肇事现状调查与对策思考》,载《浙江警察学院学报》2013 年第 4 期。

28. 王赞:《水上交通肇事刑事责任研究》,载《中国海商法究》2017 年第 4 期。

29. 倪培兴:《解读客观归责理论》,载《中国刑事法杂志》2007 年第 1 期。

30. 庞婧、赵微:《论客观归责理论的合理借鉴——以海上交通事故类犯罪因果关系判断为例》,载《苏州大学学报(哲学社会科学版)》2018 年第 2 期。

31. 庞婧、赵微:《论海上交通事故类犯罪中的信赖原则的适用——以船舶纵向组织分工为视角》,载《辽宁大学学报(哲学社会科学版)》2019 年第 5 期。

32. 杨延军:《论阶段过失的实行行为》,载《政治与法律》2010 年第 11 期。

33. 杨柳:《释法抑或造法:由刑法历次修正引发的思考》,载《中国法学》2015 年第 5 期。

34. 谢雄伟:《论监督过失的体系定位、本质与类型》,载《广东社会科学》2015 年第 1 期。

35. 谢治东:《论单罚制单位犯罪在刑法上之否定》,载《甘肃社会科学》2010 年第 6 期。

36. 易益典:《监督过失犯罪中的主体范围的合理界定》,载《法学》2013 年第 3 期。

37. 叶良芳:《防治船舶溢油污染刑法不应缺位》,载《学习与探索》2012 年第 9 期。

38. 赵微、王慧:《水上交通事故"人员失踪"的刑法定性研究》,载《苏州大学学报(哲学社会科学版)》2013 年第 1 期。

39. 周光权:《积极刑法立法观在中国的确立》,载《法学研究》

2016 年第 4 期。

40. 张明楷:《也谈客观归责理论——兼与周光权、刘艳红教授商榷》,载《中外法学》2013 年第 2 期。

41. 赵微:《赋予海事法院刑事审判权之正当性分析》,载《法治研究》2015 年第 1 期。

42. 周光权:《风险升高理论与存疑有利于被告原则——兼论“赵达文交通肇事案”的定性》,载《法学》2018 年第 8 期。

43. 赵微、王慧:《海洋油气钻井平台溢油侵权法律问责制探讨》,载《学习与探索》2013 年第 6 期。

44. 赵天水:《水路人员失踪引发的罪刑思考》,载《宁夏社会科学》2015 年第 6 期。

45. 张明楷:《刑事立法的发展方向》,载《中国法学》2006 年第 4 期。

46. [日]曾根威彦:《交通事犯与不作为犯》,黄河译,载《当代法学》2007 年第 6 期。

47. 张丽卿:《客观归责理论对台湾地区实务判断因果关系的影响——以台湾地区“最高法院”96 年台上字第 5992 号判决为例》,载《北方法学》2009 年第 5 期。

二、外文文献

1. Christine Chauvin; Salim Lardjane; Gaël Morel; Jean-Pierre Clostermann; Benoît Langard, “Human and organisational factors in maritime accidents: Analysis of collisions at sea using the HFACS”, 59 Accident Analysis and Prevention 26(2013).

2. Ekaterina Anyanova, “Chapter 2 Oil Pollution and International Marine Environmental Law”, Sustainable Development-Authoritative and

Leading Edge Content for Environmental Management 26 (2012).

3. Ernestos Tzannatos, "Human Element and Accidents in Greek Shipping",63 The Journal of Navigation 119(2010).

4. Lee, Jae-Kyun; Kim, Tae-O; Jung, Yong-Jun, "Analysis of Domestic Water Pollution Accident and Response Management", 15 Journal of Wetlands Research 529(2013).

5. Marilia Abilio Ramos; Ingrid Bouwer Utne; Ali Mosleh, "Collision avoidance on maritime autonomous surface ships: Operators' tasks and human failure events",116 Safety Science 33(2019).

6. Marilia Abilio Ramos, Ingrid Bouwer Utne, Ali Mosleh, "Comments to Wróbel and Montewka on collision avoidance of autonomous ships and human failure events", 121 Safety Science 632 (2019).

三、学位论文

1. 富国宇:《海上船舶污染刑事责任研究》,大连海事大学 2012 年硕士学位论文。

2. 甘梅杰:《水上交通肇事行为的刑法规制》,华东政法大学 2015 年硕士学位论文。

3. 王慧:《水上交通犯罪刑事责任研究》,大连海事大学 2013 年博士学位论文。

4. 周舟:《中日道路交通犯罪比较研究》,华东政法大学 2015 年博士学位论文。

四、报刊文献

1. 何海榕:《完善惩治海上刑事犯罪的立法思考》,载《人民法院报》2016 年 3 月 23 日,第 6 版。

2. 赵微:《海难事故,如何追究刑责》,载《光明日报》2017 年 11 月 16 日,第 15 版。

3. 胡夏冰:《民法上的“宣告死亡”是刑法上的“致人死亡”吗?》,载《人民法院报》2006 年 6 月 19 日,第 4 版。

五、电子文献

1.《2018 年水上交通安全形势报告》,载搜狐网,http://www.sohu.com/a/302344310_120027043。

2.《船工误开油阀污染黄浦江致损失 800 万被判刑》,载人民法院网,https://www.chinacourt.org/article/detail/2007/08/id/259753.shtml。

3.《长江干线船舶全面实施分道航行和定线制》,载新华网,http://www.xinhuanet.com/fortune/2019-03/02/c_1124184806.htm。

4.《东方之星客轮翻沉事故调查报告》,载中国新闻网,http://www.chinanews.com/gn/2015/12-30/7695319.shtml。

5.《广西桂平“3·11”沉船事故案宣判 4 事故责任人获刑》,载正义网,http://news.ifeng.com/a/20140705/41033973_0.shtml。

6.《海上环保责任石油巨头首当其冲》,载慧聪网,http://info.chem.hc360.com/2009/11/10204687342.shtml。

7.《交通部:我国海上船舶溢油应急反应工作综述》,载中国政府网,http://www.gov.cn/gzdt/2007-06/04/content_635398.htm。

8.《全国两会代表委员们的航运声音》,载搜狐网,http://www.sohu.com/a/225010632_99998865。

9.《受害人落水下落不明,肇事者首次被判刑》,载中国江西网,http://jj.jxnews.com.cn/system/2010/06/02/011397440.shtml。

10.《巫山法院对该县首例水上交通肇事案件公开宣判》,载重庆法院网,http://cqfy. chinacourt. gov. cn/article/detail/2006/05/id/613832. shtml。

11.《2018 年交通运输行业发展统计公报》,载交通运输部网,http://xxgk. mot. gov. cn/jigou/zhghs/201904/t20190412 _ 3186720. html。

12.《2017 年交通运输行业发展统计公报》,载交通运输部网,http://xxgk. mot. gov. cn/jigou/zhghs/201806/t20180622 _ 3036269. html。

13.《2016 年交通运输行业发展统计公报》,载中国公路网,http://www. chinahighway. com/news/2017/1101039. php。

14.《2015 中国近岸海域环境质量公报》、《2016 中国近岸海域环境质量公报》、《2017 中国近岸海域环境质量公报》,载中国环境监测总站网,http://www. cnemc. cn/jcbg/zgjahyhjzlgb/。

后 记

本书是在我的博士学位论文基础上修改而成的。此选题的由来，与在大连海事大学的求学经历有着不解之缘。自2015年入学大连海事大学，我便在赵微教授的指导下开启了探索海事刑法的旅程。2015年我第一次参与赵微教授主持的省部级课题《水上交通犯罪刑事立案标准及案件移送机制研究》，此后2016年又参与国家社科基金项目《海上交通事故刑法规制研究》、2019年参与国家社科基金项目《车船交通运输风险预防性刑法研究》。4年间，在课题研究过程中不断地积累海事刑法理论知识。此外，为更加直观地了解海事实践中的疑难问题，在赵微教授的带领下陆续走访了上海海事局、大连海事局、葫芦岛海事局、山东海事局、大连海事法院等多家涉海部门，掌握了大量的一手资料。经过理论知识的研习和对实务问题的分析，我先后与赵微教授合作发表了《船舶肇事逃逸刑事追责的困惑与出路》(载《人民检察》2018 年第 19 期)、《论客观归责理论的合理借鉴》(载《苏州大学学报(哲学社会科学版)》2019 年第 2 期)、《论海上交通事故类犯罪中信赖原则的适用》(载《辽宁大学学报(哲学社会科学版)》2019 年第 5 期)等多篇论文。以此为基础,我开始研究水上交通领域最为典型的过失犯罪类型,并完成博士学位论文的写作。入职大连大学后,初心未改,仍然以海事刑法作为自己的研究方向,逐步扩展为自动驾驶技术在海事交通领域可能面临的刑法归责问题并获得课题立项。

每每回忆起自己从一开始接触到海事刑法领域的敬畏懵懂到潜心写作研究,时间悄然无息却让人不断成长。蓦然回首,各种心情历历在目,更多是感恩之情流淌心间。首先,要感谢我的恩师赵微教授。是她带领我走上刑法学研究之路,启发我学而有所思。从最开始的学术论文创作到博士学位论文完成,都凝结着她太多的心血,无数次的逐字修改,无数次的方向引导。我不是一个足够乐观的人,是赵微老师时刻的关注和鼓励让我看到自己每一次微小的进步,也是她耐心的指引让我一次次厘清学术上的困惑。赵微教授对水上交通领域重要实践问题洞察的视角与全局把握的眼界,让我深受教诲。能够师从赵微教授,是我求学路上最宝贵的财富。师恩似海,唯有日后砥砺前行才能不负恩师教诲。其次,感谢所有曾经给予我指导和帮助的老师们。他们是指导本书写作的北京师范大学王秀梅教授、阴剑峰教授,中国政法大学的王志远教授,浙江大学的叶良芳教授,武汉大学的林亚刚教授,中南财经政法大学的童德华教授,吉林大学的李海滢教授,上海大学的兰跃军教授以及东北财经大学的赵大利教授。漫漫求学路,诚挚地感谢各位老师对我的行文架构和研究方向指点迷津,是你们的宝贵意见让我的博士学位论文能够在不断修改中得以完善。能够得到各位老师的点拨,让我深感自己被幸运之神眷顾。还有大连海事大学法学院的初北平教授、韩立新教授、李志文教授、翟云岭教授、王世涛教授,在攻读博士学位期间,他们的独立思想和严谨的学术态度让我终身受益。再次,我要感谢法律出版社周丽君编辑,她的敏锐、专业以及高效促成了本书的顺利出版。最后,我要感谢我的家人和朋友们。是家人的关切关怀和鼓励,给我坚持和不断前进的动力,也是家人的负重前行让我得以实现珍贵的梦想。还有一直陪伴我度过这最美好时光的朋友们,是你们为我的生活平添无限欢乐和丰富色彩。

感谢大连大学人文学部法学院对本书出版给予的资助,在今后的工作、学习和生活中,我仍然会继续努力,关注、热爱我的刑法学专业,注重理论和实践知识的积累,带着我对法律的崇敬和憧憬走向未来的人生。

庞　婧

2022 年 1 月 1 日